선지서 신학

유진 H. 메릴 · 로버트 B. 치솜 지음
류 근 상 옮김

크리스챤출판사

A Theology of the Prophetic Books

By Eugene H. Merrill · Robert B. Chisholm, Jr.
translated by Keun Sang Ryu

Copyright ⓒ 1991 by The Moody Bible Institute of Chicago
Originally published in USA under the title
A Theology of the Prophetic Books
by Moody Press, c/o MLM, Chicago, Illinois 60610, in U.S.A.
All rights reserved.

2011년 8월 15일 1판 1쇄 발행
지은이: 유진 H. 메릴 · 로버트 B. 치솜
옮긴이: 류근상
발행인: 류근상
발행처: 크리스챤출판사
주 소: 경기도 고양시 덕양구 능곡로 30-11 현대 107-1701호
전 화: 070) 7717-7717, 031) 978-9789
핸드폰: 011) 9782-9789, 011) 9960-9789
팩 스: 031) 978-9779
등 록: 2000년 3월 15일
등록번호: 제 79 호
판 권: ⓒ 크리스챤출판사 2011
정 가: 표지 뒷면

I S B N: 978-89-89249-88-7

Korean Edition
Copyright ⓒ 2011 by *Christian Publishing House*,
Seoul, Korea

차례

저자서문 _ 4

Ⅰ. 이사야의 신학 _ 7
  1. 서론 _ 8
  2. 이사야 1-39장의 신학 _ 10
  3. 이사야 40-66장의 신학 _ 34
  4. 결론 _ 59

Ⅱ. 예레미야 및 예레미야 애가의 신학 _ 61
  1. 예레미야의 신학 _ 62
  2. 예레미야 애가의 신학 _ 89

Ⅲ. 에스겔 및 다니엘의 신학 _ 95
  1. 에스겔의 신학 _ 96
  2. 다니엘의 신학 _ 130

Ⅳ. 소선지서의 신학 _ 143
  1. 서론 _ 144
  2. 주전 8세기 선지자(호세아, 아모스, 미가) _ 145
  3. 주전 7세기 선지자(나훔, 하박국, 스바냐) _ 169
  4. 주전 6-5세기 선지자(요엘, 오바댜, 학개, 스가랴, 말라기) _ 176
  5. 요나서 _ 198

저자서문

구약성경에는 문학적 장르의 다양성(이야기체, 법규, 시, 예언), 광범위한 역사(창조로부터 이스라엘이 포로지에서 회복하기까지), 그리스도의 초림과 재림에 대한 자세한 예언 및 다양하게 제시되는 주제에 이르기까지 여러 가지 풍성함이 있다. 구약성경을 읽는 사람들은 하나님, 인간, 죄, 하나님의 언약, 인간의 구원, 장차 있을 하나님의 아들의 메시아적 통치 등 광범위한 주제에 놀라지 않을 수 없다. 어떻게 하면 성경의 다양한 내용들을 이러한 주제와 연결시킬 것인가 하는 것이 성경신학의 초점이다. 성경은 신학적으로 우리에게 무엇을 가르치고 있는가?

본서는 선지서의 모든 내용에 대해 독자들에게 신학적 내용 및 강조점을 제시할 것이다. 독자들은 교리적 내용에 대한 성경의 일관성에 놀라게 될 것이다.

다양한 문학적 장르와 시대를 관조하는 역사적 내용, 그리고 수많은 주제들은 구약성경 전체를 통하여 하나의 큰 줄기를 형성한다. 하나님은 사람을 창조하여 복을 주시고 모든 피조물을 다스리게 하였으나, 사람은 범죄로 타락하여 이러한 축복을 상실하고 말았다. 하나님은 아브라함을 선택하여 한 나라의 조상이 되게 하고, 그를 통해 하나님의 나라를 전하게 하실 것이다. 아브라함의 후손으로서, 하나님의 아들은 인류와 만물을 다스리실 것이다. 하나님을 반역한 인간은 긍휼을 만나기도 하고(하나님은 죄인에게 긍휼을 베푸신다), 심판을 만나기도 한다(하나님은 죄를 심판하신다). 사람들은 하나님으로부터 오는 죄사함의 은총을 받아들이고 의로운 삶을 살며, 자신을 구원하신 구속자와 전능하신 하나님을 찬양하며, 장차 이 땅에 이루어질 하나님의 통치를 간절히 소망한다.

구약성경 특히 선지서의 신학적 내용에 대한 남다른 통찰력을 지닌 저자는 이 위대한 주제에 대해 명확하고 설득력 있게 제시하고 있다. 바라기는 독자들이 본서를 통해 선지서에 관한 보다 깊은 깨달음을 얻고, 이 위대한 신학적 진리가 자신과 하나님과의 관계에 어떠한 영향을 주는지를 알기 바란다.

I
이사야서의 신학
-A Theology of Isaiah-
by Robert B. Chisholm, Jr.

1. 서론

이사야는 아마도 우리의 주권자이며 전능하신 하나님에 대한 누구도 따를 수 없는 관점으로 가장 잘 알려져 있을 것이다. 이 선지자는 하나님에 대해 철학자나 신학자로서의 추상적 관점이 아니라 사역의 시초부터 하나님과 대면하는 경험을 통해 매우 인격적으로 묘사한다. 이사야에게 있어서 하나님은 처음부터 끝까지 "이스라엘의 거룩하신 자"이다. 그는 언약 백성 및 모든 나라에 대한 절대 주권을 가지고 계시며 동시에 역사 속에 인격적으로 개입하셔서 자신의 목적을 이루어 가신다.

이스라엘의 역사에 대한 본서의 파노라마적 관점 역시 풍성한 신학적 자료를 제공한다. 이사야는 자신의 당대인 주전 8세기부터 종말론적 시대에 이르기까지 이스라엘의 역사에 대해 기술한다. 이스라엘의 미래에는 심판과 포로 및 최종적 회복이 포함된다. 이사야에 따르면 하나님의 자기 백성에 대한 계획의 전개 과정에서 여러 명의 핵심적인 인물이 나타나는데 가장 중요한 인물은 종말론적 인물로서 이상적 다윗계열의 통치자(메시아)와 여호와의 고난 받는 종이다. 이들의 역할은 어느 정도 중복되지만 이사야는 두 인물에 대한 동일화 작업은 직접 하지 않고 계속되는 성경계시에 맡긴다.

본서의 신학적 메시지는 다음과 같이 요약할 수 있다: 여호와께서는 이스라엘에 대한 자신의 이상을 심판을 통해 자기 백성들을 정화하신 후 그들을 새로운 언약 관계로 회복시키심으로 성취하실 것이다. 그는 예루살렘(시온)을 그의 나라의 중심으로 세우시고 자신을 대적하는 나라들과 화목하실 것이다.

이사야는 매우 비판적인 논쟁에 초점을 맞춘다. 오늘날 비평적 학자들은 본서의 많은 부분이 이사야가 살았던 주전 8세기 이후에 기록되었으며 그의 기록은 무명의 여러 편집가에 의해 개정되고 보충되었다는 데 의견의 일치를 보이고 있다. 40-66장은 포로기나 그 이후의 산물로 여겨지며, 어떤 사람들은 소위 신명기적 이사야서(40-55장)와 제3의 이사야(56-66장)로 나누기도 한다. 이들 후반부의 집요한 관점은 예루살렘과 유다가 함락된 상황 및 포로기 이후 하나님의 백성들이 처한 상황에 대한 많은 언급과 마찬가지로 사실상 포로기나 그 이후에 해당하는 내용이다. 이러한 이유로 많은 학자들은 40-66장이 원래 후기 시대의 저작이라고 주장한다.

이 주장에 맞서 보수주의자들은 신약성경의 권위에 호소하였다. 신약성경은 본서의 두 부분을 모두 8세기의 예언으로 제시한다(cf. 특히 요 12:38-41; 롬 9:27-33; 10:16-21). 이사야가 제시하는 일련의 미래적 묘사는 마치 포로기를 직접 경험한 듯 제시하는 특이한 면이 있다. 그러나 이 예언 부분은 사건이 발생하기 오래 전에 그것을 예언하는 여호와의 능력이 바벨론의 어떤 이방 신들보다 전능하심을 보여주는 증거이다. 이런 점에서 오래 전에 죽은 한 여호와의 선지자가 포로기에 관해 기록한 고도의 수사학적 메시지는 큰 반향과 함께 신빙성 있는 하나님의 말씀으로 제시되었을 것이다.[1]

이제부터 다루게 될 이사야서의 신학에서 필자는 본서 전체에 대한 이사야의 저작을 전제한다. 또한 필자는 본서의 두 부분(1-39장 및 40-66장)이 제시하는 관점이 많은 부분에서 양자간의 주제적 상호성이 발견됨에도 불구하고 강조점의 차이가 있음을 인정한다. 이러한 이유로 필자의 글은 본서의 기본적 문학적 구조에 따라 두 가지로 나뉘어 진행된다. 또한 각 부분에 대한 논쟁은 "하나님과 그의 백성" 및 "하나님과 열방"이라는 제목으로 나누어 제시한다. 이들은 이사야와 일반적 예언 신학의 상호 체계와 강조점을 반영한다.

---

[1] 이 논쟁에 관한 하나의 핵심적인 본문은 이사야 48:6-7이다. 일부 학자들은 본문이 40-55장의 연대를 주전 8세기가 아닌 6세기임을 보여주는 결정적인 구절이라고 주장한다. 예를 들어, Christopher R. North는 본문에 대해 "만일 이사야의 저작을 지

2. 이사야 1-39장의 신학

1) 하나님과 그의 백성
(1) 언약의 파기

세상에 대한 초월성과 도덕적 윤리적 영역에서의 절대적 주권을 포함하여 하나님의 거룩하심에 대한 이사야의 이상은 선지자의 사역과 메시지의 기초가 된다(cf. 6:1-13). 이 거룩하신 하나님이 보좌에 앉아계신 것을 본 이사야는 자신이나 이스라엘 공동체가 이전에 한번도 겪어보지 못하였던 죄의식을 경험하였다. 스랍들이 상징적으로 그를 깨끗하게 하자 그는 자발적으로 하나님의 메신저가 되어 죄 많은 동족에게로 향하게 되었던 것이다. 그는 하나님을 경험한 후 우주의 주권적 왕의 완전한 권위와 함께 하였다.

이사야의 책망과 심판에 대한 경고는 시내산에서 세워진 후 몇 차례 갱신된(cf. 출 24:1-8; 34:10-28; 신 29:1-32:47; 수 24:1-27) 모세 언약을 배경으로 한다. 이스라엘은 이 언약을 통해 여호와의 백성이 되어 그의 명령에 순종하기로 동의하였다. 여호와는 순종할 경우 풍성한 곡식과 국가적 안보를 약속하셨으나 불순종할 경우 기근과 질병과 군사적 패배 및 포로로 잡혀갈 것이라고 경고하셨다(레위기 26장 및 신명기 28장의 "복"과 "저주"에 대해 참조하라). 포로기 이전의 많은 선지자들처럼 이사야도 이스라엘의 언약의 주의 메신저로 부르심을 받아 백성들의 반역을 책망하고 회개를 촉구하며 임박한 진노에 대해 경고하였다.

지하는 자들의 주장과 같이 본문의 "새 일"이 두 세기 동안 일어나지 않은 사건이라면, 어떻게 8세기에 "이제 창조된 것이요"라고 말할 수 있으며, 6세기 독자들에게는 어떻게 그것에 대해 결코 들은 바가 없었다("오늘 이전에는 네가 듣지 못하였느니라")고 말할 수 있겠는가? 물론 40-55장이 두 세기 동안 감추어져 있었다면 그렇게 주장할 수도 있겠지만, 이사야 저작설을 옹호하는 자들은 그렇게 주장하지는 않는다"(*The Second Isaiah* [Oxford: Clarendon, 1964], p. 3)라고 주장한다. 아마도 이 논쟁의 핵심은 당시 선지자의 수사학적 관점이 6세기에 초점을 맞추고 있었다는 사실에 대한 인식일 것이다. 그는 150년 전에 하는 말이라는 느낌을 가지지 않고 포로기의 독자들에게 직접 말하는 것처럼 하였을 것이다. 이러한 접근 방식은 이 부분이 가지는 수사학적 특징의 일부로서, 본문을 8세기 선지자의 말로 받아들일 경우 더욱 능력 있는 말씀이 될 것이다.

이사야의 메시지의 언약적 본질은 시작부터 분명히 제시된다. 본서의 첫 번째 문학적 단위(1:2-20)는 언약법의 형태를 띠며 여호와는 자기 백성들의 반역을 꾸짖으며 최후통첩을 보낸다. 여호와는 "이스라엘의 거룩한 자"(4절)로 불리신다. 이 호칭은 이스라엘에 대한 그의 주권적 권위를 지칭함과 동시에 그의 도덕적-윤리적 요구를 상기시키는 역할을 한다. 그는 자신에 대해 자녀를 양육하는 아비로 묘사하며, 그럼에도 불구하고 그들은 권위에 반역하고 그의 은혜에 감사치 않았다고 말한다(2-4절). 하나님은 범죄한 자기 백성들을 소돔과 고모라의 거민들과 비교하며(10절), 그들의 형식적인 예배를 꾸짖고 사회적, 경제적 정의를 구현하는 참된 회개만이 그들을 멸망에서 구원할 수 있을 것이라고 경고한다(10-20절). 계속해서 죄를 범할 경우 칼로 죽음을 당할 것이며, 회개만이 새로운 번성을 가져올 것이다(19-20절). 하나님께서 백성들 앞에 제시한 두 가지 대안을 강조하기 위해 곁말놀이 기법이 사용되었다: 그들은 "땅의 아름다운 소산을 먹거나[*ākal*]" "칼에 삼키울 것이다[*ākal*]." 하나님의 백성들의 언약 파기는 사회적 불의, 우상 숭배, 외국과의 동맹, 인간이 만든 무기나 요새를 의지함, 여호와의 사자와 그의 말씀을 거절함 등 여러 가지 범주로 나누어진다.

아모스나 미가와 같은 주전 8세기의 동료 선지자와 마찬가지로 이사야도 사회경제적 불의에 대해 많은 언급을 하였다. 가난한 자에 대한 착취에 관한 내용은 여러 본문에 광범위하게 언급된다. 그들은 모든 토지는 여호와께 속하였다는 언약적 원리(레 25:23)를 무시하고 부자는 불의한 법령을 세워(10:1-2) 가옥과 전토를 축적하였으며(사 5:8), 재판을 불공정하게 진행하였다(1:23; 5:23; 29:21). 가난한 자의 땅과 소유물을 착취하여 부자가 되고(3:15-16), 부자들은 아침부터 밤까지 포도주에 취하였으며(5:11-12, 22) 여자들은 사치스러운 옷과 값비싼 보석을 자랑하며 교만하게 다닌다(3:16-23). 여호와께서는 이와 같이 가난한 자에 대한 학대 행위를 살인자의 광포와 피흘리는 행위에 비유한다(1:15, 21; 4:4). 그는 사치스럽게 치장한 여인들에게서 오직 "더러움"만 볼 뿐이다(4:4; 이 단어는 다른 본문에서 토한 것[28:8]이나 배설물[36:12]을 언급한다).

이와 같은 언약 공동체의 사회경제적 타락은 여호와를 분노케 하였다. 포도나무를 심은 농부와 같이 그는 그 땅에 자기 백성들을 세우기 위해 많은 수고를 하였다. 그는 그들이 공평(*mišpāṭ*)과 의로움(*ṣᵉdāqāh*)의 좋은 포도를 바랐으나 아이러니하게도 그들은 포학(*mišpāḥ*)과 부르짖음(*ṣᵉāqāh*)의 들포도를 맺었다(5:1-7). 이 포도원의 노래가 사랑의 노래(cf. 1절)에서 무서운 심판(특히 5-7절 참조)으로 바뀐 것은 하나님의 실망을 잘 보여준다.

가난한 자를 착취한 자들은 동족에 대한 학대에도 불구하고 성일이 되면 제물을 들고 여호와 앞에 나아왔다(1:11-15). 여호와는 피 묻은 손을 들고 기도하는 그들의 위선이 역겨워 그들의 종교 의식을 거절하신다. 그는 그들에게 이러한 거짓된 삶을 버리고 공의를 시행하며 고아와 과부를 돌보라고 촉구한다(16-17절). 본문에는 성경의 중심 원리들이 발견된다. 즉 제사나 기도 및 다른 종교적 행위나 의식들은 인간 상호관계에 대해 규정한 하나님의 명령에 대한 순종이 없이는 아무런 소용이 없다는 것이다(cf. 삼상 15:22; 호 6:6; 암 5:21-24; 미 6:6-8; 마 5:23-24; 약 1:27; 벧전 3:7).

또한 이사야는 우상 숭배와 이방 종교에 대해 꾸짖는다. 그는 이교적 예배를 위한 특정 장소(1:29)와, 점술(2:6)이나 신접(8:19) 등의 미신적 행위에 대해 언급한다. 백성들은 하나님의 인도하심을 받기보다 죽은 자의 영과 접촉하였다. 이와 같이 혼란된 생각은 그 땅에 흑암의 심판을 초래할 것이다(20-22절). 다가오는 주의 날에 우상 숭배자들은 인간이 만든 형상을 섬기는 것의 무익함을 깨닫고(2:8, 18-20; 17:8; 27:9; 31:7) 불결한 물건같이 던질 것이다(30:22).

앗수르의 위협이 가시화되자 유다 지도자들은 다른 나라, 특히 애굽에 도움의 손길을 바랐다. 이사야는 이것을 경고하고 오직 여호와께 도움을 구하라고 촉구하였다. 유다 지도자들은 바로와 그의 병거가 앗수르의 위협으로부터 보호해 줄 것이라고 믿고 애굽과의 동맹에 심혈을 기울였으나(30:1-7; 31:1) 애굽은 허풍선이일 뿐이며(30:7) 곧 멸망할 것이다(31:3). 이사야는 독자들에게 구약성경 전체에 나타나는 하나의 원리를 상기시킨다: 즉, 승리는 군사와 말이 아니라 하나님의 능력을 통해 온다는 것이었다(31:3; cf. 출 15:1; 수 11:4-9; 왕하 6:14-17; 시 20:7; 33:16-19; 잠 21:31). 이 원리에 관한 성경 외적 자료에 대해서는 마카비1서 3:13-26을 참조하기 바란다.

하나님의 백성들은 외국 군대를 의지할 뿐만 아니라 자신의 군비(사 2:7; 22:8)와 요새도 신뢰하였다. 북왕국은 계곡을 바라볼 수 있는 위치에 세워진 수도 사마리아에 대한 자부심으로 가득 차 있었다(28:1). 예루살렘 백성들은 그들의 성을 다시 쌓음으로 앗수르를 물리치려 하였다(28:8-11). 그러나 그들의 요새는 여호와의 "분요와 밟힘과 혼란의 날"(22:5)에 아무런 보호막이 되어주지 못할 것이다. 주전 722년에 앗수르가 사마리아를 정복하고(왕하 17:6) 예루살렘이 풍전등화의 위기에 놓여 있던 주전 701년, 여호와께서는 이 성을 기적적으로 구원하셨다(왕하 18-19장).

하나님의 백성들은 주변 열국과 자신의 힘을 믿으면서 하나님의 선지자와 그의 언약의 말씀은 거절하였다. 이사야의 사역 초기에 하나님은 이사야에게 그의 호소와 경고는 아무도 듣지 않을 것이며 사실상 그들로 하여금 더욱 반역하게 만들 뿐이라고 말씀하셨다(사 6:9-10). 백성들은 이사야를 조롱하였으며(28:9-10), 하나님의 선지자들은 그들에게 거룩한 삶보다 구원의 메시지를 전할 것을 요구하였다(30:10-11). 아하스 왕은 이사야가 다윗의 집에 대한 하나님의 옛 언약을 신뢰하라고 하였을 때, 하나님이 주시는 징조를 거절하였다(7:1-12). (그러나 다행히도 아하스의 아들 히스기야는 이러한 불신의 전통을 벗어난 예외적 인물이었다[cf. 36-37장]).

사실상 이스라엘 백성들은 외국과의 동맹과 강력한 요새로 인해 사망을 면할 수 있을 것이라고 생각하였다. 28장은 예루살렘의 지도자들이 자신들은 사망과 언약하였기 때문에 "넘치는 재앙" 가운데서 피할 수 있다고 떠벌리는 모습을 자세히 묘사한다(14-15절). 물론 이러한 가정은 자기기만이며 허상에 불과하다. 이스라엘이 사망과 언약한 것은 영국 수상이 독일의 히틀러와의 전쟁을 피할 수 있을 것이라고 오판하였던 1938년의 뮌헨 협정(Munich agreement)과 같이 무의미한 것이었다. "넘치는 재앙"이 무서운 홍수와 같이 그 땅을 덮칠 때 비로소 그들은 여호와의 언약을 신뢰하고 그의 공평과 의로운 기준에 부응하는 것만이 살 길이라는 것을 깨닫게 될 것이다(16-19절).

(2) 심판

백성들의 언약 파기로 인해 하나님은 심판이 임할 것이라고 경고하셨다. 하나님은 직접 그들과 그들의 동맹군을 대적하실 것이다(5:25; 9:19; 29:2-3; 31:3). 그는 그의 백성들을 대적으로 여기시고 그들에게 보수하겠다고 말씀하신다(1:24). 초기에 이스라엘의 대적이 그랬던 것처럼 이제는 그들이 여호와의 전쟁 상대가 될 것이다(28:21). 여호와께서는 바알브리심에서 다윗의 군대가 블레셋을 기적적으로 멸하게 하셨으며(삼하 5:20), 기브온에서는 여호수아의 군대를 초자연적인 방법으로 도우심으로 아모리를 멸하게 하셨다(수 10:10-13). 이제 여호와의 "거룩한 전쟁"은 다시 되풀이 될 것이며, 그 대상은 아이러니하게도 이스라엘이 전통적 대적의 자리에 서게 될 것이다. 하나님의 백성들에게는 "분요와 밟힘과 혼란의 날이여 성벽의 무너뜨림과 산악에 사무치는 부르짖는 소리"(22:5[NIV])의 여호와의 날이 이를 것이다. 그 날이 오면 한 때 교만하던 자들은 낮아지고 인간이 만든 무익한 우상들은 버려질 것이다(2:10-21).

여호와 날에 대한 이 묘사는 고대 근동의 강력한 왕이나 신들의 무공에 대한 설명과 여러 면에서 평행을 이룬다. 첫째로 여호와의 "날"에 대한 개념은 궁극적으로 고대 근동으로부터 도출된 것이다. 당시의 정복자들은 종종 자신이 하루 만에 전쟁에서 승리할 수 있다고 떠벌렸다.[2] 고대 근동의

---

2) Douglas Stuart, "The Sovereign's Day of Conquest," *Bulletin of the American Schools of Oriental Research* 221 (1976): 159-64.

문헌들 역시 왕이나 신들에 의한 우주적 격변과 공포에 대해 언급한다(cf. 2:10, 19-21). 예를 들어, 애굽 왕의 비문에는 바로 투트모스III세의 대적이 그가 부르짖는 전쟁의 뇌성을 듣고 "굴에 숨었다"고 말한다.[3] 우가릿 신화에 의하면 바알 신의 소리는 땅을 흔들고 산을 진동시켰으며 대적들은 모두 숲으로 달아났다고 말한다.[4] 앗수르 왕의 비문에는 디글랏-빌레셀 I세가 "무서운 전쟁을 두려워하여 박쥐와 같이 은신처를 찾아 보이지 않는 곳으로 숨어버렸다"고 말한다.[5]

앗수르는 여호와의 중요한 심판의 도구로 사용될 것이다. 앗수르 군대는 마치 우박이나 광풍과 같이 사마리아를 덮쳐 그것을 짓밟을 것이다(28:2-3). 이어서 그들은 홍수와 같이 유다를 덮칠 것이며(7:17; 8:6-8) 급하고 무자비하게 진군하며 사자와 같이 부르짖고, 그 땅에 흑암의 구름과 공포를 드리울 것이다(5:26-30). 앗수르 군대는 예루살렘을 포위하고 그들을 공격할 것이다(29:1-4). 하나님은 이 성을 앗수르의 손으로부터 기적적으로 구원하시겠지만, 결국 또 하나의 메소포타미아 열강인 바벨론을 통해 예루살렘을 멸하실 것이다(39:6-7).

이러한 대적들을 통해 여호와의 군대는 언약의 저주에 열거된 항목들(cf. 레 26장 및 신 28장)을 실천한다. 그 땅의 소산은 멸망당할 것이며(사 1:7; 5:5-6, 9-10; 6:11; 8:21) 거민들은 죽거나 포로로 잡혀갈 것이다(3:25; 5:13-14, 24-25; 6:12; 10:4; 39:7).

---

[3] Miriam Lichtheim, *Ancient Egyptian Literature*, 3 vols (Berkeley, Calif.: U. of California, 1975-80, 2:36).
[4] James B. Pritchard, ed., *The Ancient Near East*, 2 vols. (Princeton, N.J.: Princeton U. 1958-75), 1:106.
[5] A. K. Grayson, *Assyrian Royal Inscriptions*, 2 vols. (Wiesbaden: Otto Harrassowitz, 1972-76), 2:26.
[6] 이사야서의 남은 자 주제에 관한 자세한 내용은 Gerhard F. Hasel, *The Remnant*. 3d ed. (Berrien Springs, Mich.: Andrews U., 1980), pp. 216-372를 참조하라.

여호와는 백성들을 일부만 남길 것이다. 이것은 여러 본문에서 부정적 의미를 가진 모티프로 제시된다.6) 밭 한 가운데 있는 망대와 같이(1:8) 포위된 예루살렘은 남은 자들로 구성되며, 이들은 소돔과 고모라와 같이 전멸되지는 않았음을 보여준다. 그러나 첫 번째 심판의 물결은 이들마저 그루터기만 남겨둔 채 휩쓸어 버릴 것이다(6:13). 이 남은 자들은 산꼭대기의 깃대와 같을 것이며(30:17), 아브라함 언약에서 약속한 셀 수 없는 무리와 대조를 이룬다(10:22).

하나님의 심판은 적절하고 공의롭다. 이사야는 반어법을 통해 이 점을 부각시킨다. 상수리나무 아래와 동산에서 이방 신들을 섬겼던 그들은 마른 상수리나무와 물 빠진 동산과 같이 될 것이다(1:29-30). 예루살렘의 교만한 여자들은 수치를 당할 것이며 그들의 사치한 옷과 보석은 포로를 묶는 띠와 슬픈 베옷이 대신할 것이다(3:16-4:1). 가옥과 전토를 불의하게 모은 자는 불법으로 모은 재물을 다 빼앗기게 될 것이다(5:8-10). 그들의 탐욕은 포로지에서 기근과 목마름에 지쳐 죽음으로 그치게 될 것이다(11-13절). 그 날에 그들은 사망의 축제에 동참할 것이며 그들의 황무한 밭에는 양들이 유리할 것이다(14, 17절). 도덕적, 윤리적 영역에서 빛을 어두움으로 대치한 자들에게는 흑암의 심판이 임할 것이다(20, 30절). 선지자의 말을 조롱하고 그의 메시지가 유치하다고 불평하는 자는 언어를 알아들을 수 없는 이방 나라의 침공에 직면하게 될 것이다(28:9-13).

이러한 심각성에도 불구하고 심판의 궁극적인 목적은 백성들의 성결이다. 죄로 가득 찬 예루살렘은 물 탄 포도주와 불순물이 가득한 은 찌끼가 되었다(1:22). 하나님의 심판은 이러한 불순물을 제거하고 의의 성읍으로 다시 세우실 것이다(25-27절). 하나님이 행악자들을 성결케 하신 것은 곧 피를 깨끗케 하신 것이다(4:4). 이와 같은 하나님의 심판의 정결케 하는 속성은 언약 백성들에 대한 약속의 하나로, 이사야 신학이 심판에서 구원으로 옮기는 기초를 형성한다.

(3) 구원과 회복

하나님의 심판은 이스라엘의 역사를 영원히 중단시키지 않는다. 심판은 이스라엘에 대한 하나님의 이상을 실현하기 위해 필요한 하나의 조치에 불과하다. 우리는 심판의 소용돌이 가운데 한 줄기 희망의 빛을 발견한다.

주전 701년 예루살렘에 대한 기적적인 구원을 통해 앗수르의 파괴적 침공은 끝났다. 이 사건은 여호와의 주권을 상기시키며 이 성읍의 궁극적 회복을 보장한다. 하나님의 진노하심과 죄에 대한 경고를 보여주는 상징으로서 이스라엘의 외곽은 파괴되었으나(1:7-9), 예루살렘은 손상되지 않았으며 유다 성읍 가운데 유일한 생존지가 되었다. 유다의 남은 자로서(1:9; 37:31-32) 이 성읍의 존재는 새 힘의 근원이 되었다. 결국 하나님께서는 백성들을 전멸하지는 않으셨던 것이다. 이것은 소돔과 고모라와 다른 점이기도 하다(1:9). 그들은 나무를 벤 후의 그루터기와 같았지만, 이 그루터기는 미래에 대한 희망을 제공한다(6:13; cf. 욥 14:7-9). 이 역사적 남은 자는 포로에서 돌아올 미래의 남은 자에 대한 예조가 된다(사 10:21; 11:11, 16). 그들은 성결하게 된 예루살렘에 거하며(4:3-6) 여호와께서 주시는 풍성한 농작물의 축복을 받아 누릴 것이며(4:2) 그의 능력을 자랑할 것이다(28:5).

여호와께서 예루살렘 성벽 밖에 있는 앗수르인들을 멸하신 것은 장차 이방 대적들로부터 다시 한번 이 성읍을 구해낼 것임을 미리 보여준다(17:12-14; 29:5-8; 30:27-33; 31:4-9). 본문의 어휘는 분명히 앗수르의 위기를 반영하고 있지만, 한편으로는 본문의 우주적 어조가 보여주듯이 이 사건을 초월한다(cf. 특히, 17:12-13의 "많은 민족", "열방"; 29:5-8 및 30:28의 "대적의 무리", "강포한 자의 무리", "열방의 무리", "열방", "여러 민족"). 앗수르의 멸망과 메시아 시대와의 관련성(cf. 10:5-11:16 및 31:4-32:2) 역시 전자의 상징적 본질을 말해준다.

결국 영광과 존귀의 날이 예루살렘에 이를 것이며 시편에 나오는 시온의 노래(cf. 시 46, 48, 76, 84편)에서 발견되는 이상을 성취할 것이다. 행악자들의 성결로(사 1:21-28) 예루살렘은 의의 중심이 되었으며(33:5) 하나님의 계속적인 보호하심을 누리게 되었다(4:5-6; 14:32; 25:1-5; 27:2-6; 33:17-24). 구름기둥과 불기둥이 백성들의 여정에 함께 하였던 모세 시대와 같이 하나님의 보호적 임재하심에 대한 가시적 징조가 있을 것이다(4:5). 또한 천막이 더위와 풍우를 피하게 해 주듯, 성읍을 대적으로부터 지키실 것이다(4:6; 25:4-5). 포도나무의 반전 이미지를 묘사한 5:1-7에서 여호와께서는 미래적 예루살렘을 그의 돌보심을 받는 좋은 포도나무에 비유한다(27:2-6).

그 날에는 모든 언약 공동체가 변할 것이다. 하나님의 백성들은 우상을 버리고 여호와만 좇을 것이다(17:7-8; 29:24; 30:22; 31:7). 지혜(29:24; 32:5-8; 33:6), 영적 깨달음(29:18; 30:20-21; 32:3-4; 35:8), 공의(29:19-21; 32:1-2, 17-18; 33:5) 및 은혜(25:9; 26:1-6)가 하나님의 백성들의 특징이 될 것이다. 그들은 하나님의 풍성한 언약적 축복을 누릴 것이다(4:2; 29:17, 23; 30:23-25; 32:20; 35:1-2, 5-7).

이사야의 미래적 언약 공동체에 대한 이상의 핵심은 메시아이다. 그는 다윗에 대한 하나님의 옛 언약을 성취하실 이상적 왕이시다. 무엇보다도 이사야는 이 오실 왕을 이스라엘의 대적을 멸하고 새로운 구원 역사의 장을 여실 전능하신 용사로 묘사한다. 이것은 초기에 이스라엘이 경험한 구원과 군사적 승리에 대한 전형이 된다. 이 구원자는 흑암과 고통 가운데서 이 큰 빛으로 임하신다(8:22-9:2). 여호와께서 기드온에게 이스라엘의 대적에 대한 결정적 승리를 주신 "미디안의 날"처럼(cf. 삿 6-7장) 이 왕은 이스라엘의 대적을 멸하실 것이다(사 9:4-5; cf. 10:26). 다윗의 시대와 같이 하나로 통일된 이스라엘은 열국을 정복할 것이다(11:13-14).

이러한 메시아의 부상과 함께, 북왕국을 포함한 포로민들은 위대한 새로운 출애굽을 경험하고 약속의 땅으로 돌아올 것이다(10:26; 11:11-12, 15-16; 14:1-3; 27:12-13). 이처럼 놀라운 하나님의 권능에 대한 반응으로 구원받은 공동체는 모세가 홍해의 기적을 보고 그랬듯이(cf. 12:1-2; 출 15:2) 하나님을 찬양하며 그의 구원을 노래할 것이다. 광야가 반역과 축복의 지연을 상징하였던 모세 시대와 달리 이제 광야는 포로민들 앞에 꽃을 피우게 될 것이다(사 35:1-10).

메시아라는 왕적 호칭은 이스라엘에게 평화를 가져오는 능력과 군사적 용맹을 강조한다(9:6). 네 가지의 호칭이 주어지며, 각각의 호칭에는 두 가지의 요소가 담겨 있다. 첫째는, "기묘자, 모사"이다. 본문에서는 비범한 군사적 전략을 갖춘 왕을 묘사한 듯하다. 3-4절은 그가 수행한 전쟁의 결과에 대해 언급하며, 이어지는 호칭 "전능하신 하나님"은 용사로서의 역할을 보여준다. 36:5의 "모략"('ēṣāh)은 본문의 모사와 연결되며 군사적 전략(cf. NIV "전략")을 뜻한다. "기묘자"(Wonderful)는 하나님과 그의 행위를 지칭하는 말로 흔히 사용되는 용어로 그의 전략의 초인적 본질을 암시한다.

두 번째 호칭인 "전능하신 하나님"(cf. 10:21)은 왕을 전쟁에서 하나님을 대신하는 자로 묘사한다. 하나님은 초자연적인 방법으로 그와 함께 하신다. 신이 왕에게 능력을 부여하는 일은 고대 근동에서도 발견할 수 있다. 예를 들어 애굽의 한 문헌[7])에는 라암셋 II세에 대해 "우리 가운데 있는 이는 사람이 아니시다. 그는 위대한 힘을 가지신 세스[Seth] 바알이다. 그의 행위는

---

7) Lichtheim, *Ancient Egyptian Literature*, 2:67. 같은 맥락에서 고대 근동의 문헌은 신이 전쟁을 통해 왕을 훈련시킨다고 기록하며(Othmar Keel, *The Symbolism of the Biblical World: Ancient Near Eastern Iconography and the Book of Psalms*, trans. T. J. Hallett [New York: Seabury, 1978], p. 265, and Daniel D. Luckenbill, *Ancient Records of Assyria and Babylonia*, 2 vols. [Chicago: U. of Chicago, 1926-27], 2:362), 왕에게 특별한 무기를 주며(W. F. Edgerton and J. A. Wilson, *Historical Records of Ramses III: The Texts in Medinet Habu. Volumes I and II* [Chicago: U. of Chicago, 1936], p. 4; Grayson, *Assyrian Royal Inscriptions*, 2:16; and Luckenbill, Ancient Records of Assyria and Babylonia, 2:126), 전쟁 중에 왕을 위해 초자연적으로 개입한다. James Pritchard, ed., *The Ancient Near East in Pictures*, 2d ed. [Princeton, N.J.: Princeton U. 1969], no. 536 and p. 314; Peter B. Machinst, "The Epic of Tukulti-ninurta I: A Study in Middle Assyrian Literature," Ph. D. diss., Yale University, 1978, pp. 118-20; Lichtheim, *Ancient Egyptian Literature*, 2:70; and Luckenbill, *Ancient Records of Assyria and Babylonia*, 2:83.

사람의 행위가 아니다"라고 말한다. 어떤 사람들은 이 호칭이 메시아의 신성을 말해준다고 생각한다. 물론, 계속되는 성경 계시는 분명히 메시아의 신성을 가르친다. 그러나 이사야나 고대 이스라엘이 본문을 그렇게 해석하였는지는 분명하지 않다.

왕의 세 번째 호칭은 "영존하시는 아버지"로, 자기 백성들에 대한 보호자로서의 역할을 보여준다. "아버지"라는 호칭은 삼위일체적 개념으로 이해해서는 안 된다. 그것은 이사야 22:21 및 욥 29:16에서와 같이 "보호자, 돕는 자, 은인"이라는 관용구적 의미가 있다. 고대 근동의 왕들은 이 용어를 자신에게 사용하였다. 예를 들어, 아다나의 아지타와다(Azitawadda of Adana[주전 800년경])는 바알이 자신을 백성들의 "아버지와 어머니"로 삼았다고 선언하였다.[8] 사말의 킬라무아(Kilamuwa of Samal[주전 850-800년경])는 "그러나 나는 어떤 사람들에게는 아버지가 되었으며 어떤 사람들에게는 어머니가 되었다"라고 자랑하였다.[9] 원래 본문에서는 이 예언이 이상적인 왕의 과장된 언급으로 이해되었는지도 모른다(특히 "영존하시는"; cf. 시 21:4-6; 61:7-8; 72:5[70인역]). 그러나 우리는 이어지는 계시의 과정에서 그리스도의 영원하신 통치가 예언에 나타난 이상을 문자적으로 성취하실 것이라는 사실을 알 수 있다.

메시아에 대한 마지막 호칭인 "평강의 왕"은 그의 군사적 승리가 가져다 줄 주요한 유익이 자기 백성들의 평화와 번영이 될 것임을 보여준다. 마지막으로 제시된 왕의 군사적 힘과 백성들의 번영에 대한 연결은 여러 제왕시(특히 시 72편과 144편 참조) 및 고대 근동의 문헌을 통해 발견할 수 있다.[10]

---

8) Pritchard, *The Ancient New East*, 1:215.
9) Ibid., 1:218.
10) Azitawadda 비문을 참조하라, ibid., 1:215-17.

요약하면, 메시아적 통치자의 호칭은 용사로서의 초자연적인 능력으로 자신의 계획을 수행하는 비범한 군사 전략가로 제시한다. 그의 군사적 용맹은 자기 백성들에 대한 유익한 통치를 보장하며 모든 대적을 정복하시는 능력으로 인해 백성들은 평화와 번성을 누릴 것이다.

여호와께서는 특별히 이 왕에게 그의 신을 부으셔서 지혜롭고 능률적인 통치를 하게 하신다(11:2). 여호와의 신이 그에게 머물기 때문에 왕은 비범한 분별력(cf. "지혜"와 "총명")과 그의 결정을 수행할 수 있는 능력(cf. "모략"과 "재능"), 그리고 무엇보다도 하나님에 대한 전적 헌신의 자세(cf. "지식"과 "여호와를 경외")를 소유한다. 2절에 열거된 자질들은 여섯 개의 구별된 요소로 보아서는 안 된다. 이들은 세 그룹으로 나뉜다. 이러한 관찰이 중요한 것은 "지혜"의 정확한 의미를 알 수 있게 하기 때문이다. 이 단어는 일반적 지식을 의미하는 것이 아니라, 평행구인 "여호와에 대한 경외"가 말해주듯이 여호와에 대한 복종을 통해 얻을 수 있는 "지혜"를 의미한다. 이 "지혜"는 여호와의 권위를 인정하는 것으로, 여기에는 그의 뜻에 순종하려는 의지가 수반된다. 이 단어의 의미를 잘 보여주는 구절은 예레미야 22:15-16이다. 본문에서 의에 대한 요시야 왕의 관심은 그가 여호와를 "아는" 증거가 된다. 요시야는 가난한 자와 궁핍한 자를 도와줌으로 언약 백성들과 지도자들에게 공동체에서 사회 경제적 공의를 수행하라고 명하신 하나님의 권위를 인정하고 있음을 보여주었다.

메시아의 통치는 그의 지혜와 능력과 하나님의 기준에 대한 충성으로 말미암아 절대적 공의로 나타날 것이다. 그의 심판은 진리에 근거하며 외모나 인상에 의하지 않는다(11:3). 그는 약자의 편에 서서 그들을 학대하는 악인들을 멸할 것이다(4절). 인간 사회에서 이와 같은 불의와 학대의 중단은 동물세계의 변화로 상징되며, 한때 적대관계였던 인간과 대적의 관계로 나타날 것이다. 육식동물이 한 때 먹이로 여겼던 동물들과 평화롭게 누울 것이며 아이들은 한 때 자신의 목숨을 빼앗았던 독사와 함께 놀 것이다(6-8절). 메시아의 나라를 통해 공의와 조화가 반목과 적대감을 대신할 것이다(9절).

이사야 1-39장의 메시아관을 완전히 이해하기 위해서는, 동일한 본문에 제시된 유다왕권에 대한 부정적 시각을 배경으로 살펴보아야 한다. 본서의 서두에 언급된 내용을 제외하면 구체적인 왕에 대한 최초의 언급은 6:1에 나타난다. 본문에서 이사야는 웃시야가 죽던 해(주전 740년)에 하나님의 영광에 대한 이상을 본다. 그는 온 세상의 진정한 왕을 보았던 것이다(cf. 6:5). 그의 놀라운 영광과 완전한 거룩하심은 유다의 인간 왕과 현격한 대조를 보인다.

유다 왕에 대한 이러한 부정적 관점은 7장에서 보다 자세히 전개된다. 본문에는 아하스 왕이 무대 중심에 등장한다. 아람과 에브라임의 전쟁(주전 735-734년경) 중에 아람과 북왕국의 군대는 유다를 침공하여 예루살렘을 포위하고 아하스 대신 한 지방 통치자를 왕으로 세우려 한다. 이사야는 두려워 떨고 있는 아하스에게 다윗의 집에 대한 하나님의 언약을 의지하라고 촉구한다. 아람과 북왕국의 왕들은 사실상 아무 것도 아니며, 아하스는 하나님의 택한 통치자의 후손이었다. 그러나 선지자가 아하스에게 여호와로부터 오는 징조를 구하라고 하자 왕은 거절하였다. 그러자 이사야는 임마누엘의 징조를 주었다. 한 아이가 날 것이며 그의 이름은 "임마누엘"(번역하면 하나님이 우리와 함께 계시다)이라고 할 것이다. 왜냐하면 그는 하나님께서 대적으로부터 유다를 구원하실 능력이 있음을 보여주는 살아 있는 증거가 될 것이기 때문이다. 이 아이가 자라 선과 악을 구별할 수 있을 나이가 되기 전에 여호와께서는 아람과 이스라엘(북왕국) 동맹군의 위협을 제거하실 것이다. 그 때에 사람들은 임마누엘을 가리켜 여호와께서 나라의 모든 주권을 쥐고 있으며 대적에 대해 미리 예언하였음을 상기시켜주는 아이라고 여길 것이다. 그러나 아하스의 불신앙으로 인해 이 분명한 구원의 예언은 심판의 경고로 바뀌게 된다. 여호와께서는 아람과 북왕국에 대한 심판의 도구인 앗수르를 돌이켜 유다를 치게 하실 것이다. 아이러니하게도 임마누엘이 구원과 번성의 상징으로 먹어야 할 버터와 꿀은 사실상 앗수르의 침략으로 황폐화 된 땅의 모습을 증거하게 되었다. 아하스의 불신은 유다로 하여금 자신에게 주어진 축복을 상실하게 하였던 것이다.

임마누엘에 관한 예언의 즉각적인 성취는 8장에 기록된다. 이사야는 징조를 갖고 태어날 아이의 출생에 대해 세밀하게 준비하며, 아기에게 "마헬살랄하스바스"(급히 탈취하며 속히 노략함)라는 이름을 준다. 임마누엘과 마찬가지로 이 아기의 성장은 국제 정세와 관련하여 살펴볼 때에 하나님께서 자기 백성들의 삶을 섭리적으로 주관하심을 상기시켜준다. 이 아이가 아빠, 엄마라고 부르기 전에 앗수르는 아람과 북왕국을 멸할 것이다. 그러나 그들은 계속해서 유다도 공격할 것이다. 본문의 일부 요소는 임마누엘과 마헬살랄하스바스가 상이한 이름에도 불구하고 동일하다는 사실을 보여준다. 출생에 관한 기록(8:1-8)과 그것을 예언한 기록(7:14-25)이 나란히 제시된 것은 예언과 출생 사이의 밀접한 관계를 보여준다. 사건의 패턴(구원에 이어지는 준엄한 심판) 역시 두 본문에 기록된 아이의 성장 패턴과 유사하다. 또한 임마누엘은 8장 예언의 결론부분에 마치 그가 이미 등장한 것처럼 언급된다(cf. 8:8). 이 언급은 동일한 메시지의 서두 부분(8:1-3)을 그의 출생에 대한 묘사로 본다면 더욱 분명한 의미를 지니게 된다.

이름이 다른 것은 문제가 된다(마태가 임마누엘에 관한 예언을 예수님에게 적용한 것도 마찬가지이다). 아마도 임마누엘은 상징적 의미로서, 유다의 역사에 대한 하나님의 개입하심에 초점을 맞추며, 아이의 실제 이름인 마헬살랄하스바스는 그의 개입하심의 구체적 목적이나 효과를 암시할 것이다(마찬가지로 예수님에게 적용할 경우 "임마누엘"은 하나님께서 성육신을 통해 역사에 개입하신 사실에 대한 증거가 될 것이며, 반면에 여호와의 실제 이름인 예수는 이러한 개입의 구체적인 목적 내지는 영향을 지칭할 것이다).

하나님의 주권과 임재하심에 대한 증거 외에도 임마누엘은 유다 왕국에 대한 궁극적인 구원을 미리 예시한다(cf. 8:9-10). 그는 장차 아하스와 같이 무능한 통치자들이 다스리는 동안 사라져 버린 다윗 왕조의 영광과 명예를 회복할 또 하나의 아이를 예시한다. 9:6의 출생에 관한 기록에도 불구하고 이사야는 메시아의 출생과 임마누엘의 출생을 연결한다. 임마누엘은 하나님께서 백성들 가운데 임재하심을 보여주는 하나의 상징이며 그들을 최악의 위기 상황에서 구원하심을 상기시켜준다. 메시아는 그의 호칭이 제시하듯이 (cf. 특히 "기묘자", "하나님", "영존하시는") 하나님의 임재를 보다 감각적이고 인상적인 방식으로 나타낸다.

요약하면 "임마누엘"은 이사야 시대에 태어난 아이(아마도 선지자 자신의 아들인 마헬살랄하스바스)였다. 이 아이는 하나님의 임재의 상징으로서 미래적 메시아의 상징적 인물이다. 그는 계속되는 계시가 보여주듯이 "하나님이 우리와 함께 계심"을 최대한 보여줄 것이다. 따라서 임마누엘의 출생에 관한 예언은 직접적인, 또는 배타적인 메시아 예언이 아니라 성육신을 예시하기 위한 상징적 의미를 가진다고 할 수 있다.

[마태의 임마누엘 예언에 관한 주석]
마태가 이사야 7:14을 하나님이자 사람이신 예수님의 탄생에 적용하였을 때 그는 이사야와 같은 방식을 따랐다. 즉, 앞에서 언급한 대로 임마누엘과 장차 다윗의 후손으로 오실 이상적 통치자 사이의 원형론적 연결을 제시하였던 것이다. 마태가 인용한 7:14은 다른 구약성경 본문과 함께 그의 복음서 앞부분에 실려 있다. 2:14-15에서 마태는 모세 시대 이스라엘의 역사적 출애굽에 대해 언급한 호세아 11:1과 유아시절 예수님의 애굽 피난기를 연결한다. 호세아서 본문은 문맥상 결코 예언적이거나 메시아적인 내용이 아니지만, 계속되는 구원역사의 한 패턴을 제공하고 있음이 분명하다. 예수님은 새로운 이스라엘, 또는 이상적인 이스라엘로서 오셨다(본 장 후반부에 언급된 종의 노래에 관한 내용 참조). 그의 애굽 피난기는 고대 이스라엘의 역사를 답습한다. 2:17-18에서 마태는 헤롯이 베들레헴의 어린 아이들을 살육한 사건에 대해 라마(베들레헴이 아니라)의 어머니들이 자식이 포로로 잡혀가는 것을 슬퍼하며 우는 내용을 기록한 예레미야 31:15의 성취로 본다. 헤롯의 행위는 성격상 선지자가 제시한 사건과 유사하다는 점에서 예레미야의 예언을 "성취"하였다. 다시 한번 말하지만, 마태의 구약성경 인용은 특별한 역사적 사건이나 인물 사이의 패턴이나 유추에 대한 관찰에 근거한다.

히스기야 왕 역시 이와 유사한 다윗 왕조의 회복을 경험한다. 실제로 이사야 세대는 선지자가 예언한 메시아적 이상이 그를 통해 실현되고 성취될 것을 기대하였다. 아하스와 달리 히스기야는 여러 면에서 칭찬할만한 요소를 보여 주었으며, 무엇보다도 그는 위기 중에 하나님을 신뢰하였다. 앗수르가 예루살렘을 위협하자 히스기야는 여호와 앞에 마음을 쏟았으며 여호와만이 구원하실 수 있다고 고백하였다(36-37장).

그러나 웃시야나 아하스와 마찬가지로 히스기야 역시 어쩔 수 없는 인간이었기 때문에 완전하지는 못하였다. 38장은 왕이 결국 병이 드는 모습을 보여준다. 이사야가 그가 죽을 것이라고 하자 히스기야는 하나님께 생명을 살려달라고 구한다. 여호와께서는 그의 생명을 15년 연장해 주셨으며, 그것을 증명하기 위해 기적적인 징조를 베푸신다. 이 징조는 아이러니하게도 수년전 여호와께 징조를 구하기를 거절하였던 "아하스의 일영표"(stairway of Ahaz)와 관계된 내용이었다. 히스기야는 고국 유다가 자신과 함께 새로운 삶을 부여받았다고 생각하였다. 그러나 히스기야나 유다국의 시대는 얼마 남지 않았다. 39장은 유다의 궁극적 멸망을 예언한다. 히스기야는 회복된 후 인사차 자신을 찾아온 바벨론의 사절단에게 어리석게도 궁중의 모든 보물을 보여주며 자랑하였다. 그러나 바로 이러한 교만이 히스기야 전후 왕들의 몰락을 가져왔던 것이었다. 이 일로 여호와께서는 장차 바벨론이 이스라엘 왕궁을 파괴하고 히스기야의 자손 가운데 일부를 포로로 잡아갈 것이라고 경고하셨다. 이러한 내용과 함께 이사야서의 전반부를 형성하는 첫 번째 단원은 끝난다. 우리는 이쯤에서 유다의 통치자들은 하나 같이 선지자의 메시야적 이상을 성취하지 못하였다는 사실을 알아야 할 것이다. 이제 백성들은 누군가 다른 사람을 고대하며 기다리게 되었다. 이렇게 하여 이어지는 장에서 여호와의 종이 등장한다.

[이사야 4:2에 대한 주석]
이사야의 메시아적 언급에 정통한 사람들은 이 주제에 관한 논쟁에서 4:2이 빠졌다는 것을 알 것이다. 많은 사람들은 "여호와의 싹"을 메시아

적 호칭으로 생각하며 이 구절을 이스라엘에 대한 메시아의 종말론적 통치에 대한 묘사로 본다. "싹"(Branch[가지])으로 번역된 단어는 후기 선지자들에 의해 왕적 또는 메시아적 호칭으로 사용되었으나(렘 23:5; 33:15; 슥 3:8; 6:12), 이들 본문은 모두 이 단어를 한 개인과 연결한다(예레미야는 구체적으로 다윗과 연결한다). 그러나 이사야 4:2은 그렇지 않다. 본문의 병행구절("땅의 소산"에 유의)은 이 땅의 풍성한 곡식의 축복을 암시한다. Branch(싹, 가지)로 번역된 단어는 다른 본문에서는 주로 식물이나 농작물의 성장과 관련하여 언급되며(예를 들어, 창 19:25; 시 65:10; 겔 16:7), 종말론에 있어서 회복된 농사의 번성에 대한 묘사는 선지서의 언급과 동일하다(cf. 사 30:23-24; 32:20; 렘 31:12; 겔 34:26-29; 암 9:13-14).

2) 하나님과 열방들
(1) 심판

본서의 전반부에 언급된 내용 가운데 많은 부분은 우주적 심판에 관한 주제에 대해 다룬다. 하나님은 애굽, 앗수르 및 바벨론과 같은 강대국이나 블레셋, 모압, 아람, 에돔, 아라비아 및 두로 등 주변 군소 위성국가를 포함하여 고대 이스라엘 당시의 주변국들을 심판하실 것이다.[11] 이 심판은 적대적 국가들이 최종적으로 멸망하고 하나님의 통치가 시온산에 세워짐으로 절정에 달할 것이다. 이들 신탁의 목적은 하나님의 백성들에게 여호와가 세상의 주권자이시며, 이스라엘과 세상을 향한 그의 목적은 어떤 반대에도 불구하고 반드시 성취된다는 사실을 보여주려는 것이다. 따라서 하나님의 백성들은 결코 주변국을 두려워하거나 그들을 의지할 필요가 없다.

---

11) 13-23장의 심판에 관한 신탁은 두 개의 평행적 내용으로 구성된다.
    a. 바벨론과 앗수르에 대한 심판(13:1-14:27); 바벨론에 대한 심판(21:1-10)
    b. 주변의 군소 위성국에 대한 심판(14:28-16:5; 21:11-17)
    c. 아람과 이스라엘에 대한 심판(17장); 유다에 대한 심판(22장)
    d. 구스와 애굽에 대한 심판(18-20장); 두로(23장). 두로에 관한 신탁(cf. 23:3, 5)은 애굽과 두로가 전통적 파트너임을 보여준다.

애굽은 앗수르의 위협을 벗어나려는 유다가 이 남쪽 강대국과의 동맹을 원하였기 때문에 열국에 대한 이사야의 예언에서 특별한 주목을 받는다(cf. 19:1-20:6; 31:1-7; 31:1-3). 이 정책은 여호와 보시기에 지혜롭지 못한 것이었다. 여호와께서는 애굽을 앗수르에게 무릎 꿇게 하실 것이기 때문이다(19:1, 4, 16). 애굽의 신들과 박사들과 나라의 지도자들과 군대는 여호와 앞에서 무력하게 될 것이다(19:1, 3, 11-15; 31:1-3).

여호와께서는 앗수르를 자기 백성들 및 주변 여러 나라에 대한 심판의 도구로 사용하시겠지만 그는 결국 이 교만한 제국을 심판하실 것이다(10:5-34; 14:24-25; 30:27-33; 31:4-9). 앗수르 왕은 여호와의 손에 들린 몽둥이에 불과하였다. 그러나 그러한 그가 교만하게도 예루살렘을 향해 조롱한 것은 여호와께서 그의 백성들을 강력한 앗수르 군대로부터 구원하지 못할 것이라는 속뜻이 담겨있다(10:5-14, 32; 36:4-20; 37:9-13, 24-25). 산헤립의 언급은 그가 세상의 주권자이며 그 앞에는 어떤 열국의 신들도 대항할 수 없다고 믿고 있음을 보여준다(cf. 36:18-20; 37:11-13). 여호와께서는 이 거만한 왕을 사용자에게 대어드는 도구나 무기에 비유한다. 여호와께서는 일단 앗수르를 이용하여 "시온산에 대한 그의 일"을 완성하신 후(10:12; cf. 28:21), 그들을 심판하실 것이다.

이 심판에 관해서는 질병(10:16), 불(10:17; 30:27, 30, 33; 31:9), 삼림이 베임을 당함(10:19, 33-34), 홍수(30:28), 폭우(30:30) 및 부르짖는 사자의 공격(31:4) 등을 포함하여 다양한 은유가 사용된다. 이러한 이미지를 사용하여 앗수르에 대한 심판을 언급한 것은 아이러니가 아닐 수 없다. 앗수르 왕들이 이 같은 은유를 사용하여 자신의 무공을 자랑해 왔기 때문이다. 앗수르의 통치자들은 레바논의 백향목을 베었다고 자랑하나(37:24), 여호와의 심판의 날이 오면 레바논의 장대한 삼림에 비유되는 앗수르는(10:34) 하나님의 도끼에 의해 베임을 당할 것이다. 앗수르의 왕들은 스스로에 대해 어떤 대적도 당할 수 없는 부르짖는 사자와 창일한 홍수 및 파괴적인 불로 묘사한다. 그러나 심판의 날에 그들은 이러한 공격의 대상이 될 것이며 여호와께서는 그들에 대한 진노를 누그러뜨리지 않을 것이다. 앗수르가 갈고

리로 포로들의 코를 꿴 것처럼 여호와께서도 그들에게 동일한 방식으로 대할 것이다(37:29). 이와 같이 여호와는 앗수르에 대한 자신의 주권을 나타내 보이시며, 앗수르의 왕이 아니라 자신이 세상에서 가장 강력한 용사임을 증명하신다.

이사야 37:36-38은 이 심판에 관한 예언의 성취에 대해 기록한다. 앗수르 군대가 예루살렘을 포위하자 여호와의 사자가 나가서 하루 밤에 군대를 멸한다. 산헤립은 본국으로 돌아가지 않을 수 없었으며, 약 20년 후 신전에서 제사할 때 자기 자식들에게 암살당한다.

앗수르를 이어 고대 근동의 가장 강력한 제국을 형성하였던 바벨론도 하나님의 심판을 당할 것이다(13:1-14:23; 21:1-10). 바벨론에 관한 신탁이 앗수르 시대(주전 8-7세기)를 배경으로 한다고 생각하는 사람도 있다. 그 이유는 주전 689년에 앗수르가 바벨론을 완전히 멸하였다고 생각하기 때문이다(23:13에 언급된 사건 참조). 그러나 갈대아 제국(주전 6세기에 절정에 달한 제국)의 멸망을 역사적 배경으로 보아야 한다. 13:19에서 바벨론은 "바벨론[갈대아 사람]의 자랑하는"으로 구체적으로 언급되며 14:4의 "바벨론 왕"은 39:1(갈대아 통치자 므로닥-발라단은 "바벨론 왕"으로 구체적으로 거명된다)의 갈대아 사람으로 보아야 한다. 또한 13:17은 메대 사람이 바벨론을 정복한 것으로 언급한다(cf. 렘 51:11, 28; 단 5:28).

이들 심판에 관한 신탁의 진정성에 대해 의구심을 품고 포로기 이후 편집자의 저작으로 보는 사람도 있으나 이들이 주전 8세기의 저작이라는 근거는 충분하다. 이사야는 이스라엘이 바벨론의 포로가 될 것을 알고 있었기 때문에(39:6-7), 그가 자기 백성들의 대적에 대한 하나님의 심판의 영역 속에 바벨론을 포함시킨 것은 당연하다. 더구나 바벨론은 하나님을 반대하는 성읍으로서의 상징적 가치 때문에(cf. 창 11:1-9), 이들 적대국의 대표로서의 역할을 한다. 이와 같은 바벨론의 대표성과 상징적 기능은 왜 이사야 13:17-22(및 14:23)에 언급된 바벨론의 몰락이 주전 539년 이 성읍에 대한 고레스의 비교적 평화스러운 정복과 관련된 역사적 상황과 일치하지 않는지를 보여준다. 그것의 심판에 대한 양식적이고 과장된 묘사는 메대와 바사에 의한 역사적 함락에 대한 내용을 초월하며, 하나님의 지상 왕국이 세워지기 전에 있을 열국에 대한 최종적 심판을 예시한다.[12] 이 점에서 13장을 도입하는 본문의 우주적 어조에 유의하는 것이 좋을 것이다(cf. 1-13절; 14:26-27도 참조하라). 예상하는 대로, 이어지는 계시는 바벨론을 마지막 대적에 대한 하나님의 최종적 승리를 묘사하기 위한 상징으로 제시한다(cf. 계 17-18장).

바벨론의 마지막 멸망에 대한 생생한 예언은 회복된 포로들이 한때 교만하던 바벨론의 왕을 향해 부르는 노래를 기록한 이사야 14장에서 절정을 이룬다. 본문은 그가 음부로 내려오며 그곳에서 먼저 와 있던 다른 이방 왕들이 일어나 그를 맞이한다는 내용을 기록한다. 이들 통치자는 자신의 신화적 전통으로부터 나온 이미지를 사용하여 이 왕을 "아침의 아들 계명성"이라는 작은 신에 비유한다. 그는 실제로 하나님의 산에 올라 가나안의 만신 가운데 가장 높은 엘(El)과 함께 통치하려 했다. 그러나 그의 거짓된 허풍에도 불구하고 바벨론 왕은 다른 모든 왕들과 마찬가지로 인간에 불과하였다.

한 유명한 해석학적 전통은 14:12-15의 어휘 속에서 사탄의 멸망에 대한 암시를 찾는다.[13] 그러나 이 주제는 "다소 본 장의 문맥과 맞지 않는 면이 있다."[14] 오히려 본문에 사용된 어휘나 이미지는 가나안의 미신에 근

---

12) 완전하고 영원한 멸망에 관한 모티프는 구약성경 (cf. 사 34:11-15; 렘 50:39-40; 51:36-37; 습 2:13-15) 및 고대 근동 문학 여러 곳에서 발견된다. 후자의 예에는 Sefire 조약의 저주 (Pritchard, *The Ancient Near East*, 2:222)와 Elam의 멸망에 대한 아술바니팔의 묘사(Luckenbill, *Ancient Records of Assyria and Babylonia*, 2:310-11)가 포함된다.
13) 이 구절과 관련된 해석학적 역사에 대해서는 Gerald Keown, "A History of the Interpretation of Isaiah 14:12-15," Ph. D. diss., Southern Baptist Theological Seminary, 1979를 참조하라.
14) John A. Martin, "Isaiah," in the *Bible Knowledge Commentary, Old Testament*, eds. John F. Walvoord and Roy B. Zuck (Wheaton, Ill.: Victor, 1985), p. 1061.

거한 듯하며, 이것은 고대 이방 왕들이 다른 이방 왕에게 건네는 겉치레 인사로 보아 하등 어색할 것이 없다(인용된 왕의 말은 15절까지 연장된 것으로 보면 가장 자연스럽다).15) 가장 놀라운 미신적 평행으로는 (1) 주요 신의 이름, 즉 "아침의 아들, 계명성", (2) "하나님의 뭇별"(ēl은 신들의 모임에서 가장 높은 가나안의 신이다), (3) "집회의 산", 구체적으로 "거룩한 산"(ṣāpôn, 신들이 회집하는 가나안의 올림푸스에 해당하는 이름)에 세워져 있다. 계명성의 반역과 평행이 될만한 구체적 신화의 내용은 알 수 없으나 가나안과 그리스 신화에는 유사한 에피소드가 있다.16)

바벨론과 마찬가지로 에돔 역시 열국에 대한 이사야의 신탁에 있어서 대표성과 상징적인 기능을 수행한다. 34장은 하나님의 우주적 심판에 관한 묘사로 시작하며 본문의 장엄함은 하늘에 있는 존재들(아마도 영적 대적에 대한 상징[cf. 24:21]) 마저 영향을 받을 정도로 엄청나다(1-4절). 이어서 메시지는 에돔에 초점을 맞춘다. 그들은 이스라엘과 혈통적으로 가까운 사이임에도 불구하고 오랫동안 그들을 괴롭혀 왔다. 예루살렘이 바벨론에 함락되자 에돔 사람들은 그들의 멸망을 기뻐하고 약탈에 동참하였으며 피난민들을 노예처럼 팔았다(cf. 시 137:7; 애 4:21; 욜 3:19; 옵 10-14절). 그 결과 에돔에 대한 여호와의 심판은 그의 "보수할 날", "시온의 송사를 위하여 신원하실 해"(사 34:8)로 불린다. 여호와는 에돔을 칼로 제물을 잡듯이 하시며(5-7절), 그들의 땅을 영원히 황무케 하여 들짐승만 살게 하실 것이다(9-17절). 다시 한번, 극적이며 과장된 이미지가 에돔의 몰락에 관한 실제

---

15) 이사야가 사용한 미신적 이미지는 이들 구절에만 한정된 것은 아니다. 소위 작은 묵시(24-27장)라고 불리는 여러 본문은 그가 고대의 미신적 모티프와 이미지에 대해 알고 있었음을 보여준다(cf. 24:21-22; 25:8; 27:1).
16) 보다 자세한 내용에 대해서는 P. C. Craigie, "Helel, Athtar, and Phaethon (Isa. 14:12-15)," *Zeitschrift für die Alttestamenliche Wissenschaft* 85 (1973): 223-25; J. W. McKay, "Helel and the Dawn-Goddess: A Re-examination of the Myth in Isaiah XIV 12-15," *Vetus Testamentum* 20 (1970): 451-64; and W. S. Prinsloo, "Isaiah 14:12-15. Humiliation, Hubris, Humiliation," *Zeitschrift für die Alttestamentliche Wissenschaft*, 93 (1981): 432-38을 참조하라.

역사적 내용을 넘어서며, 에돔이 상징하고 있는 모든 적대적 국가에 대한 종말론적 멸망을 예시한다.

열국에 대한 이사야의 신탁은 하나님의 지상 왕국이 세워질 때 있을 세계적 심판에 대한 묘사에서 절정을 이룬다. 비록 많은 본문이 적대적 국가에 대한 여호와의 최종적 승리를 암시하며 그것을 예고하지만(8:9-10; 13:1-14:27; 17:12-14; 29:5-8; 30:27-33; 31:4-9; 33:1-4; 34:1-17), 소위 이사야서의 작은 묵시록이라 불리는 24-27장만큼 이 사건에 대해 철저하고 지속적으로 다루는 본문도 없다.

24장은 13:1-13의 우주적 어조와 이미지를 사용하면서 온 땅이 저주로 인해 황무케 되는 모습을 보여준다(1-13절). 본문 5절은 이 저주가 임한 이유에 대해 "땅이 또한 그 거민 아래서 더럽게 되었으니 이는 그들이 율법을 범하며 율례를 어기며 영원한 언약을 파하였음이라"(NIV)고 말한다. 처음에는 "율법"이나 "율례"라는 표현이 모세의 언약을 암시하고 있는 것으로 보이겠지만 본문의 우주적 어조는 이러한 해석을 배제한다. 본문은 하나님께서 노아에게 명하신(그리고 그를 통하여 모든 인간 사회에 주신) 명령을 배경으로 하며, 본문에는 이러한 내용이 언약적 용어로 제시된 것이다(창세기 9:16은 노아에 대한 하나님의 약속과 관련하여 "영원한 언약"이라는 구절을 사용한다). 이 땅의 모든 백성들은 번성하여 땅에 충만하며 하나님의 형상을 존중하라는 명령(창 9:1-7)을 거역하였다(cf. 사 24:16, 20). 그들은 무분별하게 피를 흘렸으며(cf. 사 26:21), 땅을 오염시켰다(24:5; cf. 민 35:33, 본문은 땅이 피로 말미암아 오염되었다고 말한다. 이 단어는 24:5에서 "더럽게 되었다"로 번역된다). 이 해석을 뒷받침해 주는 본문은 이사야 24:18이다. 본문은 하나님의 심판을 노아 홍수에 대한 재판으로 설명한다(cf. 창 7:11).

하나님의 심판의 초점은 힘과 거만이라는 특징을 가진 한 이름 없는 성읍에 모아진다(24:10-12; 25:2; 26:5-6). 이 성읍의 멸망은 본문에서 세계적 재앙으로 묘사되기 때문에 어떤 사람들은 이것을 지상의 강한 성읍들을 대표하는 상징으로 본다.17) 25:12에서 모압(cf. 10절)은 이름 없는 성읍과 마찬가지로 "높게 솟은 견고한 성"(cf. 2절; 26:5)으로 언급된다. 이것은 모압이 문제의 성읍일 수도 있음을 암시한다. 그렇더라도 본문의 모압은 모든 적대적 이방 세력을 나타낸다. 이런 점에서 성읍의 멸망을 노래하며 그것을 시온과 대조하고 있는 26:1-6은 25:10-12에 묘사된 모압의 멸망을 노래한다.

24:21(NIV)에서 "높은 데서 높은 군대[하늘의 세력들]... 땅에서 땅의 왕들"로 구체적으로 드러난 하나님의 대적은 영적 존재와 인간 사이의 일종의 종말론적 동맹을 제시한다. 27:1에서 이사야는 이러한 반역 그룹을 바다의 큰 동물로 묘사한다. 두 본문 모두 신화적 모티프와 이미지를 사용한다. 24:22에 따르면 하늘과 지상의 동맹은 감옥으로 가게 되며 결국은 심판을 받게 될 것이라고 말한다. 이것은 바벨론의 창조 설화에 나오는 마르둑(Marduk) 신이 디아맛(Tiamat)을 무찌르고 그녀의 동맹인 흑암의 세력을 감옥에 넣는 이야기와 흡사하다.18) 리워야단에 대한 상징은 가나안 신화로부터 직접 온 것이다. 신화에 따르면 이 짐승은 폭풍의 신 바알과 그와 동맹한 여신 아낫(Anat)을 대적한다. 이사야가 이 짐승을 "날랜 뱀", "꼬불꼬불한 뱀"(coiling serpent)으로 묘사한 것은 사실상 신화와 동일한 묘사에 해당한다.19) 신화에서 리워야단은 바다를 나타내며 바알의 왕적 권위를 반대하는 혼돈의 세력을 나타낸다. 구약성경에서 바다 또는 바다 괴물의 상징은 여호와의 왕권을 대적하며 그가 세운 질서를 파괴하려는 우주적, 역사적 세력에 적용된다. 바다 또는 바다 괴물과의 전쟁에 관한 모티브는 창조와 역사에 있어서의 혼돈에 대한 승리와 연결된다(cf. 시 74:13-14; 77:16-20;

---

17) 예를 들어, Ronald E. Clements, *Isaiah 1-39*, The New Century Bible Commentary (Grand Rapids: Eerdmans, 1980), p. 202를 참조하라. Clements는 이 성읍을 "조직화된 인간 사회 구조에 대한 회화적 묘사로서 일종의 '허영의 시장' [Vanity Fair]"으로 본다.
18) Pritchard, *The Ancient Near East*, 1:34.
19) John C. L. Gibson, *Canaanite Myths and Legends*, 2d ed. (Edinburgh: T. & T. Clark, 1978), pp. 50, 68. 구체적으로 본문 3. iii. 38-39 및 5. i. 1-3을 참조하라.

89:9-10; 사 51:9-10). 그가 이들 세력을 멸하신 것은 그의 왕권과 주권을 보여준다(시 29:3, 10; 93:3-4). 이사야 27:1은 이 모티브를 이들 세력에 대한 여호와의 종말론적 최후 승리에 적용한다(17:12-13도 열방을 큰 물로 묘사한다). 그 날에는 여호와의 계획과 권위를 대적하는 모든 자들이 영원히 멸망될 것이다.

여호와는 궁극적인 대적인 사망을 멸하신다(25:7-8). 여기에서 다시 한번 신화적 전례를 찾아볼 수 있다. 가나안 신화에서 바알은 왕권을 얻기 위해 바다 또는 바다 괴물(혼돈과 흑암으로 상징)을 무찌르며 연회를 열어 자신의 승리를 축하한다. 그러나 이 때 그는 사망의 손에 의해 일시적으로 패배한다. 마찬가지로 여호와께서는 이 혼란한 세력을 무찌르고(24:21-22, 27:1) 시온산에서 큰 연회를 열어 승리를 축하한다(24:23; 25:6). 그러나 바알과 달리 여호와께서는 사망을 정복하신다. "사망을 영원히 멸하실(swallow up[삼키실]) 것이라"(25:8)는 말씀은 이 사망이 구약성경(잠 1:12; 사 5:14; 합 2:5)이나 가나안 신화에서 그의 먹이나 대적을 게걸스럽게 삼키는 존재로 등장하기 때문에 매우 아이러니한 표현이 아닐 수 없다. 신화에 등장하는 사망은 "땅에 대한 입과 하늘에 대한 입과... 별에 대한 혀"를 가지고 있다고 알려진다.[20] 사망은 자신의 탐식에 대해 다음과 같이 묘사한다: "그러나 나의 식욕은 굶주린 사자의 식욕과 같다... 만일 내가 정말 "진흙"(인간을 먹이로 지칭한 표현)을 먹고 싶은 욕망이 있다면, 나는 그들을 한 아름 먹어야만 한다. 나의 일곱 부분(충만함이나 완성을 나타내는 표현)은 이미 밥그릇에 가 있는지도 모르며, 나하르(Nahar, 산 자의 땅에서 사망의 땅으로 희생자를 옮기는 책임진 강의 신)가 컵을 섞어놓았는지도 모른다."[21]

(2) 회복

이스라엘이 포로지에서 돌아온 것은 사망의 영역에 대한 여호와의 주권을 생생하게 보여주는 사건이다. 약속의 땅을 떠난 포로민들은 먼지에 누워

---

20) Ibid., p. 69. 5. ii. 2-3을 참조하라.
21) Ibid., pp. 68-69. 5. i. 14-22를 참조하라.

있는 생명 없는 시체나 다름없었다. 그러나 여호와께서는 이 나라를 기적적으로 부활시키시고 자기 백성들을 다시 고국으로 돌아가게 하실 것이다(사 26:19; 27:12-13; cf. 겔 37:1-14, 본문 역시 이스라엘이 포로지에서 회복된 사건을 부활의 이미지를 사용하여 설명한다). 영원히 죽어 사라질 대적들과 달리(사 26:14) 여호와께서 살리신 백성들은 새로운 영광의 시대를 누릴 것이다(15절). 어떤 사람들은 19절을 이스라엘의 종말론적 부활에 대한 문자적 언급이라고 말한다. 25:7-8에 언급된 사망에 대한 여호와의 승리는 이러한 해석을 뒷받침하며 다니엘 12:2도 마찬가지이다.

여호와께서 시온산에 자신의 우주적 통치자를 세우실 때(사 24:21; 25:6-8; 27:13), 그는 우주적 평화(cf. 11:10)와 성결한 예배를 촉구하신다. 멀리 있는 나라들이나 한때 자기도취에 빠져 있던 나라들도 그의 주권을 인정하고 공물을 바칠 것이다(18:7; 19:21; 23:18). 한때 적대적 국가였던 나라들도 예루살렘으로 와서 여호와로부터 교훈을 받고 그의 중재를 받을 것이다. 모든 지혜와 권능의 하나님은 그들의 불만을 해결하실 것이며, 한때 위협적 나라들도 전쟁 준비를 그치고 보다 건설적인 일에 온 힘을 바칠 것이다(2:2-4). 한때 가장 적대적 세력을 형성하였던 나라들도 함께 동참하여 여호와를 섬길 것이다(19:23-25).

3. 이사야 40-66장의 신학

1) 하나님과 그의 백성
(1) 포로민들의 형편에 대한 하나님의 반응

앞에서 언급한 대로 40-66장은 하나님의 백성들이 포로로 잡혀간 상황을 전제한다. 예루살렘과 약속의 땅은 폐허가 되었으며(40:1-2; 44:26, 28; 45:13; 49:19; 51:3; 52:2; 58:12; 60:10; 61:4; 62:4; 63:18; 64:10-11), 적어도 일부 백성들은 바벨론이나 먼 나라에서 감옥살이를 하며 장차 올 구원을 기다렸다(42:7, 22; 43:5-6, 14; 45:13; 47:6; 48:20; 49:9-12, 22; 51:11, 14;

52:11-12; 56:8; 57:14; 61:1). 포로민들은 자신이 처한 상황에 낙담하여 미래적 회복에 대해 회의적이었다(40:27; 41:17; 49:14). 일부는 여호와께서 더 이상 그들의 고통을 돌아보지 않으실 것이라고 단정하였으며, 하나님이 그들을 불공정하게 대하신다고 주장하는 사람들도 있었다. 막강한 바벨론 제국의 통치 하에 있던 자들 가운데 일부는 바벨론 백성이 섬기는 신들의 주권을 인정하고 그들의 형상을 섬겼다. 어쩌면 그들은 이스라엘의 하나님은 지역적 한계를 가진 신이므로 그들을 바벨론의 손에서 구원하실 수 없다고 여겼는지도 모른다. 이러한 태도에 대해 여호와께서는 몇 가지 사실들을 분명하게 제시하셨다.

첫째로, 이스라엘은 하나님의 불의한 결정이나 행위 때문이 아니라 자신의 죄로 인해 포로가 되었다는 것이다(50:1). 이스라엘은 여호와의 율법을 지키지 않음으로 그를 분노케 하였으며(42:24; 43:24; 48:18-19; 64:5), 자신의 불충에 대한 정당한 대가를 받았던 것이다.

둘째로, 여호와께서는 자기 백성들을 버리지 않으셨다. 여러 본문, 특히 본 단원(40-66장)의 처음 몇 장은 언약적 관계나 하나님의 약속이 결코 손상되지 않았음을 보여준다. 여호와께서는 이스라엘을 그의 종(41:8-9; 42:19; 43:10; 44:1-2, 21; 45:4; 48:20), 그의 택한 백성(41:8-9; 43:20; 44:1-2; 45:4), 언약의 벗 아브라함의 자손(41:8)이라고 부르신다. 44:2에서 그는 이스라엘을 "여수룬"(의로운 자)이라 부른다. 이 이름은 신명기 32:15 및 33:5, 26에만 등장하는 드문 호칭이다. 신명기에서 이 단어는 하나님의 은혜에도 불구하고 그의 권위에 도전하였던 이스라엘을 하나님의 풍성한 축복과 보호하심의 대상으로 지칭한다. 포로민들에게 이 고대의 이름으로 부르심으로 여호와께서는 자기 백성들에게 그들에 대한 이상(의)을 상기시키고 새로운 축복의 가능성을 제시하신다(cf. 사 44:3-4). 이스라엘에 대해 언약적 지위를 암시하는 이러한 이름으로 부르시는 외에도 여호와께서는 자신을 이스라엘의 하나님(41:13, 17; 43:3; 45:15; 48:1-2), 창조자(43:1, 7, 15, 20; 44:2, 24; 46:3), 왕(41:21; 43:15; 44:6), 거룩한 자(41:14;, 16, 20;

43:3, 14-15; 45:11; 47:4; 48:17) 및 구속자(41:14; 43:14; 44:6, 24; 47:4; 48:17)로 제시하신다. 그는 짓밟힌 나라의 축소판인 예루살렘을 인격화 하여 그를 위로하시고, 그의 백성들을 위한 미래적 계획 속에 회복과 언약적 갱신이 포함되어 있음을 약속하신다.

셋째로, 여호와께서는 자기 백성들에 대한 깊은 관심과 사랑을 확인하신다(43:4). 이 사실을 강조하기 위해 여러 가지 생생한 환유가 사용된다. 40:11은 여호와에 대해 자신의 양(포로된 백성)을 강한 팔로 품에 안고 약속의 땅으로 승리의 귀환을 하시는(cf. 10절) 목자로 묘사한다. 여호와의 팔에 대한 언급은 매우 중요한 표현이다. 이사야서 다른 곳에서 여호와의 팔은 주로 그의 대적을 멸하시는 전능하신 능력을 상징하기 때문이다(30:30; 40:10; 51:9; 52:10; 59:16; 63:5, 12). 이와 동일한 강한 팔이 그의 백성들을 보호하신다.

49장에서 여호와께서는 어머니에 대한 비유를 통해 시온에 대한 헌신을 강조한다. 여호와께서 자기를 잊으셨다는 시온의 항변에 대해 그는 "여인이 어찌 그 젖먹는 자식을 잊겠으며 자기 태에서 난 아들을 긍휼히 여기지 않겠느냐"라고 반문하신다. 물론 정상적인 상황이라면 그럴 수 없다. 그러나 여호와께서는 여인이 자식을 잊을지라도 그는 자기 백성들을 잊지 않을 것이라고 강조하신다.

또한 여호와께서는 자신에 대해 젊어서 잠시 화가 나서 아내와 이혼한 남편으로 비유한다. 그러나 그는 다시 아내에게 "큰 긍휼"과 "영원한 자비"를 보이며 다시 결혼 생활을 회복할 것이다(54:5-8). 한 때 "버리운 자", "황무지"로 칭하였던 시온은 언젠가 헵시바("나의 기쁨이 그녀 안에 있다")와 쁄라("결혼한")로 칭하게 될 것이다. 여호와께서는 마치 신랑이 신부를 기뻐하듯이 그를 기뻐할 것이다(62:4-5).

끝으로, 여호와께서는 바벨론과 그들이 섬기는 우상 신들에 대해 절대적 주권과 권능을 나타내실 것이다. 여호와께서는 어느 누구와도 상의 하지 아니하고 만물을 창조하고 다스리신다(40:12-14; 42:5; 44:24).[22] 그는 나라와 왕들의 운명을 결정하신다(40:17, 22-24). 이교적 사상에 나오는 다양한 신들과 대비되는 하늘의 존재들은 그의 종들이다(40:26). 여호와께서는 이방 나라의 점치는 자나 예언가들의 지혜를 물리치시나(44:25) 자신의 말씀은 반드시 성취하신다(44:26). 그는 이와 같은 예언을 통해 역사에 대한 주권적 통치를 드러내신다(41:4, 21-29; 42:9; 45:21; 48:3-7). 인간이 만든 이교적 우상 신들은 이러한 일을 할 수 없으며 따라서 하나님께서 자기 백성들을 구원하시는 것을 막을 수 없다.

이교적 우상 신들과의 몇 가지 대조는 하나님의 초월성을 강조한다. 우상에 관한 논쟁(40:18-20; 41:5-7, 21-29; 42:17; 44:9-20; 45: 16, 20; 46:1-2, 6-7; 48:5, 14)에서 발견되는 많은 핵심 단어들 역시 여호와의 사역에 대한 묘사를 통해 그의 유일성을 보여준다. 예를 들어, 40:19-20 및 41:7에서 우상은 장인이 만든 산물이다. 이와 대조적으로 여호와께서는 자신이 장인을 창조하였다고 말씀하신다(54:16). 장인은 우상을 만드느라 모든 기력을 소진하나(44:12), 여호와께서는 피곤한 자에게 아무리 강한 젊은이도 따라올 수 없는 초자연적인 힘과 능력을 주신다(40:29-31). 우상을 만들기 위해 장인은 썩지 않는 나무를 선택한다(20절). 그러나 여호와께서는 이 나무의 창조자이며(41:19), 시적인 묘사에 의해 이들로부터 예배를 받으시는 대상으로 묘사된다(44:23).

---

22) 이사야 40:13-14에는 마르둑에 대한 논쟁이 포함되어 있는 것으로 보인다. 그는 바벨론 범신들의 우두머리 신으로서 지혜의 신인 Ea와 상의하여 세상을 창조하는 것으로 묘사된다. cf. Roger N. Whybray, *Isaiah, 40-66*, The New Century Bible Commentary (Grand Rapids: Eerdmans, 1975), pp. 53-54. 이 외에도 Whybray의 보다 자세한 연구서, *The Heavenly Counsellor in Isaiah xl 13-14: A Study of the Sources of the Theology of Deutero-Isaiah*, Society for Old Testament Study, Monograph Series, 1 (Cambridge: Cambridge U., 1971)도 참조하라.

인간의 결정에 의해 만들어진 산물이 되기보다 여호와는 인간을 도구로 사용하셔서 자신의 주권적 의지를 수행하신다(43:10; 44:1-2; 48:10; 49:7). 레바논의 모든 나무는 여호와께 드릴 제물에 사용되는 연료로도 모자라지만(40:16), 우상은 음식을 요리하고 손을 따뜻하게 하기 위해 사용하는 나무의 일부분에 불과할 뿐이다(44:15). 우상을 섬기는 자들은 재료에 대한 제조(연단) 과정을 통해(40:19; 41:7; 46:6) 그들의 신을 만든다(44:9-10). 그러나 여호와께서는 자기 백성들을 연단하시고(48:10) 그들을 지으신다(44:2). 장인들은 우상에 금을 입히고(rāqa'[40:19]) 줄을 늘여 재어(44:13) 우상을 만들지만, 여호와께서는 땅을 베풀고(rāqa'[42:5; 44:24]) 하늘을 펴신다(40:22). 사람은 우상을 새겨(kûn) 작은 신당에 두나(44:13), 하나님은 땅을 조성하시고(kûn[45:18]), 땅 위의 궁창에 앉으신다(40:22). 우상은 인간의 지혜와 기술의 산물이나(40:20), 하나님은 그것들을 물리치신다(44:25). 우상을 섬기는 자들은 그들이 의지하는 바 자기 손으로 만든 것들이 무익하게 됨으로 두려워하는 삶을 살게 될 것이다(44:11). 그러나 이스라엘은 두려워할 필요가 없다. 그의 하나님은 참 하나님이시기 때문이다(44:8). 이방 우상들은 짐승에게 실려 포로지로 끌려가나(46:1-2) 여호와께서는 자기 백성들을 한 평생 인도하신다(46:3-4). 이와 같은 본문에서 여호와는 능동적인 하나님으로 나타나시며 사람은 그의 창조적 행위의 대상으로 제시된다. 대조적으로 이교적 우상 신들은 수동적이며 연약한 인간의 산물로 그려진다.

(2) 이스라엘의 미래적 회복

하나님은 자기 백성들에게 관심을 가지시며 그들을 구원하실 능력이 있기 때문에 회복에 대한 그의 약속은 믿을 수 있다. 이것은 오늘날도 그러하며 앞으로도 마찬가지이다. 여호와의 약속의 말씀은 신실하다(40:6-8).[23] 마치 하늘에서 떨어지는 비나 눈이 토지를 적시어 소기의 목적을 달성하듯이 하나님의 구원에 대한 약속은 성취되었다(55:10-11).

---

23) 이사야 40:6b는 "모든 육체는 풀이요 그 모든 의지하는 것(ḥesed)[아름다움]은 들의 꽃 같으니"로 번역되어야 한다.

그의 말씀의 신실성에 대한 증거로서 여호와께서는 "이전 일", 즉 그가 이미 예언하여 성취된 과거사에 대해 호소한다(cf. 41:22; 42:9; 43:9; 44:7; 44:7; 46:9; 48:3). 보다 구체적으로 이전 일은 모세 시대의 출애굽 사건을 포함한다(43:18). 이전 일의 성취는 앞으로 올 새 일에 대한 성취를 보장한다. 마찬가지로 여호와께서는 반드시 포로 된 자기 백성들을 구원하시어 고국으로 돌아가게 하실 것이다(42:9; 43:19; 48:6).

본서의 전반부와 마찬가지로(10:26; 11:11-16), 이스라엘의 미래적 구원과 회복은 제2의 "엑소더스"(Exodus)로 묘사된다(43:16-21; 44:26-27; 48:20-21; 49:9-12; 51:9-11; 52:10-12). 이 구원을 약속하신 하나님은 바다를 가르시고 애굽의 병거를 멸하신 바로 그 하나님이시다(43:16-17). 51:9에서 애굽은 라합으로 불린다(cf. 30:7; 시 87:4). 이 이름은 구약성경이 고대 신화의 바다 괴물에게 붙인 이름이다(욥 9:13; 26:12; 시 89:10). 성경은 이 괴물(리워야단)에 대한 하나님의 승리를 무질서와 혼란으로부터 질서를 가져오신 창조적 사역과 시적으로 연계한다(cf. 욥 26:7-14; 시 74:12-17; 89:9-12). 출애굽 사건 역시 하나님께서 결박과 학대의 혼란으로부터 국가를 형성하신 창조 사역에 속한다(사 43:15). 따라서 이사야 51:9에서 라합이란 이름을 애굽에 적용한 것은 적절하다.

제2의 엑소더스는 여러 면에서 첫 번째 엑소더스(출애굽)를 능가할 것이다. 여호와께서는 백성들에게 비록 과장적 표현이기는 하나 이전 사건을 잊으라고 말씀하신다(43:18; 그러나 cf. 46:9). 당시에는 급히 애굽을 떠났으나(출 12:11; 신 16:3) 이제 그들은 하나님의 보호하시는 임재를 통해 여유롭게 바벨론을 떠날 것이다(사 52:12). 하나님은 모세 시대의 백성들이 광야에서 방황할 때 육신의 필요를 제공하셨으나 그 기간은 본질적으로 지연된 축복 가운데 하나였다. 그러나 제2의 엑소더스에서는 하나님의 풍성한 축복의 징조가 고국으로 돌아오는 포로민들과 함께 할 것이다. 그는 산을 길로 만들고(49:11), 광야를 샘물이 흐르는 동산으로 바꾸실 것이다(43:19-20; 48:21; 49:9-10).

포로민들의 모든 길은 예루살렘으로 향하게 될 것이다(49:14-23; 52:11). 남편의 버림을 받은 아내(54:6), 과부(54:4), 잉태치 못한 여인(49:21; 54:1), 자식을 빼앗긴 여자(49:21)에 비유되는 고난 받는 성읍은 포로로 잡혀간 백성들이 기적적으로 돌아오는 것을 목격할 것이다(49:19-21; 54:2-3). 나라의 모든 부와 재물은 시온을 재건하고 그것을 아름답게 치장하는데 사용될 것이며, 다시는 이 성읍이 대적의 군대에 의해 짓밟히는 일은 없을 것이다(54:11-17; 60:4-22; 61:4-6; 62:1-2). 여호와의 영광의 빛이 성읍을 밝게 비출 것이기 때문에 해와 달의 빛은 더 이상 필요치 않을 것이다(60:19-20).

창세기의 서두에 나오는 모든 장들은 시온의 미래적 변화에 대한 다양한 예를 제공한다. 새롭게 된 시온은 하나님의 새로운 피조물의 중심이 될 것이다(65:17-18). 여호와께서는 늙은 아브라함과 잉태치 못하는 사라로부터 큰 나라를 세우셨듯이, 시온의 고통을 기쁨으로 바꿀 것이다(51:2). 그의 축복은 그의 저주를 대치할 것이며 황폐한 시온은 에덴과 같은 동산이 될 것이다(51:3). 시온은 다시는 하나님의 심판을 겪지 않을 것이다. 여호와께서 이 성읍과 "화평케 하는 언약"을 영원히 세우실 것이기 때문이다(54:9-10).

첫 번째 출애굽에서 하나님은 이스라엘을 통치하시며 그 땅을 정복하였듯이(cf. 출 15:18; 시 47:3-5; 114:1-2), 그가 시온으로 돌이키실 때에도 백성들은 그의 통치를 인정하였다(사 52:7). 인간 통치자들의 외침으로 유추해 볼 때 "네 하나님이 통치하신다"는 52:7의 언급은 "네 하나님이 왕이 되셨다"(cf. 삼하 15:10; 왕하 9:13)로 번역하는 것이 더 바람직하다.

(3) 하나님의 구원의 도구

여호와께서는 자기 백성들을 구원하심에 있어서 두 가지 중요한 도구를 사용하실 것이다. 즉, 바사의 통치자 고레스와 이상적 이스라엘 및 새로운 모세로 묘사되는 이름이 밝혀지지 않는 한 종이다.

여호와께서는 고레스를 막강한 군사력을 가진 강력한 정복자로 세우셨다(41:2-3; 25장; 45:1-2). 고레스를 세우신 하나님의 궁극적인 목적은 자기 백성들을 바벨론의 포로로부터 해방시켜 예루살렘을 재건하기 위함이었다(44:28; 45:13; 46:9). 하나님께서는 자기 백성들을 해방시키는 대신, 말하자면 바사인들에게는 다른 나라를 주셨던 것이다(43:3-4). 40-55장에서 고레스라는 구체적 이름(44:28; 45:1)에 대해 주전 6세기의 인물로 보는 것을 반대하는 사람도 없지는 않다. 그러나 이전에도 이와 같이 정확한 예언에 대한 전례가 있으며(왕하 13:2), 특히 이것은 다른 본문의 주요 주제 가운데 하나, 즉 사건이 일어나기 오래 전에 예언하시는 하나님의 능력과도 조화를 이룬다.

고레스의 등장 및 메대와 바사 제국의 서방 진출로 세 가지 예언이 주전 6세기에 성취되었다. 고레스는 주전 539년에 바벨론을 정복하고 유배된 유다 백성들이 고국으로 돌아가 성전을 건축할 수 있도록 해방하는 조서를 선포하였다(대하 36:22-23; 스 1:1-4). 그는 또한 여호와께서 승리를 주신 것도 알았다(스 1:2; cf. 사 45:3). 그러나 이것이 그의 유일신 사상을 보장해 주는 것은 아니다. 고레스연대기(Cyrus Cylinder)는 고레스가 자신의 성공을 바벨론의 마르둑을 포함하여 여러 신들에게 돌리고 있다고 말한다.[24] 고레스의 후계자들은 43:3-4를 성취하여 애굽마저 정복한다.

고레스가 포로민들을 놓아준 것은 여호와께서 자신의 특별한 종을 통하여 가져오실, 보다 중요한 구원의 행위를 예시한다. 소위 종의 노래(42:1-9; 49:1-13; 50:4-11; 52:13-53:12)는 이 종의 사역에 대해 고난과 궁극적인 승리의 사역으로 제시한다.

이들 노래에 언급된 종의 신분은 아마도 이사야서 연구에서 활발히 논쟁되고 있는 주제일 것이다. 어떤 사람들은 이 종이 이방 나라를 위해 고난당

---

24) Pritchard, *The Ancient Near East*, 1:206-8. 본문에서 고레스는 마르둑이 자신을 택하여 바벨론으로 진군하라고 했다고 말한다. 그는 마르둑이 자신을 "기뻐하며 축복하였다"고 주장한다.

하는 이스라엘 국가를 의미한다고 주장한다. 이사야서의 후반부 전체에서 이스라엘은 여호와의 종으로 묘사된다(cf. 41:8-9; 42:19; 43:10; 44:1-2, 21; 45:4; 48:20). 이와 같이 이스라엘은 이방인에게 하나님의 위대하심을 증거한다(43:10; 48:20). 심지어 두 번째 종의 노래는 이 종을 "이스라엘"이라고 부른다(49:3).

그러나 문제는 그리 간단치 않다. 이 종 "이스라엘"의 사역 가운데 하나는 이스라엘을 하나님께로 돌이키는 것이기 때문에(49:5-6) 이 종과 이스라엘 국가 사이에는 구분이 있어야 한다. 이와 동일한 구분은 49:8에서 명백히 나타나며(cf. 42:6), 본문에서 종은 하나님의 백성들을 위해 언약을 중재한다. 또한 53:8에서는 그가 하나님의 백성들을 위해 고난을 받는다.[25] 또한 해리 올린스키(Harry Orlinsky)의 주장처럼 "성경에는 이스라엘이... 죄 없이 이방 백성을 위하여 고난을 당한다는 언급은 없다."[26] 이사야서의 이 부분은 이스라엘이 무죄하지도 않으며 따라서 다른 사람을 위해 고난을 받을 위치에 있지도 않다는 사실을 분명히 보여준다. 더구나 여러 본문은 이스라엘의 고난은 그들의 죄 때문에 당하는 것이라고 말한다.[27] 이러한 이유로 많은 사람들은 이 종을 개인이나 이스라엘 안의 인격화된 이상적/의로운 이스라엘/남은 자라는 주장을 선호한다.

종에 대해 보다 정확히 규명하기 전에 이 노래를 보다 자세히 살펴볼 필요가 있다. 앞에서 언급한 대로 이 종은 어느 의미에서는 "이스라엘"을 지칭하나 전체적으로는 이스라엘과 구별되어야 한다. 이 노래를 자세히 분석해 보면 그 이유를 알 수 있다. 이 종은 이스라엘을 위해 언약을 중재한다(42:6; 49:8). 42:6에서 "백성"은 모든 인류를 지칭한다. 이 용어는 "이방"(6b절)과 평행을 이루며, 5b절의 "백성"은 이 땅의 모든 거민을 지칭한다.

---

25) 이사야 53:8은 "그의 백성"(쿰란에서 나온 Isa^a 두루마리의 번역)보다 "내 백성"이 적절한 번역이다. 이 노래의 화자는 1인칭 복수 형태를 끝까지 사용하나 하나님의 말씀은 이 노래의 서론(52:13-15)과 결론(53:11-12)에만 언급된다.
26) Harry M. Orlinsky, *The So-Called 'Suffering Servant' in Isaiah 53* (Cincinnati: Hebrew Union College, 1964), p. 10.
27) Ibid., pp. 9-10.

그러나 본문과 평행을 이루는 49:8에서 언약을 맺은 백성은 이스라엘을 가리킨다. 왜냐하면 8b-12절에서 이 언약은 제2의 엑소더스 및 그 땅의 회복과 연결되기 때문이다. 더구나 40-66장에서 하나님의 미래적 언약은 이방이 아니라 이스라엘과 맺기 때문이다(54:10; 55:3; 59:21; 61:8). 이스라엘을 위한 언약의 중보자로서 이 종 역시 포로지에서 제2의 엑소더스를 주도하며 약속의 땅으로 돌아간다(49:5-12). 그는 "소경의 눈을 밝히며" 갇힌 자를 흑암에서 끌어낸다(42:7). 종의 사명은 이스라엘에만 한정되지 않는다. 그는 "이방의 빛"(42:6; 49:6)으로서 이 땅의 모든 눌린 자를 돌아오게 하며(49:6) 세상에 공의를 세우신다(42:1-4). 이러한 그의 사역은 성경이나 고대 근동적 배경에서 볼 때 본질상 결정적으로 왕과 관련된다. 고대 사회에서 왕들은 무엇보다도 공의를 수행하고 장려해야 한다.28)

우리는 이쯤에서 이사야가 인식한 종의 역할이나 신분에 대해 몇 가지 내용을 살펴볼 수 있다. 종은 그룹의 대표나 개인으로서 하나님의 이상을 그의 백성들에게 구현해야 하기 때문에 "이스라엘"이란 호칭은 적절하다. 언약의 중보자와 결박으로부터의 구원자라는 범주 안에서 종의 역할은 이스라엘을 애굽에서 구원해 내어 시내산에서 언약을 주었던 모세와 유사하다(cf. 특히 출 34:27). 실제로 본서의 제2의 엑소더스 모티프는 제2의 모세가 없다면 불가능하다. 이 종을 통하여 이스라엘에 대한 하나님의 원래 이상이 성취된다. 이스라엘은 하나님의 율법에 순종함으로 주변국에 대한 하나님의 의의 표준이 되는 모델로 섬겨야 한다(cf. 신 4:6-8). 이스라엘은 실패하였으나 종은 이 땅에 공의를 세우심으로 성공할 것이다. 이 점에서 그의 역할은 이사야 11:1-10에 언급된 메시아적 통치자와 유사하다. 요약하면, 이사야는 이 종을 이상적 이스라엘로 묘사한다. 그는 새로운 모세이자 11장에 언급된 이상적 왕적 인물과 같이 이 땅에 의를 가져올 여호와의 도구이다. 모세와 메시아 간의 평행은 이 종이 그룹이 아니라 개인을 지칭한다는 것을 보여준다.

---

28) Keith W. Whitelam, *The Just King: Monarchical Judicial Authority in Ancient Israel*, Journal for the Study of the Old Testament, Supplement Series, 12 (Sheffield: *JSOT* Press, 1979).

종의 노래는 종의 사역에 대해 자세하게 설명한다. 첫 번째 노래(42:1-9)는 의를 세우고(1-4절) 갇힌 자를 구해내는(6-7절) 신적 사명에 대해 강조한다. 본문은 이 종이 자신에게 주의를 끌지 아니하고(2절) 상처받은 자들을 학대하지 아니하는 자(3a절)로 묘사한다.

두 번째 노래(49:1-13)는 이 주제를 발전시켜 종의 특별한 지위에 대해 보다 자세히 설명하고(1-3절) 포로된 백성을 구원하는 사명에 대해 언급한다(5-12절). 또한 이 노래는 이 종이 자신의 사역을 수행함에 있어서 낙담하며 멸시를 받을 것이라고 말한다(4, 7절). 이것은 세 번째와 네 번째 노래의 주제인 종의 고난으로 연결된다.

세 번째 노래(50:4-11)는 반대에 직면한 종의 인내와 신앙에 대한 증거를 담고 있다. 종은 하나님께서 자신을 그의 특별한 대변인으로 삼았다고 말한다(4-5절). 그는 고난을 받거나 수치를 당할 때에도 자신을 의롭다하실 이는 여호와뿐인 것을 믿고 오직 그만 신뢰하였다(6-9절).

네 번째 노래는 종의 고난과 버림받음에 대해 보다 자세하게 설명한다(52:13-53:12). 이 노래는 반어법으로 가득하다. 이스라엘은 종이 고난 받는 이유를 모르고 있었다고 인정한다. 그들은 그가 자기 죄 때문에 고난 받는다고 생각하였다(53:1-3, 4b). 그러나 실상 그는 백성들을 위해 고난을 받았다(53:4a, 5-6, 11-12). 그는 이러한 부당한 대우를 기꺼이 감수하려 하기 때문에(53:7-9), 여호와께서는 그를 의롭다고 선언하신다(53:10-12). 그를 아무 것도 아니라고 생각하였던 힘 있는 왕들도 그의 위대함을 알게 될 것이다(52:13-15). 아마도 가장 극적인 반어법은 종이 그들을 위해 고난을 받음으로 범죄한 백성에게 무죄가 선고된다는 내용일 것이다(cf. 11b절, "그가... 많은 사람을 의롭게 하며").[29] 이와 같은 죄의식에 대한 면죄부는 다

---

[29] "의롭게 하다"로 번역된 단어는 아마도 본문에서 "무죄를 선언하다"라는 의미로 사용되었을 것이다(cf. 출 23:7; 신 25:1; 왕상 8:32; 잠 17:15; 사 5:23). 이 단어는

른 구약성경에서는 금지되고 책망을 받는다(cf. 출 23:7; 잠 17:15; 사 5:23, 이들 본문은 모두 이사야 53:11의 "의롭게 하다"로 번역된 용어를 사용한다). 그러나 본문의 경우 종의 고난은 이와 같이 정상적인 의에 대한 요구가 배제되는 독특한 특성을 가진다. 즉, 본문은 종이 백성들과 하나가 되어 그들을 위해 고난을 받음으로 죄에 대한 심판을 면할 수 있음을 암시한다.

네 번째 노래는 몇 가지 주석적, 신학적 의문을 제기한다. 가장 중요한 문제가 되는 두 가지는 이렇다: (1) 이 선지자는 종의 고난을 대속적으로 보는가 아니면 단순한 동참으로 보는가? 다시 말하면 그는 이스라엘의 죄를 대신하여 고난을 받았는가 아니면 다만 그들과 함께 고난을 받았는가? (2) 이 노래는 실제로 종의 죽음과 부활에 대해 문자적 의미로 제시하는가?

어떤 사람들은 이 노래에 대한 전통적인 해석에 의문을 가지고 종의 고난이 비록 구속적이라 하더라도 그것이 다른 사람들이 자기 죄로 인해 심판받는 것을 막을 수 없다는 점에서 대속적이 될 수 없다고 주장한다.[30] 올린스키(Orlinsky)와 휘브레이(Whybray)는 둘 다 이 종을 소위 신명기적 이사야로 규정한다. 그는 포로민들에게 희망의 메시지를 전하기 위해 부당한 대우와 버림을 당하였다. 휘브레이는 네 번째 노래에 대한 부단한 주석학적 분석을 통해 어떤 어휘도 전통적인 종의 대속적 고난을 제시하지 않는다고 말한다. 그가 인용한 증거는 워낙 복잡하고 길어 여기서 모두 살펴볼 수도 없지만, 요약하면 본문의 어휘는 대속적 속죄를 요구하지 않는다는 것이다. 그러나 그는 이 어휘는 이러한 해석을 배제한다고 주장함으로 자신의 주장이 과장되었음을 보여준다. 많은 어휘는 원래적 배경은 다소 애매하지만 대속적 고난의 개념을 허용할 뿐만 아니라 이어지는 성경 계시가 새 언약에

그 외에도 "의를 시행하다"(삼하 15:4; 시 82:3; 사 50:8), "의로 인정하다"(욥 27:5) 및 "의로 이끌다"(단 12:3) 등의 의미로도 사용되었다.
30) Orlinksy의 연구 논문(각주 26) 및 Roger N. Whybray, *Thanksgiving for a Liberated Prophet*, Journal of the Study of Old Testament, Supplement Series, 4 (Sheffield: U. of Sheffield, 1978)를 참조하라.

대한 종의 중보를 통해 대속적 속죄에 관한 완전한 교리를 발전시킬 수 있도록 길을 열어놓았다.

NIV에 의하면 본문의 몇 구절과 관련하여 종의 고난에 담긴 대속적 본질에 대해 상세히 제시하는 것을 알 수 있다. (1) 52:15a, "그가 열방을 뿌릴(놀랠) 것이며"로 번역된다, (2) 종이 백성의 죄와 그 결과를 진다는 언급 (53:4a, 6b, 11b, 12b), (3) 5절, 그는 "우리의 죄를 위하여" 고난 받았으며[죄악을 인함이라], 그 결과는 평화와 나음이다, (4) 7절, 종을 도살장으로 끌려가는 양에게 비유하며 종종 제사 제도와 관련된 배경이 도입된다, (5) 10절, 여호와께서 "자신의 영혼을 속건제물로" 드린다, (6) 11절, 종이 많은 사람들의 죄를 짊어지고 "그들을 의롭게" 할 것이다.

그러나, 본문의 어휘들은 논리적인 문맥적 한계를 벗어난 번역을 통해 결론을 도출하지 않도록 유의해야 한다. 이들 언급 가운데 몇 가지는 외견상 분명하지 않다. 52:15을 "뿌리다"로 번역한 것은 분명한 잘못이다. 이 동사가 다른 본문에 사용된 사례를 보면 뿌림을 당하는 대상은 전치사에 의해 도입되나 "열방" 앞에는 전치사가 나타나지 않는다. 이 단어는 "솟아나다"나 "뛰다"와 동음이의어로서 "그가 열방을 놀랠(즉, 놀라서 뛰게 할) 것이며"로 번역해야 한다(70인역은 이 동사를 "놀라게 하다"로 번역한다). 이것은 평행구와도 적절히 부합된다. 즉, 본문은 왕들이 종의 존귀함을 보고 겪을 놀라움을 강조한다.

종이 죄를 짊어진다는 은유는 대속적 고난이나 동참의 의미를 모두 가질 수 있다.[31] 5절의 "우리의 죄악을 위하여"는 지나친 해석용이라고 할 수

---

[31] 이사야 53:6에 대한 NIV의 "여호와께서는 우리 무리의 죄악을 그에게 담당시키셨다"는 번역은 "여호와께서 우리 무리의 죄악을 그와 만나게(encounter) 하셨다"로 번역하는 것이 좋다. 다른 본문에서 이 동사($pāga$ '의 히필형)는 "간청하다"라는 뜻으로 사용되었으며 본문에는 적용되지 않는다. 53:6b의 동사의 의미는 동사의 칼(qal) 형을 적용하여 "대적과 만나다"는 뜻으로 보아야 한다. 53:11과 동일한 구조($sā bal\ 'āwōn$)는 예레미야 애가 5:7에만 나타난다. 본문에서 이 단어는 아버지의 죄 때

있다. 본문에 사용된 히브리어 전치사는 "때문에"로 해석되어야 한다. 이것은 분명히 대속적 죽음을 허용하지만 요구(반드시 그런 의미로 해석할 것을 요구) 하지는 않는다. 7절의 어린 양에 대한 비유는 제사 제도를 배경으로 하지 않는다. "도수장"으로 번역된 단어나 관계된 단어들은 모두 제사제도와 관련된 전문용어가 아니다. 동물에 사용될 경우 둘 다 하나님 앞에서 동물을 잡는 것을 의미한다(창 43:16; 출 22:1; 신 28:31; 삼상 25:11; 잠 7:22; 9:2; 렘 11:19; 50:27; 51:40). 이사야 53:10에 대한 NIV의 번역 역시 문제가 된다. 본문의 문자적 의미는 "너는 그의 생명을 속건제물로 드렸으냐" 또는 "그는 속건 제물을 드렸으냐"(동사 tāsîm은 2인칭 남성 단수나 3인칭 여성 단수에 사용된다)이다. 이 동사를 하나님(2인칭)께 적용할 경우 10절은 하나님을 3인칭으로 두 번 언급하기 때문에 문제가 되며, 더구나 이 노래에는 그렇게 부르는 예가 없다. 따라서 이 동사는 히브리어 napšô(nepeš에서 나온 것으로 문법적으로는 여성형임)와 함께 3인칭으로 보아야 하며 "그 영혼"(문자적으로는 "그의 생명")을 주어로 보아야 한다. 결론적 언급은 여전히 전통적 해석이 유효하지만 분명하지는 않다. 우리는 주석적, 신학적 관찰을 통해 본문이 종의 고난의 본질에 대한 어떠한 교리적 결론의 근거로 사용되지 않았음을 알 수 있다.

요약하면, 네 번째 노래의 어휘들은 종의 고난이 대속적이라는 사실을 허용하나(특히 "그가... 많은 사람을 의롭게 하며") 반드시 그렇게 해석할 것을 요구하지는 않는다. 모든 어휘는 계속되는 계시를 통해 보다 분명한 의미가 부여되기를 기다린다.

또 하나의 해석학적 이슈는 53:8-12의 어휘들이다. 본문은 종의 죽음과 부활에 관해 묘사하고 있는가 아니면 불의한 처형으로부터 죽기 직전에 구원 받는 모습에 대해 묘사한 것인가?[32] 본문의 어휘는 분명히 죽음에 대한

문에 고난당하는 아들을 나타낸다. 이사야 53:12에 사용된 구조(nā a᾽ hēṭ)는 다른 본문에서 '동참하다' 나 '죄의 결과를 짊어지다' 는 의미로 사용된다(레 19:17; 20:20; 22:9; 24:15; 민 9:13; 18:22, 32; 겔 23:49).
32) Whybray는 결국 후자의 해석을 주장한다(각주 30 참조).

언급이다(cf. 특히 "산 자의 땅에서 끊어짐"[8절][33]); "그 무덤이"[9절]; "자기 영혼을 버려 사망에 이르게 하며"[12절]). 그러나 이 문제는 그렇게 간단하지 않다. 구약성경의 많은 본문은 육체적 죽음과 관련된 용어를 사용하여 생명을 위협하는 위기적 상황에 대해 묘사한다. 예를 들어, 시편 88편의 저자는 "나는 무덤에 내려가는 자와 함께 인정되고 힘이 없는 사람과 같으며 사망자 중에 던지운 바 되었으며 살육을 당하여 무덤에 누운 자 같으니이다... 주께서 나를 깊은 웅덩이 어두운 곳 음침한데 두셨사오며"(4-6절)라고 고백하였다.[34] 다른 시인들은 자신이 사망의 줄에 매였으며(시 18:4-6), 많은 물에 잠겼으며(시 18:4, 16), 깊은 웅덩이에 빠졌으며(시 30:3), 땅의 빗장으로 막혔다고 말한다(욘 2:6). 많은 시인들은 사망의 문이나 깊음 가운데서 하나님의 구원을 받은 사실에 감사한다(시 9:13; 56:13; 71:20; 86:13). 네 번째 노래를 이런 관점에서 해석한다면 종은 비록 죽음에 직면하였을지라도 마지막 순간에 구원을 받아 하나님으로부터 의롭다 하심을 얻을 것이라는 뜻으로 해석할 수 있다. 그러나 동시에 본문의 어휘는 실제적 죽음과 부활을 허용한다(즉, 가능성을 열어둔다). 여기서 다시 한번, 이어지는 계시는 선지자가 언급한 내용의 완전한 의미를 이해하기 위한 중요한 요소가 된다.

시대가 흐르면서 예수 그리스도는 이사야가 종의 노래에서 제시한 여호와의 종으로 등장한다. 이것은 아마도 마태복음에서 가장 분명히 볼 수 있을 것이다. 처음부터 마태는 예수님을 이상적 이스라엘(cf. 사 49:3)로 제시한다. 그는 이스라엘이 실패한 것을 성공하신다(cf. 1:13-15). 마태에 따르면 예수님이 육체적 질병을 기적적으로 고치신 것은 이사야가 언급한 종의 사역에 해당한다(마 8:16-17). 마태복음 12:15-28은 이 점에서 특히 많은 것을 가르쳐준다. 마태는 예수께서 자신의 사역을 공론화하는 것을 경계하

---

33) 여러 본문들은 "산 자의 땅"을 죽은 자의 거처인 음부와 정 반대되는 개념으로 제시한다(시 52:5; 사 38:11; 겔 26:20; 32:23-32). 따라서 "산 자의 땅에서 끊어짐"은 용어학상으로는 육체적 죽음에 대한 비유적 언급이며 감옥이나 다른 위기적 상황에 대한 언급이 아니다. 그러나 위에서 말한 대로 육체적 죽음에 대한 용어나 숙어는 죽음을 눈앞에 둔 위기적 상황에 대한 시적 표현으로 제시된다.
34) 메소포타미아 문헌 가운데 유사한 묘사에 대해서는 tablet II of "Ludlul Bel Nemeqi" in Pritchard, The Ancient Near East, 2:151-54를 참조하라.

신 사실에 대해 이사야 42:1-4이 성취된 것으로 본다(마 12:15-21). 그는 이어서 예수님이 눈멀고 벙어리 된 자를 고쳐주신 사건을 통해 이사야 42:7의 예언을 상기시킨다(마 12:22-23). 예수님이 육체적 소경을 고치신 행위는 그가 이사야서에 예언된 영적 소경(언약의 파기로 결박당한 자)을 고치실 권세가 있음을 보여준다. 바리새인들이 그의 능력을 귀신의 힘을 입은 것이라고 하자 예수님은 자신의 권세가 하나님의 성령의 힘을 입은 것이라고 말씀하셨다(24-28절; cf. 사 42:1). 예수님의 죽음에 관한 마태의 묘사 역시 이사야의 고난의 종에 관한 묘사와 연결된다(cf. 마태복음 26:63; 27:12, 14과 이사야 53:7; 26:67; 마태복음 27:30과 이사야 50:6; 마태복음 27:38과 이사야 53:9, 12). 사도행전 8:32-33; 26:23(cf. 사 53:7; 49:6)[35])과 베드로전서 2:21-25 (cf. 사 53장)을 포함하여 다른 신약성경 본문들도 예수님에 대해 이사야가 제시하는 종과 동일시한다.

예수님의 경험은 네 번째 종의 노래의 다소 모호한 언어들을 분명히 한다. 예수님은 하나님의 백성들과 하나가 되어 그들의 고난에 동참하셨다 (cf. 마 3:14-15; 8:16-17). 그러나 그의 고난은 하나님의 백성들을 죄와 죄의 모든 결과로부터 해방시키셨다는 점에서 단순한 대속적 고난이 아니다. 그는 이러한 고난으로 말미암아 새 언약을 통해 오는 화목의 기초를 놓으셨다. 고대 본문에서 단순히 틀에 박힌 과장적 표현으로 이해될 수도 있는 이사야 53:7-12의 어휘들은 예수님의 죽음과 부활을 통해 완전한 의미를 드러내었다.

[이사야 61:1-4에 대한 주석]
이사야 61:1-4도 종의 노래에 포함될 수 있다. 본문의 화자는 선지자 자신으로 보는 것이 가장 자연스러우나 자세히 살펴보면(특히 그에게 여호와의 신이 임하였다는 언급(1절; cf. 42:1)과 관련하여) 이 종은 여호와의 대변인으로서(1-2절; cf. 49:2; 50:4) 갇힌 자에게 구원과 여호와의 은

---

35) 사도행전 13:47은 예수님의 사자로서 바울과 바나바의 사역을 "이방의 빛"이 되는 종의 사역으로 묘사한다.

혜를 선포하고(1-2절; cf. 42:7; 49:8-9) 그 땅의 회복에 대해 언급하며(3-4절; cf. 49:6-12), 언약을 세우신다(cf. 61:8 및 49:8). 본문에서 종이 말하는 것은 갑자스러운 일로 보일 수 있다. 그러나 두 번째 노래와 세 번째 노래 역시 갑작스런 종의 말로 시작된다(49:1; 50:4). 이것이 종의 언급이라면, 본문은 전체 종의 노래의 마지막을 멋있게 장식하며(이 노래의 결론은 첫 번째 및 두 번째 종의 노래와 평행을 이룬다), 종의 제왕적 성격에 대해 더 많은 증거를 선포한다고 볼 수 있다. 포로 된 자들에게 자유를 선포한 것은 고대 근동의 왕들이 채무자의 빚을 면제하거나 노예를 감옥에서 풀어 자유를 주게 한 조서나 포고령을 상기시킨다.36) 본문을 종의 노래로 보는 관점은 예수께서 자신의 사역이 바로 이 노래의 예언을 성취한 것이라는 말씀과도 부합된다(눅 4:16-21).

(4) 언약의 갱신

하나님은 포로로 잡혀간 자기 백성들의 미래적 구원에 대해 선포하고 그들에게 자신의 구원에 관한 약속을 신뢰하라고 호소하였다. 그러나 이사야가 약속한 마지막 회복은 저절로 얻어지는 것이 아니다. 이사야의 이상을 성취하기 위한 선행조건은 언약 갱신이다. 55장은 하나님의 백성들에게 그와의 언약 관계를 새롭게 하라는 긴급 호소이다. 본 장은 두 개의 단락(1-5절 및 6-13절)으로 나뉘며, 각 단락은 호소(1-3절 및 6-7절)와 그 이유(3-5, 7-13절)로 구성된다.

첫 번째 단락에서 하나님은 자기 백성들에게 그가 제공하는 것(언약적 축복)을 먹고 마시라고 초청하신다. 그는 생명과 새롭고 영원한 언약적 관계를 약속하신다. 이스라엘은 이러한 관계를 통해 온 세계에 우뚝 설 것이다. 여기서 말하는 생명은 단순히 육체적 생명이나 영적 생명이 아니라 하

---

36) cf. Pritchard, *The Ancient Near East*, 2:36-41, 187-88. 성경의 평행적 본문에는 희년에 관한 규례(cf. 레 25:10)와 같은 자를 풀어주는 의로운 왕으로서 여호와(시 68:6; 146:7-8)에 대한 묘사가 포함된다. 시편 79:11 및 102:20에서 감옥에서의 해방에 관한 이미지는 억압받는 이스라엘에 대한 하나님의 구원에 적용된다.

나님과의 적절한 언약적 관계를 통한 번성과 행복이다(cf. 신 30:15-21). 영원한 언약은 다윗에 대한 하나님의 무조건적 언약에 비유된다. 다윗이 열방을 통치하였듯이 하나님의 백성들도 먼 나라들을 다스릴 것이다.

다윗 언약의 약속과 영원한 언약 사이의 정확한 관계는 분명하지 않다. 다윗 언약은 보다 민주적이며 이스라엘을 통해 성취된다고 주장하는 사람도 있다. 그러나 이사야서 여러 본문에는 종말론적 이상에 나타난 다윗 계열의 통치자를 개인으로 언급하기 때문에, 이 관계는 하나의 유추로 보거나, 또는 이스라엘의 새로운 공동체와 이방인에 대한 지배를 다윗 언약의 성취로 인한 국가적 축복으로 볼 수 있다. 다윗 계열의 왕들과 이스라엘 국가 사이의 구별을 지나치게 강조해서는 안 된다. 많은 구약성경 본문들은 이 점을 분명히 한다(예를 들어, 왕상 6:12-13; 9:4-9; 및 시 72편과 144편).

두 번째 단락에서 하나님의 호소는 첫 번째 호소와 같이 보다 큰 도덕적 실체로서 여호와를 "찾으라", "부르라"고 말하며, 계속해서 회개를 촉구하는 내용이 이어진다. 여호와께서는 회개하는 자에게 자비와 용서와 함께 새로운 축복을 약속하신다. 이사야 55:6-7에 사용된 핵심적 어휘들은 대부분 포로민들에 대한 종말론적 언약 갱신에 관한 본문에서 발견된다. 여기에는 "찾다"(신 4:29), "돌아오다"(신 4:30; 30:2-3, 10; 왕상 8:47-48), "긍휼히 여기다"(신 4:31; 30:3; 왕상 8:50), "용서하다"(왕상 8:50) 등이 포함된다. 이스라엘은 모세와 솔로몬이 예견하였던 포로기를 경험하였으며, 이제 여호와께서는 두 고대 지도자들이 예언하였던 화목을 제시하고 계신 것이다.

언약적 갱신에 관한 호소는 용서에 대한 약속과 함께 예루살렘(포로 된 이스라엘을 나타낸다)의 죄가 포로기를 통해 갚아졌으며(사 40:2) 하나님께서는 자기 백성들의 죄를 "도말"하셨다(44:22)는 이전의 선언과 부합된다. 바벨론 유수는 이스라엘의 반역에 대한 심판으로 반드시 필요한 조치였다. 이 기간이 끝나면 화해를 위한 첫 번째 장벽은 제거된다. 이 첫 번째 장벽의 제거에 관한 내용은 40:2에 나타나며 44:22도 이에 대해 암시한다. 그러나 회복을 가로막는 또 하나의 장벽이 남아 있다. 그것은 이스라엘의 반역적 성향이다. 이것은 그들이 포로가 되었던 첫 번째 이유였다. 이스라엘이 진정으로 회개하고 내적 새로움을 경험하지 않는다면 진정한 회복은 일어나지 않는다. 55장은 이러한 변화를 촉구하는 호소이다.

40:2의 선언과 55장의 호소 사이의 관계를 이해해야만 이사야 40-55장의 해석에서 야기되는 두 가지 복잡한 문제에 답할 수 있다: (1) 만일 이스라엘이 이미 포로지에서 죄에 대한 대가를 치렀다면 어떻게 종의 고난이 대속적이 될 수 있는가? (2) 주전 6-5세기의 포로지로부터의 실제적 귀환은 왜 이사야가 말한 영광스러운 이상에 훨씬 미치지 못하는가?

첫 번째 의문에 대해 이스라엘은 자신의 죄에 대한 대가를 일정부분 치렀으며 이것은 회복을 위한 길을 열었다는 것은 사실이다. 그러나 앞에서 언급한 대로 이 외에도 이스라엘이 진정한 화목을 이루기 위해서는 언약적 갱신이 필수적이다. 이스라엘의 언약적 중보자로서(49:8) 종은 이 새로운 공동체의 건설을 위해 중요한 역할을 한다. 구체적으로 말하면 이어지는 계시가 보여주듯이 그의 고난은 언약의 완성을 위한 희생적 근거를 제공한다(cf. 마 26:28; 막 14:24; 눅 22:20; 고전 11:25; 히 9:15; 12:24). 요약하면 포로지에서 겪은 이스라엘의 고난은 그들의 완전한 회복을 위해 충분한 것이 아니라는 것이다. 이스라엘은 도덕적 성품에 있어서의 근본적 변화가 필요하였다. 이러한 변화는 고난 받는 종을 통해 중보 되는 새 언약을 통해 온다.

두 번째 의문과 관련하여, 바벨론으로부터의 역사적 귀환은 이사야가 본 엄청난 이상을 만족시키지 못하였다. 이것은 여호와의 언약적 호소에 대한 포로민들의 반응이 전폭적이지 못하였다는 사실에도 일부 기인한다. 사실상 이스라엘 전체의 회개와 갱신은 이 종이 실제로 와서 새 언약의 기초를 세울 때까지 일어나지 않았다.[37] 계속되는 계시가 보여주는 것은 세상을 향한 하나님의 감추어진 계획안에서 이스라엘 전체의 언약적 갱신은 이방인들이 그의 구원 계획에 동참하여 새 언약의 수납자가 될 때까지 연기된다는 것이다(cf. 롬 11:25-27). 바벨론으로부터의 역사적 귀환이 고레스라는 도구를 통해 수행된 것은 이스라엘의 최종적 회복이 종의 영향을 받게 될 것임을 보여준다. 고레스의 해방령은 하나님의 구원 계획 속에 포함되기 때문에 이스라엘의 구원에 대한 종말론적 성취와 밀접하게 관련된다. 이사야서에서는 원형(type)과 대형(antitype)이 이와 같이 섞여있다.

(5) 하나님의 백성들에 대한 미래적 성화

이사야 자신은 이스라엘의 반역적 성향이 그의 종말론적 이상이 완전히 성취되기까지 연기될 것이라고 말한다. 본문의 어조가 전반적으로 긍정적이며 격려하는 내용으로 되어 있는 40-48장에서 조차도 포로민들에게 무엇인가 문제가 있다는 인상을 심어준다. 본문이 전개되면서 선지자의 어조는 점차 권면적이며 때로는 비난하는 투가 된다. 포로민들 가운데는 하나님의 지혜에 의심을 품은 시비조의 사람도 생겨났다(45:9-10). 하나님은 이들을 "패역[반역]한 자"(46:8; 48:8), "궤휼한 자(48:8), "마음이 완악한 자" (46:12)로 부르신다. 포로민들은 여호와께 전심으로 충성을 맹세하지 않았으며(48:1-2) 하나님의 일을 이방 우상에게 돌리는 습성이 있었다(48:5).

포로기에 대한 이와 같이 부정적인 묘사는 56-66장에서 완전한 모습을 드러낸다. 본문에서 이사야는 공동체가 포로기 이전의 백성들처럼 타락할 것이며, 하나님께서는 다시 한번 심판을 통하여 그 들을 정결케 하실 것이라고 예언하였다.[38] 여호와께서는 본문에서 백성들을 언약 공동체로 대하시며, 그들이 언약의 의로운 기준을 지켜야 한다는 점을 분명히 한다. 56:1-2에서 여호와께서는 백성들에게 공평과 의를 구하라고 말씀하시며, "안식

---

37) 사도행전 3:12-26에 기록된 설교에서 베드로의 주장은 이러한 맥락을 따라 흐르고 있다(cf. 특히 17-20절).
38) 앞에서 언급한 대로 이사야 56-66장은 포로민의 상황에 대해 전제한다. 예루살렘과 그 땅은 파괴되었으며 포로민의 귀환에 대한 내용이 예언된다. 동시에 본문의 일부는 공동체가 땅을 회복할 것이라는 사실을 예언한다. 40-55장이 끝까지 포로민의 관점을 반영한다면 56-66장은 포로기와 포로기 이후의 관점을 혼합한 것처럼 보인다.

일을 지켜 더럽히지 아니하는 자"에게 복을 주실 것이라고 말씀하신다. 여호와께서는 자신이 외형적 동조가 아니라 진정한 충성을 요구한다는 것을 강조하기 위해 옛 질서에서는 성전에서 배제되었던 고자나 이방인이 언약을 굳게 지킬 경우 성전에 들어올 수 있다고 말씀하신다(56:3-8).

안식일에 대한 관심(cf. 58:13)은 후기의 현상으로 보아서는 안 된다. 후기 선지자들은 안식일을 지키지 않았다고 비난하였으며(렘 17:21-27; 겔 20:12-13, 20-21; 22:8, 26), 안식일은 이스라엘 역사 초기부터 특별한 언약의 표징이었다(출 31:12-17). 안식법에 대한 호소는 특별히 사회 정의에 대한 호소와 연결된다. 안식일을 지키는 것은 이스라엘이 종에서 해방된 것과 자신의 종들에게 어떻게 대해야 할지를 상기시키는 것이다(cf. 신 5:12-15).

이사야 56-66장에서 여호와께서는 공동체가 여러 가지 죄악을 범하였다고 책망하신다. 이들 죄는 대부분 그들의 조상들이 범한 것으로서, 그로 말미암아 포로가 되었던 것이다. 여호와께서는 특히 우상숭배(57:3-13; 65:3-7, 11), 불의와 폭력(57:1-2; 59:3-8) 및 종교적 위선(58:1-7)에 대해 비난하였다.

57장에서 우상에 대한 책망은 특별히 생생하다.[39] 여호와께서는 우상숭배자들을 모든 푸른 나무 아래서 이방 신들을 정욕적으로 섬기는 "간음자

---

[39] 57:3-13에 언급된 책망의 몇 가지 특징은 포로기 이전 우상숭배에 대한 묘사와 흡사하다. 따라서 이 호소를 이사야의 8세기 청중에 대한 호소로 보는 사람도 있다. 본문을 "제3 이사야"로 보는 사람들조차 이 부분을 포로기 이전의 글로 본다. 예를 들어, Claus Westermann, *Isaiah 40-66*, Old Testament Library, trans. D. M. G. Stalker (Philadelphia: Westminster, 1969), pp. 301-2. 보다 넓은 문맥에서 볼 때 본문은 포로기/포로기 이후 공동체에 대한 언급으로 보아야 한다. 아마도 포로기간 중 그 땅에 잔류해 있던 사람들은 계속해서 선조들의 행위를 따랐을 것이며 귀환한 포로들 가운데서도 그런 일이 있었을 것이다(이 점에서 예레미야 44:15-19는 애굽으로 간 포로민들은 그들이 이전에 팔레스타인에 있을 때 섬겼던 이방 신들을 섬겼다고 말한다). 이어서 이사야는 다시 한번 포로기 이전 용어로 미래적 세대에 대해 언급한다. 불행히도 포로기 이후 시대 초기의 종교관습에 대한 자료들은 본문의 정확한 배경을 알기에는 충분치 않다.

와 음녀"라고 부른다(cf. 왕상 14:23; 왕하 16:4; 17:10; 렘 2:20; 3:6; 17:2; 겔 6:13; 20:28; 호 4:13-14). 여호와께서는 어린이 희생을 포함한 그들의 우상에 대한 열심을 침상에서 연인과 함께 누워 서로 쳐다보는 뻔뻔한 모습에 비유한다.

금식에 대한 언급(사 58:1-7)은 반드시 포로기 또는 포로기 이후의 배경을 반영한다고 볼 필요는 없지만(cf. 삿 20:26; 삼상 7:6), 후기 시대에 형성된 관습에 대한 강조(cf. 슥 7:1-5; 8:19)와 일치한다. 스가랴서에서처럼 여호와께서는 금식이 사회 정의가 따르지 않으면 아무 소용이 없다고 말씀하신다. 금식 자체로서는 하나님의 은혜를 가져오지 못한다. 여호와께서는 일하는 사람에게 공의로 대하시며 가난한 자와 유리하는 자들에게 관심을 가지는 것을 중요하게 생각하신다. 압박과 학대를 대신하여 공의가 시행될 때 비로소 백성과 토지는 하나님의 축복과 갱신을 경험할 수 있다(cf. 사 58:8-12). 그날에 백성들은 이전에 그랬던 것처럼 "땅의 높은 곳"(height of the land)에 의기양양하게 "올라" 갈 것이다(cf. 58:14 및 신 32:13).

이사야 56-66장은 악인과 의인을 그들의 성품과 각자의 운명에 따라 구별한다. 위에서 제시한 우상 숭배와 불의한 행위를 한 악인은 칼과 불로 상징되는 여호와의 심판에 의해 공동체로부터 제거될 것이다(65:12; 66:15-16). 그들의 시체는 여호와에 대한 반역의 결과를 상기시키며 모든 백성의 눈앞에 전시될 것이다(66:24).[40]

악인과 대조적으로 의인은 무엇보다도 겸손과 회개하는 심령이 특징이다(57:15; 66:2). 본문에는 의인이 드리는 회개의 기도가 묘사되며, 이것은 포로민들이 어떻게 하나님께 접근해야 하는지를 보여주는 모델이 된다. 주변에 만연한 불의(cf. 59:1-8)에 둘러싸인 그들은 자신의 잘못을 인정하며(59:12-13), 국가가 반역한 결과에 대해 애통해 한다(59:9-11, 14-15). 그들

---

[40] 이 이미지는 나중에 성경(막 9:48) 및 성경외적인 자료(Judith 16:17; Ec'us 7:17)에서 발견된다.

은 나라가 여호와의 전능하신 행위에 대해 배은망덕하게 대하였다고 고백하고(63:7-10), 그들의 죄가 돌이킬 수 없는 타락과 멸망을 가져왔다고 말한다(64:5-7). 그러나 그들은 여호와께 그들의 아버지요 창조자(63:16; 64:8)이며, 구원자(63:16)로서 그들과 맺은 특별한 관계를 상기시키며 부르짖는다. 그들은 그의 분노를 가라앉히고(64:9), 더 이상 그들이 강퍅케 되지 않기를 구한다(63:17). 그들은 그가 황무한 땅과 무너진 성전을 긍휼히 여겨(63:18; 64:10-12) 옛적 힘을 회복시켜 주실 것을 간구한다. 그들은 그가 다시 한번 놀라운 권능으로 대적을 멸하실 것을 오랫동안 고대하였다(64:1-4). 그의 강림과 산의 진동에 관한 언급은 신현에 관한 시적 전통에 관심을 모으며(cf. 삿 5:5; 시 18:9; 144:5), "두려운 일"은 출애굽과 관련된 기적을 상기시킨다(cf. 시 106:22).

의인은 하나님의 보호와 회복의 사역을 경험할 것이며(57:19-21; 59:20), 그의 종으로서 특별한 지위를 누릴 것이다(65:13-16). 하나님의 "거룩한 백성"(사 62:12; cf. 신 7:6; 14:2, 21)으로서 그들은 그의 새로운 피조물이며 회복된 시온의 중심이다(사 65:17-19; cf. 60-62장). 이 새로운 시대에는 하나님의 가시적이고 생생한 축복의 표적들이 제시되고 사망과 포로기의 저주들은 사라질 것이다(65:20-25). 하나님의 백성들은 수명이 급격히 늘어나고 노동의 수고에 대한 대가를 누릴 것이며, 침략의 위협으로부터 벗어날 것이다. 더 이상 약자는 강자의 먹이가 아니며(cf. 11:6-9, 다가올 평화에 대한 묘사와 유사한 이미지), 40-55장의 새 언약은 성취될 것이다(59:21; 61:8).

[이사야 65:25에 대한 주석]
어떤 사람들은 "뱀은 흙으로 식물을 삼을 것이니"라는 언급은 창세기 3:14에 대한 암시로 본다. 본문에서 뱀은 죄로 인해 배로 기어다니며 "흙을 먹게" 되었다. 본문의 경우 종말에 하나님의 회복적 축복이 임하면 기어 다니는 뱀은 불순종의 결과 및 하나님의 능력을 상기시키는 존재로 남을 것이다. 그러나 본문은 다른 해석을 요한다. 본문의 평행적 구절은 한때 위험한 육식동물이 더 이상 그들의 먹이를 공격하지 않을 것

이라고 말한다. 마찬가지로 뱀도 사자나 늑대와 같이 그것을 두려워하는 자들에게 더 이상 위험이 되지 않는다는 것이다. 11:8의 평행적 본문 역시 동일한 강조를 한다. 따라서 본문은 외견상 언어적 유사성이 있음에도 불구하고 창세기 3:14에 대한 암시가 아닌 것으로 보인다.

2) 하나님과 열방들

세상의 창조자로서 하나님은 모든 나라를 다스리신다. 1-39장에서와 같이 열방은 신적 심판의 도구이며(고레스에 대한 언급 참조) 하나님의 진노의 대상이자 궁극적으로는 그의 순종하는 백성으로 제시된다.

(1) 심판

고레스를 통해 하나님은 고대 열국 가운데 많은 나라에 심판을 가져올 것이다. 고레스를 일으키실 것이라는 선언에서 하나님은 열방과 그들의 신을 꾸짖으신다(41:1-7, 21-29; 43:8-13; 45:20-21). 열방의 어떤 신도 이와 같이 행할 자 없으며 누구도 바사 왕을 통해 이루시는 하나님의 목적을 거역할 수 없다.

일찍이 하나님의 백성들의 대적이며 하나님을 대적하는 나라들의 상징으로 제시된 바벨론(cf. 13-14장, 39장)은 40-55장에서 특별히 부각된다. 고대의 애굽과 마찬가지로 바벨론은 이스라엘이 결박된 장소이다. 그러나 하나님은 이 큰 성읍과 제국에 대해 절대적 주권을 행사하신다. 인간이 만든 바벨론의 우상 신들은 우주를 창조하시고 다스리시는 하나님과 비교할 수 없으며, 이스라엘에 대한 그의 구원을 막을 수 없다. 바벨론의 신들은 힘이 없기 때문에 그들에게 계시를 구하고 그들을 의지하는 자는 크게 실망할 것이다.

47장에서 바벨론은 한때 교만하고 사치하였으나 패배의 수치를 당하는 자로 묘사된다. 바벨론은 일반 백성이나 종과 같이 고된 일을 수행해야 한다(1-3절). 하나님은 심판의 도구로서의 본분을 잊고 자기 백성들에게 자비를 보이지 않은(6절) 그들을 보수하신다(3절). 바벨론은 자신의 통치가 결코 끝나지 않을 것이며 과부가 되거나 자녀를 잃어버리지도 않을 것이라고 큰 소리 쳤다(8절). 그러나 하나님은 하루에 이 두 가지 일이 임하게 하신다(9절). 그들의 신은 망하고 점쟁이와 술사들은 하나님의 권능에 대적할 수 없다(9-15절).

에돔 역시 하나님의 진노의 심판의 대상이다(63:1-6; cf. 34장).[41] 63장은 구약성경 전체에서 용사로서 하나님에 대한 가장 생생한 묘사 가운데 하나이다. 본문은 여호와를 피로 얼룩진 옷을 입고 에돔에서 돌아오시는 자로 묘사한다. 그는 포도즙을 밟는 자와 같다. 열국에 대한 그의 심판(cf. 6절, 본문은 보다 보편적 어휘를 사용한다)은 그의 "원수 갚는 날"로 불리며 "분노"가 특징이다. 동시에 이 날은 이스라엘에게 구속의 날(cf. 62:12 및 63:4)이요 구원의 날이다.[42]

(2) 구원

1-39장에서와 같이 열방에 대한 심판은 결국 하나님과의 화목으로 이끈

---

41) 이사야 59:9-64:12의 대칭구조에서 용사로서 여호와에 대한 묘사(63:1-6)는 용사로서 여호와께서 대적을 멸하러 나가시는 59:15b-21과 대칭을 이룬다. 본문의 구조는 다음과 같다.
   a. 기도/애가(59:9-15a)
     b. 신적 용사의 개입(59:15b-21)
       c. 시온의 미래적 영광(60-62장)
     b. 신적 용사의 개입(63:1-6)
   a. 기도/애가(63:7-64:12).
42) 혼자 싸워 많은 피로 얼룩진 용사에 관한 모티프(cf. 63:5)는 고대 근동의 용사와 같은 왕에 관한 이야기에도 나타난다. 전자에 관해서는 Ramses II세의 가데스(Kadesh) 전투 비문을 참조하라. 이 비문에는 왕이 한 손으로 수천의 히타이트 병거를 무찌르는 내용이 있다(Lichtheim, *Ancient Egyptian Literature*, 2:57-72). 피로 얼룩진 모습에 대한 언급은 풍성하다. 보다 생생한 예는 앗수르의 디글랏 빌레셀 1세의 연대기에서 찾아볼 수 있다. 그는 "나는 그들의 시체를 (죽은) 양과 같이 산 중턱에 널어놓았으며 그들의 피를 계곡에 뿌렸다"고 자랑하였다(Grayson, *Assyrian Royal Inscriptions*, 2:14-15).

다. 40-55장은 여러 곳에서 이러한 사실에 관해 언급한다. 여호와의 종의 주요 사역 가운데 하나는 열방에 공의를 베푸는 것이다(42:1-4; 49:6; 두 번째 종의 노래는 먼 나라에 대한 것이다). 열방은 이 기쁜 소식에 기쁨과 찬양으로 화답해야 한다(42:10-12). 열방에 대한 이사야의 진술은 회개에 대한 촉구에서 절정에 이른다(45:22-25). 열방에게 자신의 절대주권의 증거를 보이신 하나님은 그들에게 화해를 제시하신다: "땅 끝의 모든 백성아 나를 앙망하라 그리하면 구원을 얻으리라 나는 하나님이라 다른 이가 없음이니라"(22절). 긍정적인 대답을 위해 여호와께서는 그들에게 모든 사람이 그의 주권을 인정할 날이 다가오고 있다고 말씀하신다.

56-66장 역시 열방이 하나님의 나라에 동참하는 모습을 앞서 보여준다. 그들은 포로 된 이스라엘을 팔레스타인으로 돌려보내어 예루살렘을 재건하게 할 것이며 여호와께 공물을 가져올 것이다(60:3-16; 61:6; 62:2; 66:12, 18-20). 하나님은 사자들을 먼 나라에 보내시어 그의 위대하심과 영광을 선포하게 할 것이다(66:19). 모든 나라는 성일에 여호와께 경배할 것이다(66:23).

4. 결론

창세기 1-11장은 인간의 반역이 어떻게 창조 질서를 붕괴하였으며, 저주와 죽음과 사회적 혼란을 가져오게 되었는지를 설명한다. 하나님은 아브라함을 택하시고 그의 후손을 통한 전 세계적 회복을 약속하셨다(창 12장). 이스라엘의 출애굽과 시내산 언약을 통해 여호와께서는 아브라함의 후손으로부터 한 나라를 창조하셨다. 그러나 이사야와 다른 사람들이 분명히 지적하는 대로 이스라엘은 이 언약을 파기하고 하나님이 의도하신 순종과 공의의 모범을 보이지 못하였다. 따라서 그들은 하나님의 세계적 축복의 통로가 되는데 실패하였다. 이와 같은 반역과 실패에도 불구하고 언약 백성들 및 열방에 대한 하나님의 이상은 결국은 성취될 것이다. 이사야에 의하면 하나님의 순종하는 종으로서 이상적 이스라엘은 소경과도 같은 이스라엘 백성들을 인도하여 다시 한번 결박을 풀고 새 언약을 줄 것이다. 그는 또한 열방들을 복종과 축복의 장소로 인도할 것이다. 이와 같이 그는 이사야의 메시지의 핵심일 뿐만 아니라 성경 역사와 모든 종말론의 초점이 된다.

II
예레미야 및 애가의 신학
−A Theology of Jeremiah and Lamentions−
by Robert B. Chisholm, Jr.

1. 예레미야의 신학

예레미야는 유다의 마지막 시대를 살며 그들에게 예언한 선지자였다. 젊어서 선지자로 부름을 받은 그는 백성들의 죄를 책망하고 심판이 그 땅에 이를 것이라고 경고하였다. 왕이나 제사장 및 선지자들로부터의 강력한 반대와 대적은 그로 하여금 절망과 고통 가운데 여호와께 부르짖게 하였다. 그럼에도 불구하고 그는 예언적 사명에 충성하였으며, 예루살렘 함락 후에도 계속해서 하나님의 백성들에게 호소하였다. 그는 자신의 의사와 상관없이 일단의 유다 난민들에 의해 애굽으로 가게 되었다. 예레미야는 그 곳에 사는 포로들에게 애굽을 의지하지 말라고 경고하였다.

포로이전의 기록 선지자들과 마찬가지로 예레미야의 메시지는 언약백성들과 하나님의 관계에 초점을 맞추고 있으며, 주변국들에 대한 심판에 관한 신탁이 포함되었다. 예레미야는 유다가 모세 언약을 파기하였다고 고발하며, 언약의 저주가 그들에게 임할 것이라고 선언한다. 그는 특별히 백성들의 우상숭배를 중시하고 호세아와 같이 그것을 음행에 비유한다. 그러나 그는 또한 하나님께서 강력하고 적대적인 주변국들을 물리치시고 그의 백성들을 고국으로 돌아가게 하시며 그들과 새로운 언약을 세우실 날을 예언하였다.

예레미야서의 독특한 특징 가운데 하나는 전기적 자료가 풍부하다는 것이다. 본서에는 예레미야의 애가와 그가 수행한 상징적 행위에 관한 내용 및 불의한 왕과 타락한 제사장 및 거짓말하는 선지자와의 만남에 관한 기록이 많다. 이러한 자료들은 참 선지자와 하나님과의 관계에 대한 통찰력을 제공함으로써 본서의 신학에 기여하며, 선지자의 메시지에 대한 구체적인 사례들과 함께 유다가 멸망을 앞두고 얼마나 타락했는지에 대한 가시적 증거들을 보여준다.

예레미야서의 신학은 다음과 같이 요약할 수 있다: 유다가 그의 언약을 파기하였기 때문에 하나님의 심판이 그들에게 임할 것이다. 백성들은 다른 신을 섬기고 백성의 지도자들은 극도로 타락하였다. 검과 재앙과 기근이 그 땅을 황무케 할 것이며 많은 사람들은 포로가 되어 잡혀갈 것이다. 그러나 하나님은 교만한 나라들을 심판하실 것이며 결국은 자기 백성들을 고국으로 돌아가게 하실 것이다. 그는 통일된 남북 왕국과 언약을 맺을 것이며 예레미야 시대의 무능한 왕과 제사장들을 다윗 계열의 이상적 통치자(메시아)와 성결케 된 제사장들로 대신하실 것이다.[1]

1) 하나님과 그의 백성
(1) 유다가 하나님을 거절함
① 언약의 파기

예레미야는 백성들에게 언약적 순종을 상기시키며 그들이 하나님과의 약속을 어겼다고 고발한다. 수 세기 앞서 모세시대에 하나님은 그들과 언약을

---

1) 예레미야서의 본문해석상의 난제들에 관한 논쟁은 본서의 취급 범위를 넘어선다. 70인역의 바탕이 되는 히브리 사본을 재구성해보면 전통적 맛소라 사본보다 약 1/8이 짧다. 열국에 대한 심판의 위치와 순서(맛소라 사본에서는 46-51장)도 다르다. 이들 신탁은 70인역에서는 25:13 이후에 나타난다. 쿰란자료는 신구약 중간기에 본서의 두 자료가 회자되었음을 보여준다. 따라서 이 문제는 본문 비평의 문제(전통적으로 인식되어온)를 넘어서며, 본서의 정경성에 관한 의문마저 제기한다. 이 주제는 여전히 학계에서 논쟁이 되고 있다. 따라서 우리는 이 문제에 대해 전통적 히브리어 형식을 기준으로 하되 보다 나은 해석이라고 인정될 경우 대안적 본문의 혼용도 허용하는 것이 좋을 것이다.

세우셨다. 여호와께서는 언약의 저주가 범법자들에게 임할 것이라고 경고하였으나 순종하는 자들에게는 그의 임재와 축복을 경험할 것이라고 약속하였다(11:2-5). 이스라엘의 역사에서 백성들은 언제나 언약의 조건을 어기고 하나님의 징계를 경험하였다(7-8절). 예레미야 세대의 백성들도 이러한 반역적 조상들의 전철을 밟았다(9-10절). 그들은 하나님의 율법을 거절하고(9:13) 서로 학대하며 다른 신들을 섬김으로 가장 기본적인 기준들마저 대담하게 불순종하였다(cf. 7:9, 본문은 십계 명 가운데 다섯 가지에 대한 위반 사례를 지적한다). 그들의 끊임없는 불순종으로 인해 회피할 수 없는 심각한 심판이 그들에게 곧 임할 것이다(11:11-17).

하나님의 언약적 요구에 대한 백성들의 불순종을 강조하기 위해 예레미야는 그들에게 레갑의 가족에 관한 교훈을 주었다(35:1-19). 레갑 족속은 레갑의 아들 요나답의 후손들이다. 열왕기하 10:15-23에서 이들은 전심으로 여호와를 좇으며 바알숭배를 거절한 자들로 묘사된다. 요나답은 후손들에게 포도주를 금하고 엄격한 유목민의 삶을 추구하라고 명하였다. 200년이 지난 후 그의 후손들은 여전히 조상들이 세운 이 규례를 지켰다. 여호와의 명에 따라 예레미야는 레갑 족속을 성전으로 불러 포도주를 접대하였다. 그들은 물론 조상들이 금한 고대의 기준에 충실해야 한다는 점을 지적하며 그것을 마시기를 거절하였다. 그때 여호와께서는 예레미야에게 그 백성들에게 레갑 족속이 그들에게 교훈을 보여준다는 것을 말하게 하였다. 조상들의 명령에 대한 레갑 족속의 변함없는 헌신은 선지자를 통해 주신 하나님의 법과 그의 회개 촉구를 끊임없이 거절한 그들과 극명한 대조를 이룬다.

그가 이 교훈을 통해 보여준 것은 유다는 반역으로 인해 여호와 앞에 쓸모없는 나라가 되고 말았다는 것이다(13:1-11). 예레미야는 여호와의 명령을 따라 베띠를 사서 허리에 띠고, 다시 여호와의 말씀을 따라 그것을 개울가 바위틈에 감추었다. 나중에 그가 그것을 파자 당연히 썩어 있었다. 좋은 띠가 칭찬을 가져오듯이 하나님은 자기 백성들이 그의 법을 지키고 열방에 의를 전하는 모델이 됨으로 찬양을 돌리기를 원하였다(신 4:5-8). 그러나 자연적 요소가 예레미야의 좋은 띠를 섞게 하였듯이 유다의 죄는 여호와 종으로서 그들을 무익하게 만들었다.

② 영적 간음
유다의 언약 파기는 다양한 모습으로 제시되나 가장 증오스러운 죄는 여호와를 버리고 다른 신들을 섬긴 것이다. 여호와는 참되고 살아계신 하나님이시며 우주의 주권적 창조자이시다(10:10, 12)."그는 바다의 계한을 삼으시고(5:22), 자연 현상을 다스리시며(10:13), 열방을 통치하신다(10:7, 10). 그는 이스라엘을 창조하시고(10:16), 그를 애굽의 속박에서 구원하셨으며, 약속의 땅으로 안전하게 인도하셨다(2:6-7). 이스라엘에 대한 그의 선하심에도 불구하고 백성들은 아무런 가치도 없고 생명도 없으며 인간이 나무와 금속으로 만든 것에 불과한 우상에게로 돌아갔다(1:16; 2:5, 8-12; 10:3-5, 8-9, 14-15; 16:18-20). 그들은 자기들을 영원히 살릴 수 있는 "생수의 근원"이신 여호와를 버리고, 말하자면 "스스로 웅덩이를" 팠다(2:13). 우상 신들은 마치 "물을 저축지 못할 터진 웅덩이"와 같다. 이들은 하나님의 백성들의 요구를 전혀 충족시킬 수 없기 때문이다.

예레미야는 백성들의 마음을 사로잡은 특정 이방 신들과 관습에 대해 구체적으로 열거한다. 그들은 가나안의 폭풍과 다산의 신 바알을 섬기고(2:8, 23; 7:9; 9:14; 11:13, 17; 12:16; 19:5; 23:13, 27; 32:29, 35) 바알과(19:5) 몰렉(32:35; cf. 레 18:21; 20:2-5; 왕하 23:10)을 위해 자녀들을 불에 태우기까지 하였다. 또한 그들은 예레미야가 "하늘 황후"라고 불렀던 지중해의 여신 이스타르(Ishtar)를 섬겼다(7:18; 44:17-19, 25). 이 여신을 섬기는 예배에는 그의 모습을 본뜬 과자를 만들고 향을 태우며 전제를 붓는 행위가 포함된다. 예루살렘의 함락에 따라 애굽으로 내려간 피난민들은 성읍의 멸망이 이 의식을 버렸기 때문이라고 주장하며 다시 시행하였다(44:15-19).

백성들의 우상 숭배 행위가 하나님 앞에 얼마나 가증스러운 일인지를 보여주기 위해 예레미야는 그것을 결혼의 불충에 비유하였다. 그들이 신성한 나무 아래서 바알을 섬긴 것은 간음한 자에게 비유된다(2:19). 자매인 북왕국의 전철을 밟아(3:6-20) 우상을 숭배하였던 유다는 부정한 아내와 같이 결혼 패물을 잊어버리고(2:32) 여러 가지 부정한 관계에 빠졌다(3:1-3). 그들은 이방 신들에 대한 고삐 풀린 정욕으로 인해 마치 암약대가 이리저리 돌아다니는 모습이나 성욕이 동한 들 암나귀가 헐떡임과 같다(2:23-24).

③ 사회적 불의

예레미야는 유다 시대의 특징이었던 사회적 불의에 대해서도 비난하였다. 부자는 가난한 자를 학대하고 고아와 과부를 돌보지 않았다(2:34; 5:26-28; 7:5-6). 유다의 왕들은 그 땅에 공의를 시행하고 유지하여야 했으나(21:11; 22:2-4) 전혀 그렇지 못하였다. 여호야김은 백성들에게 자신을 위해 궁정을 짓게 하였으며 노동에 대한 대가도 지불하지 않았다(22:13-14). 예레미야는 이러한 행위를 여호야김의 아비, 요시야의 의로운 행위와 대조하였다. 그는 가난한 자와 궁핍한 자를 보살폈다(22:15-17). 요시야는 사회 경제적 공의를 포함하여 하나님의 명령에 순종함으로 그가 참으로 여호와의 권위를 인정하였음을 보여주었으나,2) 여호야김은 오직 "불의한 이"만 탐하였다. 유다의 마지막 왕 시드기야 역시 공의를 시행하지 못하였다. 바벨론이 예루살렘을 포위할 당시 그와 성읍의 거민들은 여호와 앞에서 모세 율법에 따라 히브리 노예들을 풀어주겠다고 굳게 언약하였으나 포위가 잠시 풀어지자 다시 뜻을 돌이켰다(34:8-20).

④ 위선과 거짓 소망

이러한 언약적 위반에도 불구하고 백성들은 여전히 여호와께 제사하며

---

2) 공의에 대한 요시야의 관심에 대해 지적한 후 여호와께서는 "이것이 나를 앎이 아니냐"(22:16)라고 말씀하신다. 본문의 "앎"이란 관용구적으로 사용되었으며 "주권을 인정한다"는 언약적 의미를 가진다. 이것은 구약성경에서 하나님에 대한 지식과 그의 뜻에 대한 실제적 순종을 동일시하는 전형적인 표현으로서, 그의 인격이나 성품에 대한 단순한 추상적, 철학적 이해가 아니다.

거짓 선지자들의 구원에 대한 약속을 믿었다. 이들 선지자들은 백성들에게 이러한 재앙이 임하지 않을 것이며 미래는 평안과 번성으로 가득할 것이라고 주장했다(5:12; 8:11; 14:13, 15; 27:9; 28:2-4). 이와 같은 거짓 소망의 메시지는 그들에게 모세 율법(8:8)과 여호와의 성전이 있다는 사실에 근거한 것이었다(7:4).

이에 대해 여호와께서는 그들이 가져오는 제물을 받지 않겠다고 강조하였다(6:20). 모세 시대로부터 그는 항상 진정한 순종이 제사보다 훨씬 중요함을 강조해 왔다(7:21-26).[3] 율법을 맡았을지라도 제사장이 그것을 잘못 다루거나 백성들이 순종하지 않는다면 아무런 소용이 없다(8:8-9). 또한 하나님은 성전의 임재도 결코 안전을 보장해 줄 수 없다고 말한다. 그는 자신의 주장을 뒷받침하기 위해 실로에 대해 언급한다. 이곳은 한 때 성막이 있었던 장소이나, 하나님에 의해 취소된 곳이다. 사람들이 회개하지 않는다면 현재 성전이 있는 산도 실로와 같이 멸망할 것이다(7:12-14; 26:6, 9).[4]

거짓 선지자들은 특별한 신적 진노의 대상이 될 것이다. 그들이 구원에 관한 신탁을 선언하는 첫 번째 동기는 탐욕이다. 그들은 백성들을 안심시키는 말로 이익을 취하였기 때문이다(6:13; 8:10). 그러나 이들 선지자들은 여호와의 회의에 참여하거나(23:18) 하나님의 명령을 받지도 않았다(14:14; 23:21;

---

3) 7:22에 대한 역사적 관찰을 통해 본문은 제사제도에 대해 명백히 반대한다는 잘못된 주장을 하는 사람도 있다. 그러나 본문의 문자적 의미는 "나는 그들에게 번제나 희생에 대해 명하지 않았다"이다(NIV의 just는 해석적이다). 이것은 오경의 본문과 대조적으로 하나님께서 이스라엘의 출애굽 시에 아무런 율례도 주지 않았다는 뜻으로 보인다. 그렇지 않다면 22절은 하나님의 기준에서 순종을 강조하기 위해 사용된 과장된 표현이 될 것이다. 출애굽 기사에서 여호와께서 시내산에서 처음 그들에게 주신 언약은 하나님과 이웃에 대한 사랑을 요구한다. 나중에 여호와께서는 레위기의 예배제도에 관한 규정을 주셨다(자세한 내용은 J. A. Thompson, *The Book of Jeremiah* [Grand Rapids: Eerdmans, 1980], pp. 287-88을 참조하라).

4) 구약성경은 실로의 멸망에 대해 구체적으로 언급하지 않는다. 그러나 사무엘상 4-6장은 어떻게 이스라엘이 그곳의 성막에서 법궤를 가져와 블레셋과의 전투에 가져가게 되었는지에 대해 언급한다. 블레셋 사람들이 법궤를 다시 돌려보내었을 때 법궤는 실로로 돌아갔다.

29:9, 31). 만일 그랬다면 그들은 백성들의 악행을 꾸짖었을 것이기 때문이다(23:22). 대신에 그들은 행악하는 자들에게 어떠한 해도 입지 않을 것이라고 그들을 안심시켰다(23:10-17). 평화를 선포하는 선지자들은 문제의 소지가 있는 자들이었다. 여호와의 참 선지자들은 옛날부터 그의 임박한 심판에 대한 메시지를 전하였기 때문이다(28:8-9).[5] 거짓 선지자들의 메시지는 속임수이며 자신의 복술과 거짓 계시에서 나온 것이다(14:14; 23:16, 26-38; 29:8). 이들 거짓 선지자와 대조적으로 예레미야는 하나님에 의해 복중에서 선택되었으며 하나님의 심판의 말씀을 전하라는 특별한 사명을 받았다(1:4-19). 하나님의 계시를 받지 않은 거짓 선지자와 달리, 예레미야는 말하자면 하나님의 말씀을 얻어먹었으며(15:16) 말씀을 전파하려는 충동이 가득하였다(20:9). 그는 하나님의 "파숫군"이었으며(6:17) 하나님의 언약 백성들에게 악한 길에서 돌아오라고 경고하기 위해 보내심을 받았다(7:25; 25:4).

⑤ 여호와의 말씀에 대한 거절

아마도 백성들이 여호와의 주권을 거절한 가장 뚜렷한 증거는 하나님의 말씀을 신실하게 선포한 선지자에 대한 그들의 공격적 태도라고 할 수 있을 것이다. 여호야김은 사실상 예레미야의 동료 선지자 가운데 하나인 스마야의 아들 우리야를 죽였으며(26:20-23), 예레미야의 생명도 여러 번 위협을 받았다.

본서는 예레미야가 종교 지도자와 백성의 권력자를 포함하여 동족으로부터 받은 박해에 대해 상세히 기술한다. 예레미야의 고향인 아나돗(1:1)의 사람들 가운데 일부는 예레미야에게 여호와의 이름으로 말하지 말라고 협박하며 그를 죽이려 하였다(11:18-21). 임멜의 아들 바스훌이라는 제사장은 그를 때리고 성전 윗문 착고에 채웠다(20:1-2). 어떤 때는 여러 명의 제사장과 선지자들이 예레미야를 죽이려 했으나(26:8-9) 몇몇 관리와 장로들이 그를 구

---

5) 예레미야 28:8-9을 살펴보면 여호와께서 자기 백성들에 대한 관점이 대체로 부정적임을 알 수 있다. 그것은 실제로 이스라엘 백성들의 죄의 실체를 정확히 반영한다. 거룩하신 하나님은 죄와 반역적 행위에 대해 끊임없이 대적하시고 심판하신다.

해 주었다(10-19, 24절).6) 예레미야가 다가올 바벨론의 침략을 알리기 위해 목에 멍에를 메자 거짓 선지자 하나냐는 모든 백성들 앞에서 그것을 취하여 꺾어 버렸다(28:10). 다른 거짓 선지자 느헬람 사람 스마야는 제사장들에게 편지를 보내어 예레미야를 반역한 거짓선지자로 고소하며 그를 착고에 채우라고 했다(29:24-28).

왕들 역시 예레미야를 통한 하나님의 말씀에 반발하며 그의 지위를 인정하지 않았다. 바룩이 예레미야의 메시지 가운데 하나를 기록하여 성전에서 낭독하자 여호야김의 수하들은 예언을 기록한 두루마리를 빼앗아 왕에게 가져갔으며, 왕은 그것을 한 장씩 베어 불에 태워버렸다(36:1-26). 시드기야의 통치기간 중에도 왕의 관리들은 예레미야를 반역죄로 체포하여 때리고 오랫동안 토굴 속에 가두었다(37:13-16). 시드기야는 그에게 보다 안락한 처소를 제공하였으나(21절) 결국 예레미야의 대적들의 사주를 받아 진흙으로 가득한 구덩이에 던져 넣었다(38:1-6). 오직 구스인 에벳멜렉만이 예레미야의 목숨을 구해주었다(7-13절). 왕은 비밀리에 예레미야와 대화하며 여호와의 말씀을 받고자 하였으나 공개적으로는 그를 인정하려하지 않았다(14-27절). 선지자는 바벨론이 예루살렘을 정복할 때까지 감옥에 갇혀 있었다(28절). 성이 함락된 후에도 몇몇 지도자들은 그를 반역자로 고소하며 그의 말을 듣지 않았다(43:1-4). 그들은 예레미야를 강제로 애굽으로 데려 갔으며(6절), 그곳에서 예레미야는 계속해서 백성들의 죄를 지적하였다(43:8-44:30).

[예레미야의 애가에 대한 주석]
예레미야는 박해를 당할 때마다 여호와께 기도하였다. 그는 악인에게 고

---

6) 본문은 특히 미가의 예언과(cf. 렘 26:18 미 3:12) 심판에 관한 예언의 본질에 관한 통찰력을 제공하기 때문에 중요하다. 미가 3:12의 심판에 관한 언급은 예루살렘의 멸망에 대한 직설적이며 무조건적인 선언으로 들린다. 그러나 예레미야 26장에서 보듯이 이 예언은 겉으로 드러난 것과 달리 조건적이다. 예레미야 시대의 장로들에 의하면 미가에 의한 심판의 위협은 히스기야의 회개로 번복되었다(렘 26:19). 물론 회개의 조건이 예레미야의 시대에 충족되지 않았다면 미가의 예언은 성취되었을 것이다. 주전 586년에 바벨론은 미가가 경고한 대로 예루살렘과 성전을 함락하여 잿더미로 만들었다.

난당하는 성도들에게 훌륭한 본을 보여주었다. 예레미야는 자신의 결백(11:19; 15:10, 17)과 충성(15:15-16; 17:16; 18:20)을 고백하고, 공의로우신 재판장이며(11:20; 12:1; 20:12) 보호자이신(17:17; 20:11) 하나님께 호소하였으며, 대적에게 보수하여 주실 것을 간구하였다(11:20; 12:3-4; 15:15; 17:18; 18:21-23; 20:12). 심한 반대와 압박을 받은 예레미야는 때때로 감정적으로 흔들렸다. 그는 왜 악인이 번성하느냐고 물으며(12:1-2), 자신이 태어난 날을 저주하고(자신을 구원하신 여호와를 찬양한 직후에 [20:13-18]), 하나님은 신뢰할 수 없으며(15:18), 자기를 속이신다고 주장하며(20:7[권유하시므로]), 하나님의 일에 충실한 것이 오히려 고통만 가져왔다고 불평하였다(20:8). 여호와께서는 그를 책망하셨으나(15:19), 한편으로는 그가 자신의 사명에 충실해 줄 것을 격려하고 그를 보호해 주실 것을 약속하며 대적들은 심판을 받게 될 것이라고 확인하셨다(11:21-23; 15:11, 20-21).

⑥ 사라져 버린 회개의 가능성

여호와께서는 교훈을 통하여 자신과 이스라엘의 관계는 고정되어 불변하는 것이 아니라는 사실을 분명히 하였다(18:1-11). 예레미야는 그의 명령에 따라 토기장이의 집으로 갔다. 토기장이가 특별한 모양의 토기를 빚고 있을 때 진흙에 흠이 갔다. 그러자 그는 그것으로 다른 모양을 만들어버렸다. 토기장이가 자신의 임의대로 결정한 것은 하나님과 이스라엘의 관계를 보여준다. 여호와께서 악한 나라에 심판을 선언하셨을지라도 만일 그들이 회개하면 이 결정은 변경될 수 있다는 것이다. 마찬가지로 여호와께서 어떤 나라에게 복을 주시려 했다가도 그들이 여호와를 거절하고 악을 행하면 그것을 거두시겠다는 것이다. 이 교훈은 특히 유다와 관련된다. 이 백성들에 대한 그의 이상은 그들의 죄로 말미암아 오점을 남겼다. 그는 그들을 축복하려 했으나 그들의 죄가 그로 하여금 심판을 선언하게 하였다는 것이다. 재앙을 피하기 위해서는 반드시 회개해야 한다.

여호와께서는 타락한 백성들에게 그들의 악한 길을 버리고 "돌아오라"고 촉구하신다(3:12, 14, 22; 4:1; 18:11; 25:5; 35:15; cf. 26:3; 36:3, 7). 그는 그들이 자신의 불충을 깨닫고 우상을 버리며 "마음"의 할례를 받기를 원하셨다(3:9-4:4).[7] 신체적 할례는 이스라엘 백성이 언약 공동체의 한 구성원이 되는 표시이다. 여호와께서는 언약 준수와 관련하여 외적 표적보다 더욱 근본적인 것을 원하셨다. 그는 여호와의 언약에 대한 진정한 충성과 그가 제시한 원리들에 대한 참된 헌신을 요구하셨다. 백성들은 언약의 요구들과 오직 여호와만 섬기라는 기본적 원리를 지킴으로 자신의 진정한 헌신을 보여야 했다. 그들이 진정으로 여호와께 돌아온다면 그들에게 자비를 베풀고(3:12) 그들의 배역함을 고치며(3:22) 그들에게 내리려던 재앙을 거두어들일 것이다(26:3). 그들의 진실함을 알아볼 수 있는 가시적 시험대로서 여호와께서는 그들에게 모세 율법의 안식일에 관한 규례를 지키게 하였다(17:19-27).

이와 같은 마음의 변화에 대한 요구는 아무런 소용이 없었다. 회개는 그것에 따라오는 용서와 축복에 대한 약속과 함께 실현될 수 없는 이상으로 남고 말았다. 과거와 같이(3:7, 10) 하나님의 백성들은 그에게 돌아오기를 거절하였으며(5:3; 8:5-6; 15:7; 18:12; 23:14; 25:7; 35:15; 44:5)[8] 조상들의 악한 길로 돌아가고 말았다(11:10).[9] 따라서 하나님께서는 그들을 멸하시고

---

7) 본문의 "마음"은 지성, 감성, 의지를 포함한 전 인격을 가리킨다. 마음의 할례에 관한 은유는 예레미야에게서 시작된 것은 아니다. 모세는 이스라엘에게 동일한 내용을 촉구하였으며(신 10:16) 여호와 자신이 그들의 마음을 이렇게 바꾸어주실 날을 고대하였다(신 30:6; cf. 레 26:41).
8) 예레미야 34:15에 따르면 하나님은 시드기야의 통치기간 중에 히브리 노예들을 풀어준 것을 좋게 보셨다. 그러나 불행히도 이러한 그들의 뉘우치는 태도는 오래 가지 않았다(34:16).
9) 11:10의 동사 šûb는 백성들의 실제적 반응이 여호와의 의도와 반대되는 것임을 보여주는 번어법적 의미로 사용되었다. 여러 본문에서 이 동사는 "돌아가다", "회개하다", "돌이키다" 등으로 번역되어 하나님께로 돌아오는 것(즉, 회개)을 지칭하였다. 그러나 11:10에서 이 동사(cf. NIV "돌아가서")는 백성들이 하나님을 거절하고 조상들의 악한 행위를 따르는 것을 말한다. 이와 같은 šûb의 반어법적 용례는 34:15-16에도 나타난다. 본문에서 이 동사는 백성들의 잠시 동안의 회개(cf. NIV "행위를 고치고")와 이전 불의한 삶으로 돌아간 것을 표현하는 말로 사용된다(cf. NIV "뜻을 변하여"[34:16]).

다시는 그들에 대한 심판을 취소하지 않으시겠다고 선언하셨다(4:28).[10] 그는 과장적 묘사를 통해 만일 경건하고 신실한 사람을 단 한 명이라도 성읍에서 찾을 수 있다면 예루살렘을 멸하지 않겠다고 말씀하신다(5:1). 예루살렘은 소돔과 고모라보다 더 타락하였다(23:14). 하나님은 이들 도시에서 의인 열 명만 있어도 그들을 살려주시겠다고 하셨다(cf. 창 18:32). 그는 예레미야에게 그들을 위해 중재하지 말라고 하시며(렘 14:11), 금식이나 제사와 같은 종교 의식으로 마음이 바뀌지는 않을 것이라고 말씀하셨다(14:12). 예레미야가 중재하려 하자(14:19-22) 여호와께서는 이렇게 대답하셨다. "모세와 사무엘(이들은 기도를 통해 여러 번 나라를 구한 바 있다[출 32:9-14; 민 14:11-23; 삼상 7:2-13; 12:19])이 내 앞에 섰다 할지라도 내 마음은 이 백성을 향할 수 없나니 그들을 내 앞에서 쫓아 내치라"(렘 15:1).

히스기야 시대와 대조적으로 더 이상 하나님의 기적적인 구원은 없다. 시드기야가 예레미야에게 여호와께서 과거처럼 기적적으로 백성들을 구원하여 주실 것인지 묻자 그는 바벨론이 예루살렘을 정복할 것이며 거민들을 살육할 것이라고 선언하였다(21:1-10).[11] 그는 시드기야에게 바벨론의 통치에 항복할 것을 요구하였다. 이것은 그렇게 하지 않을 경우 예루살렘은 완전히 멸망하게 될 것이라는 경고였다(27:1-22). 심판의 불가피성을 인식한 그는 포로가 되는 것이 그들에게 미래적 소망이 될 것이라고 말하고(24:1-10), 바벨론에 정착할 것을 권고하며, 새 땅에서의 번성과 궁극적 회복을 기다릴 것을 주장하였다(29:1-14).

(2) 북방으로부터의 심판
① 하나님의 심판의 도구
예레미야는 사역 초기부터 회개치 않는 나라에게 북방으로부터의 심판이

---

10) 아이러니하게도 그는 그에게로 "돌아오라"는 명령(šûb, 3:10, 12, 14, 22; 4:1)을 거절한 자들에 대하여 그들에게 내리기로 정하신 심판을 결코 "돌이키지"(šûb는, 4:28) 않을 것이다.
11) 21:2의 "기사"(wonder)로 번역된 niplā'ôt는 다른 본문에서 애굽에 대한 하나님의 심판(출 3:20; 삿 6:13; 시 78:11; 미 7:15), 요단강 도하(수 3:5), 땅에 대한 정복(출 34:10) 및 하나님의 전능하신 행위(대상 16:9, 24)에 사용되었다.

임할 것이라고 경고하였다. 하나님께서는 예레미야에게 사명을 주시며 그에게 북방으로부터의 끓는 가마솥에 대한 이상을 보여주셨다. 그는 이 가마가 범죄한 백성들에 대한 하나님의 심판의 도구로서 북왕국의 군대를 나타낸다고 설명하셨다(1:13-15). 그 땅은 그들의 침략으로 떨 것이며(10:22)[12] 백성들은 잔인한 대적들이 예루살렘으로 급하고 무자비하게 진군하는 것을 보고 두려워 마음이 녹을 것이다(4:13; 6:1-2, 22-26). 힘센 사자와 같이 북방의 대적은 여호와의 양떼를 약탈하고 그 땅을 황무케 하며 보물을 빼앗아 갈 것이다(4:5-9; 5:15-17; 13:20; 15:12-13). 역사적 자료와 함께 여러 본문들은 이 북방의 침략자에 대해 주전 586년에 예루살렘을 정복한 느부갓네살의 바벨론 군대와 그와 동맹한 북방 국가들로 규정한다(특히 25:9, 26 참조).

② 언약적 저주의 실현

하나님께서 자신의 "종"(25:9)이라고 부르신 이 침략자를 통해 옛 언약의 저주(레 26장; 신 28장)는 이루어질 것이다. 모세가 오래 전에 경고한 대로(신 28:49) 그들이 언어를 알 수 없는 먼 나라가 그의 백성들을 정복할 것이다(렘 5:15). 칼과 기근과 재앙(14:12, 15)이 그 땅을 휩쓸어 농작물은 피폐하고(5:17; 8:13; 14:2-6) 그 땅의 거민들은 살해당할 것이다(5:17; 9:22; 14:16, 18; 15:2-3, 9). 그 땅의 여자들은 사망이 창문에 올라와 그들로부터 자녀와 청년들을 멸절함을 슬퍼할 것이다(9:21). 하나님의 심판은 남은 자들이 포로로 잡혀가(13:19; 15:2) 열국 중에 흩어짐으로(9:16; cf. 신 28:64) 절정에 달할 것이다. 이방 땅으로 포로로 잡혀가 이방 왕들을 섬기는 것은 이방 신들을 섬겨온 자들에 대한 적절한 심판이 될 것이다(렘 5:19; 16:10-13). 유다가 바벨론의 포로로 섬기는 기간은 70년이 될 것이다(25:11-12; 29:10). 이 수치는 문자적으로 이해할 수도 있지만(어림치이긴 하지만) 수명에 대한 전형적 언급이거나(시 90:10) 상징적 수치 또는 완전한 심판의

---

[12] "풍성"으로 번역된 ra 'aš 는 본문에서 침략자들의 병거에 의해 땅이 흔들리거나 진동하는 모습을 묘사한 것이다(cf. 47:3, 본문의 "소리"는 이와 동일한 단어를 번역한 것이다).
[13] 7이라는 숫자는 성경이나 고대 근동 문헌에서 완전을 나타내는 상징적, 이상적 숫자

기간을 뜻할 수도 있다.13) 어떤 경우이든 그 땅의 멸망을 목도한 자들 가운데 그것의 회복을 볼 수 있는 자는 많지 않을 것임을 보여준다.

[예레미야가 예언한 70년에 대한 주석]
예레미야가 70년의 포로기를 종료시킬 사건으로 언급한 바벨론의 함락(25:11-12)과 유다 백성들의 첫 번째 귀환은 예루살렘이 함락된 주전 586년으로부터 약 50년 후인 주전 539-538에 일어났다. 따라서 예레미야의 예언이 문자적으로 70년을 의미한다고 생각하는 사람들은 이 기간의 시작을 바벨론의 침공으로 일부 유다 백성들이 잡혀 간 적이 있는 주전 605년으로 볼 수밖에 없을 것이다(단 1:1-7). 이것은 바로 그 해에 선포된(25:1) 예레미야의 예언(25:11-12)과도 조화를 이룬다. 70년에 대한 예레미야의 다른 언급(29:10)은 주전 597년 여호야긴이 포로로 잡혀 간 얼마 후에(29:2) 그들에게 보낸 편지에 나타난다.

그 후에 기록된 두 개의 본문, 즉 다니엘 9:2과 역대하 36:21-22은 70년의 포로기에 대한 예레미야의 예언에 대해 구체적으로 언급한다. 바벨론에 살고 있던 다니엘은 이 예언을 읽고 포로민들의 회복을 위해 기도하였다. 이 기간이 바벨론이 처음으로 포로들을 데려 간(다니엘을 포함하여[단 1:1-7]) 주전 605년에 시작 된다면 주전 539-538년은 70년이 거의 끝날 무렵이 되며 따라서 다니엘은 마음이 동하였을 것이다. 이것은 다니엘의 입장에서 70년을 문자적으로 해석하였음을 보여주며 본문의 내용이나 다니엘의 경험과도 조화를 이룬다. 동시에 다니엘 9장의 서문이나 기도문에는 이러한 해석을 요구하는 내용이 제시되지 않는다. 다니엘의 반응은 70이라는 수치에 대한 다른 해석에 의해서도 쉽게 설명된다. 즉, 유다에서 잡혀온 후 거의 전 생애가 지났으며 그는 여호와의 심판이 완전히 끝났다고 여겼다(단 9:11-13).

로 사용되었다. 7의 배수도 종종 이러한 개념을 내포한다(예를 들어, 창 4:24; 마 18:22). 70이라는 숫자는 사사기 1:7 및 이사야 23:15에서 이러한 의미로 사용되었다.

역대하 36:21-23에 의하면 예레미야가 예언한 70년의 심판 기간은 "토지가 황무하여 안식년을 누림 같이" 안식하였다(cf. 레 25:1; 26:34-35, 43). 역대하 본문은 이어서 고레스의 조서에 대해 기록한다. 그는 포로로 잡은 백성들을 유다로 돌려보내었다. 본문의 70년을 문자적으로 해석하는 것은 보다 큰 문제가 된다. 역대하 36장은 연대기적 순서에 따라 여호아하스(주전 609년[1-4절]), 여호야김(주전 609-598년[5-8절]), 여호야긴(주전 598-597년[9-10절]), 시드기야(주전 597-586년[11-16절]), 예루살렘의 함락(주전 586년[17-19절]), 백성들이 포로로 잡혀감(20-21절) 및 고레스의 조서(22-23절)에 관한 내용을 언급한다. "토지의 황무함"(21절)의 시작은 바로 앞에 언급된(19-20절) 주전 586년의 멸망과 가장 잘 연결된다. 이 황무함의 시기는 바로 뒤에 언급되는 70년과 동일하다.[14] 그렇다면 예레미야의 70년은 상징적 의미로 해석해야 한다. 고레스의 조서와 첫 번째 귀환은 예루살렘이 함락된 지 약 50년 후에 일어난 사건이기 때문이다.

스가랴 1:12(cf. 7:5)에 언급된 70년은 예레미야의 예언과 아무런 관련이 없다. 스가랴 1:7-17의 이상은 주전 519년에 발생하였다(cf. 7절). 본문의 70년은 예루살렘이 멸망한 586년과 이상을 본 시점 사이의 대략적 기간을 말한다.

③ 창조의 역순
예레미야는 다가올 심판을 창조의 역순으로 보았다. 그는 심판의 결과에 대해 "내가 땅을 본즉 혼돈하고 공허하며 하늘들을 우러른즉 거기 빛이 없으며 내가 산들을 본즉 다 진동하며 작은 산들도 요동하며 내가 본즉 사람이 없으며 공중의 새가 다 날아갔으며" (렘 4:23-25)라고 하였다. 땅은 하

---

14) 문자적 70년을 주장하는 사람들은 본문과 예레미야 25:11 두 곳에 언급된 "땅의 황무함"(주전 586년에 시작된다)과 70년을 구분해야 한다. 후자의 경우 유다와 주변국이 바벨론을 70년 동안 섬길 것이라고 말한다. 이 섬기는 기간은 느부갓네살이 갈그미스 전투에서 애굽에 승리한 후 서쪽으로 진군하였던 주전 605년부터 시작된다고 볼 수 있다. 그렇다면 이 시기는 토지의 황무함 보다 20년이 앞선다.

나님께서 빛을 만드시고 사람과 새들로 땅과 하늘을 채우시기 이전 세상과 같을 것이다. 즉, 세상이 창조되기 전의 "혼돈하고 공허한" 때로 돌아갈 것이다(cf. 창 1:2, 본문에 사용된 단어는 동일하다). 아이러니하게도 만물의 창조주는(렘 10:10, 12) 자신이 세우신 질서를 파괴하려는 어두운 세력보다 훨씬 강하신 분이시나(5:22), 언약 백성들을 위해 창조 사역을 원래대로 되돌려(cf. 10:16) 심판의 무질서와 어두움을 겪게 할 것이다.

④ 심판의 교훈

다가올 심판을 보이기 위해 여호와께서는 백성들에게 생생한 교훈을 주신다. 그는 예레미야에게 아내를 취하지 말고 죽은 자를 위하여 통곡하지 말며 잔치 집에 가지 말라고 명하셨다(16:1-9). 예레미야의 독신 생활은 백성의 가족들이 당할 참사를 미리 보여준다. 칼과 기근이 가정의 남편/아비나 아내/어미를 빼앗아 갈 것이다. 선지자가 장례식에 가지 않는 것은 장차 죽은 자를 위해 통곡할 시간은 물론 장사할 여유도 없을 때가 올 것이라는 사실을 보여준다. 잔치는 적절하지 않다. 하나님의 심판은 그 땅에서 기쁜 일들을 모두 거두어 가실 것이기 때문이다.

다른 본문에는 예레미야가 오지병을 사서, 깨어진 병을 모아놓는 하시드 문 곁의 힌놈의 골짜기(도벳)로 가져가 많은 사람들이 보는 앞에서 그것을 깨뜨린다는 내용이 언급되어 있다(19:1-15). 선지자가 오지병을 깨뜨림같이 여호와께서는 "유다와 예루살렘의 모계를 무효케 하여" 그들로 산산조각이 나게 할 것이다.[15] 힌놈의 골짜기는 이방 신을 섬기는 장소였다. 그곳에서 백성들은 이방 신을 위해 제사하고 심지어 자식을 번제로 드리기도 했다(cf. 7:31). 장차 백성들의 시체가 이 계곡을 채울 것이며 예루살렘은 도벳과 같이 더러운 곳으로 전락할 것이다.

---

15) "오지병"(*baqbuq*, 1, 10절)은 "파괴"(*bāqaq*, 7절)로 번역된 단어와 발음이 유사하기 때문에 여호와께서 그 나라에 행하실 일에 대해 암시한다. 7절의 "모계"('*ēṣāh*)는 예레미야에 대한 백성들의 음모를 포함한다(cf. 18:23, 본문의 계략은 같은 히브리어 단어에서 온 것이다).

⑤ 예언의 성취

본서의 부록과 같은 역할을 하며 열왕기하 24:18-25:30과 거의 같은 내용으로 되어 있는 본서의 마지막 장(52장)은 예레미야의 심판에 관한 예언이 어떻게 성취되었는지를 보여준다. 느부갓네살 왕은 주전 588년 1월부터 586년 1월까지 예루살렘을 포위하였다. 이 기간이 끝날 무렵 기근이 성읍을 덮쳤다. 시드기야 왕 일행은 성을 빠져나가 도망하려 하였으나 결국 바벨론의 포로가 되고 말았다. 느부갓네살은 시드기야의 아들들을 왕이 보는 데서 죽이고 그의 눈을 뽑은 후 바벨론으로 데려 갔으며, 그는 그곳에서 남은 생을 보내었다. 주전 586년 8월에는 바벨론이 성읍을 침공하여 성전을 멸하고 수천 명의 사람들을 포로로 잡아갔다.

(3) 미래적 회복

유다의 장래에 대한 예레미야의 이상은 완전히 절망적인 것만은 아니었다. 그는 백성들이 포로지에서 돌아와 예루살렘을 다시 세울 날을 내다보았다.[16] 북왕국과 남왕국은 이상적 다윗 계열의 왕과 성결케 된 제사장에 의해 하나로 합쳐질 것이다. 여호와께서는 자기 백성들과 새 언약을 세우시고 그들을 충성되게 하실 것이다.

① 포로지에서의 귀환

여호와께서는 포로로 잡혀간 백성들을 다시 그 땅에 돌아오게 하심으로 심판의 비극을 되돌릴 것이다. 70년은 지나갔으며 여호와께서는 남은 백성들에게 긍휼을 베푸시고 목자와 같이 그들을 포로 된 땅에서 인도하여 조상들에게 약속하신 팔레스타인으로 다시 돌아가게 하실 것이다(12:15; 16:15; 23:3; 29:10). 사방에서 큰 무리가 올 것이며 이들 가운데는 여행하기에 적합지 않은 자들도 있을 것이다(31:7-8).[17] 이러한 전능하신 구원의

---

16) 나라의 미래적 회복에 대한 짧은 언급은 종종 심판에 관한 신탁에 나타나지만(cf. 3:14-18; 12:15; 16:14-15; 23:3-8; 29:10-14), 30-33장에는 주로 미래적 희망에 대한 내용이 언급된다.
17) 포로지에서의 귀환에 관한 예레미야의 묘사는 주전 6-5세기 실제 역사적 귀환을 넘

행위는 이스라엘로 하여금 옛날 모세 시대의 출애굽 사건을 잊어버리게 할 것이다. 그들은 더 이상 "이스라엘 자손을 애굽 땅에서 인도하여 내신 여호와의 사심으로" 맹세하지 아니하고 "이스라엘 자손을 북방 땅과 그 모든 쫓겨났던 나라에서 인도하여 내신 여호와의 사심으로" 맹세할 것이다 (16:14-15; cf. 23:7-8).

포로지에서의 귀환에 관한 예레미야의 묘사 가운데 가장 감동적인 부분은 31:15-22일 것이다. 포로로 잡혀갈 때를 돌이켜보며 여호와께서는 라마(베냐민의 성읍을 대표하는 언급이다)와[8] 라헬(그녀의 자식들인 베냐민 지파[cf. 라마]와 요셉[cf. 그의 아들 가운데 하나인 에브라임에 대한 언급, 18절 및 20절]에 대한 언급으로 북왕국 전체를 대표한다[1, 4-7, 9-11, 18, 20-21])이 자식을 잃은 것을 슬퍼하는 모습에 대해 언급한다. 이 장면은 이스라엘(후에는 유다도)의 어미들이 자기 자식이 다시는 볼 수 없는 곳으로 포로로 잡혀가자 통곡하였던 실제 역사를 반영한다. 그러나 여호와께서는 라헬에게 울지 말라고 하시며 포로 된 자식들이 다시 돌아 올 날을 약속하신다.[19] 에브라임(여기서는 북왕국)은 그가 사랑하는 장자였으며 언제나 측은히 여겼던 기쁨의 대상이었다(20절; cf. 9절). 여호와께서는 자기 자식을 단련시켜야 하나, 에브라임이 부르짖는 회개의 음성을 들으시고 그에게 긍휼을 베푸실 것이다(18-20절).[20]

어서며 이 나라의 미래적 회복을 포함한다. 이러한 표현은 연대기적으로 멀리 떨어진 사건들을 한 장면에 담은, 전형적인 종말론적 예언에 해당한다.

18) 라마는 예루살렘으로부터 약 5마일 떨어진 베냐민 영토에 속하였다.

19) 마태복음 2:18에는 그리스도께서 나신 직후 헤롯이 베들레헴의 죄 없는 어린이들을 살해한 사건과 함께 예레미야 31:15이 인용되어 있다. 마태에 따르면 헤롯의 행위는 예레미야의 말씀을 "성취"하였다. 이것은 마태가 예레미야 31:15을 헤롯의 행위에 대한 직접적인 예언으로 보았다는 것은 아니다. 이러한 해석은 많은 문제를 야기한다. 왜냐하면, 예레미야 31:15은 라마(베들레헴이 아니라)에 대한 언급이며 예언적 내용이 아니기 때문이다(본문은 주로 주전 722년 앗수르에 의해 북왕국이 포로 된 사건에 관한 언급이다). 마태는 예레미야 31:15을 그리스도의 탄생을 둘러싼 사건들에 대한 전형적, 또는 유추적 적용을 한 것뿐이다. 헤롯의 시대는 이스라엘의 포로기와 마찬가지로 하나님의 백성들이 포악한 통치자의 잔인한 손에 의해 고난을 받고 있었다(마태가 복음서 초기에 구약성경을 인용한 내용에 대해서는 이사야 7:14에 대한 논의를 참조하라).

여호와께서는 감정의 토로와 환유의 변화(아들 에브라임에서 아내 이스라엘로)를 통해 포로 된 이스라엘에게 악한 삶을 버리고 성읍으로 가는 길 표를 따르라고 호소하신다(20-22a절). 그는 무엇인가 새 일이 있을 것이라고 말씀하신다. 즉, 여자가 남자를 안을 것이라는 것이다(22절). 22b절의 언급은 신비적이며 독단을 배제하지만, 본문의 "여인"은 처녀 이스라엘을 암시한다(cf. 4, 21절). 그렇다면 "남자"는 아마도 그녀의 남편, 여호와일 것이다(3절). 회복의 시기가 오면 음란한 아내였던 이스라엘은 남편을 기쁨으로 안을 것이다(본문의 surround는 이런 뜻으로 해석된다).[21]

이 땅이 다시 한번 주거지가 될 것임을 보여주는 증거로서 여호와께서는 선지자를 통해 교훈을 주신다(32:1-44). 바벨론 군대가 예루살렘을 포위한 때에 그는 예레미야에게 사촌인 하나멜의 밭을 사라고 명하신다. 그때 예레미야는 토지구입 증서를 오지병에 담아 보존하고 "만군의 여호와 이스라엘의 하나님 내가 이같이 말하노라 사람이 이 땅에서 집과 밭과 포도원을 다시 사게 되리라"(15절)고 선언하였다. 비록 여호와의 명령을 수행하였으나 예레미야는 여전히 당황스러웠다. 그는 이스라엘을 위해 전능한 일들을 행하신 만물의 통치자이신 여호와를 찬양하였으나, 최근에 명을 받은 상징적 행위의 의미에 대해 의구심을 품었다. 하나님의 심판의 도구인 바벨론이 범죄한 백성들을 심판하기 위해 성 밖에서 기다리고 있는데 예레미야가 마치 유다에 아무런 일도 일어나지 않을 것처럼 토지를 사는 것은 무의미해 보였던 것이다(24-25절). 여호와께서는 예레미야에게 "나는 여호와요 모든 육

---

20) 예레미야 31:20에서 "깊이 생각하노라"로 번역된 구절은 히브리 사본에서 강조형으로 제시되며, 자식에 대한 여호와의 사랑이 얼마나 큰 지를 짐작케 한다.
21) 또 하나의 가능성은 이 언급이 잠언이나 관용구적 표현으로서, 새로운 미래적 회복이 어떻게 일어날지를 보여준다는 해석이다. Robert Davidson은 이 문제에 대해 Good News Bible의 해석을 제시한다. 이 책은 본문을 "내가 새 일을 창조하였나니 여자가 남자를 보호하는 것과 다를 것이다"라고 해석한다. 이 경우 "surrounds" ("안다"[sābab])는 보호를 제공한다는 의미로 사용된다(cf. 신 32:10, NIV는 본문을 "방어하다"라는 단어로 번역한다). 이 해석을 따를 경우 본문은 한때 신실했던 이스라엘의 새로운 헌신에 대한 언급이 될 것이다(Robert Davidson, *Jeremiah and Lamentations*, The Daily Study Bible Series, 2 vols. [Philadelphia: Westminster, 1983-85], 2:84).

체의 하나님이라 내게 능치 못한 일이 있겠느냐"(27절; cf. 17절)고 하시며 그가 처음에 가졌던 신앙에 대한 확신을 상기시켰다. 이어서 여호와께서는 심판 이후에 다시 백성들을 모아 자신의 명령을 따를 수 있는 능력을 주시고 새롭고 영원한 언약을 맺을 것이라고 말씀하셨다(37-41절). 하나님의 백성들은 다시 땅을 차지할 것이며 소유를 사고 팔 것이다(42-44절). 예레미야의 상징적 구매는 심판 후에 있을 회복의 날을 예언한다.

② 회복된 축복

하나님의 백성들은 영적 치유를 경험하고 평화와 번성의 신적 축복을 누릴 것이다. 이스라엘과 유다의 포로들은 고국으로 돌아올 것이며(30:10; 31:27; 33:7), 풍성한 곡식과 수많은 가축의 떼를 소유하게 될 것이다(31:4-5, 24; 33:10-13). 북왕국의 사람들은 기꺼이 예루살렘으로 향할 것이며(31:6), 여호와께서 주신 복을 기뻐하며 찬양할 것이다(31:12-14). 귀환자들은 죄를 용서받았기 때문에(33:6, 8) 더 이상 조상들의 죄 때문에 고난당하는 것을 슬퍼할 필요도 없다. 그들은 하나님께서 모든 사람을 개인적 차원에서 공정하게 다루심을 인식하여야 했다(31:29-30; cf. 겔 18:1-32).

③ 시온의 번성

예루살렘은 회복된 국가의 중심이 될 것이다. 이 성읍은 완전히 새롭게 건설될 것이며(렘 30:17; 31:38-40) 하나님 앞에서 깨끗하게 될 것이다(31:40). 한때 황무했던 거리는 사람들로 가득하게 될 것이다(30:17, 19-20). 북쪽에 사는 백성들은 이곳을 순례할 것이며(31:6, 12-14) 유다 백성들은 그것을 향해 복을 빌 것이다(31:23). 하나님의 풍성한 축복의 대상으로서 이 성읍의 명성은 널리 퍼질 것이며 하나님의 영광을 온 세상에 전할 것이다(33:9).

④ 새로운 지도자

요시야를 제외하면 예레미야 시대에 다스리던 다윗왕조의 왕들은 악을 행하였음으로 하나님을 기쁘시게 하지 못하였다(왕하 23:32, 37; 24:9, 19). 다윗 언약과는 분명히 대조적으로, 하나님은 여호야긴 왕에게 심지어 그의 후손 가운데 다윗의 왕위를 물려받을 자는 아무도 없을 것이라고 말씀하셨다(렘 22:28-30). 다윗왕조는 유다의 마지막 네 명의 왕들 가운데 세 명이 포로로 잡혀가는 수치를 경험하였다(왕하 23:33-34; 24:15; 25:6-7). 열왕기 상하에서와 같이 예레미야서도 여호야긴이 바벨론 왕궁에 갇혀 있는 처량한 장면으로 끝난다(렘 52:31-34).

다윗왕조의 수치는 영원한 것은 아니다. 여호와께서는 새로운 왕이신 메시아를 세워 자기 백성들을 다스리실 것이다. 이 통치자는 30:9에서 "다윗"으로 불리며 다른 본문에는 그가 다윗의 후손으로 분명히 기록되어 있다(23:5; 33:15). 그는 모범적 조상의 정신을 이어 받아 다스리며, 여호와의 도구로서 그의 백성들에게 평화를 가져올 것이기 때문에 다윗으로 불린다.[22] 예레미야 시대의 불의한 통치자들과 달리 이 왕은 그 땅에 공의를 시행할 것이다(23:5; 33:15). 그는 하나님의 백성들의 보호자로서 "여호와 우리의 의"(또는 "구원자"[23:6])로 불릴 것이다.[23] 이 통치자를 통하여 다윗에 대한 하나님의 영원하고 파기되지 않는 맹세가 성취될 것이다(33:17, 20-21, 26; cf. 삼하 7:16; 시 89:36). 이 약속의 성취는 하나님께서 창조시에 세우신 낮과 밤의 주기와 같이 확실할 것이다. 아브라함 언약의 전통으로부터 나온 모티브를 사용하여 여호와께서는 다윗의 후손들이 하늘의 별과 바다의 모래와 같이 많아질 것이라고 약속하신다(렘 33:22; cf. 창 22:17). 실제로 이 다윗과 같은 통치자를 통하여 아브라함에 대한 하나님의 약속도 성취될 것이다(cf. 렘 33:26).

예레미야 시대의 타락한 제사장들과 대조적으로(6:13; 20:1-6; 26:11), 성결케 된 레위 제사장들은 장차 회복의 때에 여호와를 섬길 것이다(33:18,

---

22) 에스겔과 호세아 역시 메시아를 "다윗"으로 부르며(겔 34:23-24; 37:24; 호 3:5) 미가는 그를 두 번째 다윗으로 묘사한다(미 5:2).
23) 히브리 사본(렘 33:16)은 동일한 호칭을 회복된 종말론적 예루살렘에 적용한다.

21-22). 레위지파에 대한 약속을 성취함에 있어서 그들은 여호와 앞에서 결코 "끊어지지 아니"하며 "번제를 드리며 소제를 사르며 다른 제를 항상 드릴" 것이다(33:18).[24] 다윗의 후손과 마찬가지로 여호와께서는 아브라함 언약의 셀 수 없는 후손에 관한 모티프를 종말론적 레위 제사장직에도 적용하신다(33:22).

⑤ 새 언약

새 언약에 대한 약속은 예레미야가 제시한 이스라엘의 미래적 회복의 핵심이다(31:31-37; cf. 32:40; 50:5). 이것은 모세 시대에 세워진 옛 언약과 다르며 그것을 능가한다는 점에서 새로운 언약이다. 옛 언약에서 "이스라엘의 남편"으로서 하나님은 자기 백성들의 충성을 요구하였으나 그들은 그의 주권에 반역하고 그의 명령에 순종하지 않았다. 그러나 남북의 지파가 다시 모여 형성한 단일국가와 새로운 언약을 맺으시면서 하나님은 그들이 이전에 범한 죄를 용서하실 것이다. 그는 다시 한번 그들의 헌신을 요구할 것이며 그러나 이번에는 그들 속에 그에게 충성할 수 있는 소원과 능력을 주실 것이다. 옛 언약에서 백성들은 같은 동족에게 하나님께 순종하라고 호소해야 했다. 민족적 성향이 하나님으로부터 떠나려는 경향이 있었기 때문이다. 그러나 장차 올 시대에는 이러한 호소가 필요치 않다. 모든 이스라엘은 여호와를 경외하는 마음과(32:40) 그를 따를 수 있는 힘을 받을 것이기 때문이다.[25] 모세가 오래 전에 예언한 대로(신 30:6) 백성들의 마음은 변화할

---

[24] 33:21에 언급된 언약의 정체성이나 기원은 분명하지 않다. 아론 시대에 레위인과 맺은 "소금 언약"(민 18:19)은 예레미야가 언급한 언약보다 제한적인 영역을 가진 듯 하다. 느헤미야 13:29 및 말라기 2:4-5은 하나님과 레위 사람들 사이에 언약에 대해 언급한다. 이 언약은 순종적 사역에 대한 축복을 보장한다. 이것이 예레미야의 언급한 언약인지는 분명하지 않다. 후자는 하나님의 약속에 초점을 맞추며 신적 축복의 근거로서 제사장의 의무에 대해서는 언급하지 않기 때문이다. 또 하나의 가능성은 싯딤에서 이스라엘이 도덕적 타락에 빠졌을 때 하나님에 대한 비느하스의 열정적 헌신에 대한 보상으로 주어진 영원한 제사장직에 대한 무조건적 언약이다(민 25:1-13). 그러나 이 약속은 비느하스와 맺은 언약일 뿐이며 전체 레위 지파에 관한 것은 아니다.

[25] 22:16에서와 같이 31:34에서 "알다"라는 동사는 "주권을 인정하다"라는 관용적, 언약적 의미를 가진다(각주 2 참조).

것이다. 여호와의 요구는 말하자면 돌비가 아니라 "그들의 마음에" 새겨질 것이다(신 6:6). 이와 같이 충성스러운 미래적 세대는 예레미야의 악한 동시대인들과 뚜렷한 대조를 보일 것이다. 그들의 마음은 죄로 새겨졌으며(렘 17:1) 악에 젖어 있다(cf. 13:23).

새 언약은 하나님께서 자기 백성들을 다시는 버리지 않으실 것이라는 약속을 포함한다. 이 약속은 하나님께서 규정하신 자연의 법칙이 변치 않음과 한없이 광대한 우주를 유한한 인간이 측량할 수 없음 같이 확실하다(31:35-37).

2) 하나님과 열방들

여호와는 인간이 만든 신들과 비교할 수 없는, 열방의 주권적 통치자이시다(19:6-15). 따라서 그의 선지자 예레미야의 사명은 유다의 경계를 넘어서는 것이었다. 여호와께서는 예레미야를 부르시며 "보라 내가 오늘날 너를 열방 만국 위에 세우고 너로 뽑으며 파괴하며 파멸하며 넘어뜨리며 건설하며 심게 하였느니라"(1:10)고 말씀하셨다. 열방에 대한 예레미야의 신탁은 주로 심판에 관한 메시지로서 하나님의 백성들에게 자신의 절대적 주권을 상기시키며, 이방 나라와의 동맹을 의지하지 말라는 경고와 함께 결국은 대적들 앞에서 그들을 인정해 주실 것을 보장하신다.

(1) 우주적 심판

하나님의 심판은 먼저 유다에게 임하겠지만 결국은 애굽과 바벨론 등 열강을 비롯한 모든 주변국들에게로 확산될 것이다(25:15-38). 열방은 마치 술집 식탁에 둘러 앉아 있는 일단의 무리와 같다. 각 나라는 순서대로 하나님의 진노의 잔을 마실 것이며 결국에는 모든 나라가 취하여 비틀거리며 토할 것이다. 우는 사자와 같이 여호와께서는 그들을 공격할 것이며 그들의 목자(아마도 그들의 지도자)는 그의 진노와 권세 앞에 망할 것이다.

유다와 같이 열방 가운데 일부는 할례의 관습을 행할 것이다. 이러한 행위는 아브라함 언약의 표시라는 사실 때문에 이 할례가 이방 사람들을 포함하여 많은 사람들에게 하나님의 특별한 지위를 부여하고 그의 진노를 면하게 해 줄 것이라고 생각하는 사람도 있다. 그러나 여호와의 말씀은 분명히 그렇지 않다. 자신의 언약 백성들을 포함하여 육체적 할례를 행하는 자는 하나님 보시기에 진정한 할례를 받은 것이 아니다(9:25-26). 여호와께서는 그들을 심판할 것이다. 그들의 반역적 태도와 행동은 그들이 "육체적 할례"만 받았을 뿐이며 "마음의 할례"는 받지 않았다는 사실을 보여주기 때문이다.

(2) 애굽에 대한 심판

여호와의 심판은 예루살렘 함락을 전(2:18, 36) 후(42:14)하여 유다 백성들이 그토록 신뢰하던 애굽에 임할 것이다. 여호와께서는 느부갓네살과 바벨론 군대를 심판의 도구로 사용하시어(43:10; 44:30; 46:13, 26) 애굽의 권세와 영광을 멸하실 것이다. 비록 애굽은 군사적 힘과 세계 정복의 야망을 가지고 있었으나(46:8) 여호와의 "원수 갚는 보수일"에 견디지 못할 것이다. 하나님의 칼은 대적의 피로 물들일 것이며(46:10), 바로와 그의 신 아몬은 여호와의 징벌을 면치 못할 것이다(46:25). 다가올 운명을 생각하면 하나님의 백성들이 애굽을 신뢰한 것은 지극히 어리석은 일이었다. 여호와께서는 결국 애굽의 도움 없이 자기 백성들을 구원하시고 회복하실 것이다(cf. 46:27-28).

(3) 주변국에 대한 심판

하나님은 또한 블레셋(47:1-7), 모압(48:1-47), 암몬(49:1-6) 및 에돔(49:7-22)을 심판하실 것이다. 이들은 교만하고 자고하며(48:7, 29; 49:4, 16), 유다가 하나님의 징계를 당할 때에 그들을 조롱하고 약탈하였다(48:26-27, 42; 49:2).[26] 외국의 군대는 이들 나라를 침략하여 피로 물들일 것이다.[27] 이들 신탁(특히 모압에 대한 긴 신탁)에 등장하는 많은 지리적 언급은 그들이 철저한 패배를 당할 것이라는 사실을 강조한다.

---

26) 블레셋과 에돔에 대한 신탁은 하나님의 백성들에 대한 이들 나라의 대적 행위에 대해 구체적으로 언급하지 않으나 다른 선지자들은 그들이 예루살렘 함락 때 유다 백성들을 약탈하였다고 말한다(cf. 욜 3:4-6; 옵 10-14절).

침략하는 군대에 관한 여러 가지 암시에도 불구하고 신탁은 이들 나라에 대한 심판에 있어서 하나님의 직접적인 개입하심을 강조한다. 여호와께서는 블레셋에 대한 침략을 직접 명령하셨으며(47:7), 자신의 칼로 그들을 멸하실 것이다(47:4, 6). 여호와께서는 모압의 함락을 선언하셨으며(48:8), 대적의 군대를 그들에게 보내실 것이다(48:12). 그는 모압의 그모스신 숭배를 끊으시고(48:35) 백성들로 하여금 그들의 신이 쫓겨남으로 인해 수치를 당하게 하실 것이다(48:7, 13). 여호와께서는 모압을 흩으시고 그들을 재미없는 그릇같이 만드실 것이다(48:38). 그는 암몬 자손에게 전쟁 소리를 발할 것이며(49:2) 그들에게 두려움을 주실 것이다(49:5). 그는 에돔에 재앙을 임하게 하실 것이며(49:8), 그들의 비밀한 곳들을 드러내시고(49:10), 주요 성읍 가운데 하나를 황폐화시키시며(49:13) 높은 보금자리에서 끌어 내리시고(49:15-16) 자신의 계획에 따라 사자와 같이 그들을 공격하실 것이다(49:19-20).

(4) 먼 나라에 대한 심판

하나님은 아람의 다메섹과 하맛과 아르밧을 심판하실 것이며, 그달과 하솔의 아랍 민족과 엘람을 심판하실 것이다.[28] 이들 나라에 대한 구체적인 고발의 내용은 언급되지 않았으나 열방에 대한 여호와의 일반적 책망(25:31)이 적용된다고 볼 수 있다. 이들 왕국의 멸망(특히 엘람에 대한 신탁)에는 하나님의 개입하심이 다시 한번 강조된다. 여호와께서는 다메섹의 성벽에 불을 놓으시고(49:27; cf. 암 1:4) 아랍을 사면에 흩으실 것이다(렘 49:32). 엘람에 대한 신탁에는 여호와의 1인칭 선언으로 시작되는 7개의 연속적인 시적 구절이 제시된다(49:35-38, "[내가] 활을 꺾을 것이요... [내가] 이르게 하여... [내가] 흩으리니... [내가] 놀라게 할 것이며... [내가] 진노를 그 위에

---

27) 블레셋에 대한 신탁을 제외하면 여호와의 심판의 도구에 관한 구체적 언급은 없다. 바로의 가사 침공에 관해 언급한, 블레셋에 대한 메시지의 서두는 애굽의 침공에 의해 적어도 부분적으로는 이 신탁이 성취되었음을 보여준다. 그러나 물이 "북방에서 일어" 날 것이라는 언급(47:2)은 바벨론 역시 여호와께서 선언하신 심판을 수행할 도구로 사용되었음을 보여준다.
28) 오직 아랍 종족에 대한 신탁만이 느부갓네살을 여호와의 심판의 도구로 규정한다(49:28, 30).

내릴 것이며... [내가] 칼을 보내어... [내가] 나의 위를 베풀고..."). 마지막 두 단위는 두 행 모두에 1인칭 동사형식을 포함한다("내가 또 그 뒤로 칼을 보내어... 진멸하기까지 할 것이라"[49:37b]; "내가 나의 위를 그 위에 베풀고... 멸하리라"[49:38]).

(5) 바벨론에 대한 심판

이들 나라에 대한 여호와의 심판은 강력한 바벨론 제국의 몰락과 함께 절정에 달한다. 바벨론은 "여호와의 수중의... 금잔"(51:7)이다. 여호와께서는 그것으로 유다와 근동의 모든 나라들로 그의 진노에 취하게 할 것이다. 그러나 여호와께서는 바벨론이 그의 심판의 잔을 마실 날을 제시하신다(51:39).

북방에서 일어난 바벨론의 무리는 유다를 침공하여 팔레스타인 온 땅을 공포와 파멸의 도가니로 몰아넣었다. 그러나 이제 바벨론은 정체를 알 수 없는 한 북방 나라의 침략을 받아 황폐케 될 것이다(50:3, 9, 41; 51:48). 메대는 북쪽의 아라랏과 민니와 아스그나스 등 동맹국들과 함께 메뚜기 떼와 같이 바벨론을 쳐서 한때 막강한 힘을 자랑하던 바벨론 용사들의 마음을 두려움으로 떨게 할 것이다(51:11; 27-32). 바벨론은 소돔과 고모라와 같이(50:40) 황폐화 되고 거민도 찾아볼 수 없게 될 것이다(50:3, 12-13, 39; 51:26, 37, 43). 그날에는 벨과 마르둑을 포함하여 그들이 섬기는 우상 신들이 만물의 창조주이신 하나님의 진노의 심판 앞에 수치를 당할 것이다(50:2, 38; 51:15-19, 44, 47, 52).

[바벨론의 멸망에 관한 주석]
예레미야 50-51장에는 바사에 대한 언급이 구체적으로 제시되지 않지만 메대에 대한 언급은 본문이 주전 539년의 메대-바사 제국에 의한 바벨론 정복을 가리키고 있음을 알 수 있다. 그러나 바벨론의 멸망과 황폐화에 대한 묘사는 그것에 일치하는 역사적 사건을 찾기 어렵다. 고레스의 바벨론 정복은 비교적 순조롭게 진행되었으며 일부 백성들로부터는 환영

을 받기까지 하였다. 이 성은 예레미야의 묘사와 같은 방식으로 망하지 않았다. 이와 같이 분명한 예언적 오차에 대해 어떻게 설명할 수 있는가? 바벨론 함락에 관한 묘사는 판에 박힌 틀과 같이 전형적이며 다소 과장된 것으로 설명할 수도 있을 것이다. 이 경우 주전 539년의 갈대아 제국의 종말은 시적, 과장법적 이미지를 충족할 것이다. 그러나 바벨론 함락에 관한 묘사는 이러한 역사적 사건을 초월하여 하나님을 대적하는 나라들에 대한 마지막 심판을 예고하는 것처럼 보인다. 이 경우 역사적 도시 바벨론은 상징적 가치를 지니며 종말론적 세력을 포함한 모든 대적을 대표하게 된다. 자세한 내용에 관해서는 이사야 13-14장을 참조하기 바란다.

앞선 신탁에서와 같이 이 신탁의 강조점도 여호와께서 바벨론의 멸망에 직접 개입하신다는 사실에 맞추어진다. 그는 이들을 보수하시기를 원하시기 때문에(50:15, 28; 51:6, 11, 36) 바벨론의 함락을 경영하시고 그것을 엄숙히 선언하신다(50:45; 51:12, 14, 29). 여호와께서는 북쪽의 군대를 심판의 도구로 사용하신다. 그는 그들의 마음을 일으켜 공식적으로 이러한 사명을 맡기신다(50:9; 51:1-2, 11, 20-23, 53). 이들 군대에 대한 자세한 언급이 있을지라도(50:41-42), 그 배후에서 역사하시는 분은 여호와시며 그는 부르짖는 사자와 같이 바벨론을 쳐서 그들을 멸하실 것이다(50:25, 44; 51:24-25, 39-40, 47, 52, 55-57).

바벨론이 멸망당한 가장 큰 이유는 하나님을 교만하게 대적하였기 때문이다(50:11, 14, 24, 29-32). 이러한 대적 행위는 하나님의 백성들에 대한 바벨론의 학대 행위(50:11, 17-18, 33, 51:24, 34-35, 49)와 하나님의 성전에 대한 경외심이 없었다는 사실에서 가시적으로 드러난다(51:11). 앞서 포악한 앗수르 군대와 같이 바벨론 사람들도 힘센 사자와 같이 다가와서 하나님의 백성들의 뼈를 꺾었다(50:17). 느부갓네살은 마치 뱀이 먹이를 삼키듯 유다를 삼켜버렸다(51:35). 바벨론은 패배 당한 하나님의 백성들을 보고 즐기며 그들의 재물을 탈취하면서 마치 곡식을 가는 송아지와 힘센 말과 같이 행동하였다(50:11). 그들은 하나님의 백성들에 대한 잔인한 학대로 인해 심판을 받아 마땅한 자들이었다(51:24, 49).

바벨론의 멸망은 포로 된 하나님의 백성들에게 구원을 가져다 줄 것이다. 여호와께서는 그들을 사로잡은 자들의 손에서 풀어주실 것이다(50:33-34). 이것은 하나님께서 그들을 버리지 않았다는 사실과(51:5), 그들의 의를 드러내시는 일에 관심을 갖고 있음을 보여준다(51:10-11). 포로지에서 풀려난 백성들은 예루살렘으로 돌아갈 것이며(51:50) 여호와의 새로운 은총을 경험할 것이다(50:4-5, 20).

바벨론의 멸망을 강조하기 위해 예레미야는 그곳의 포로들에게 그 성의 심판에 관한 말씀을 전한다(51:59-64). 그는 하나님의 심판에 관한 말씀을 기록한 두루마리를 바벨론에 보낸다. 그는 이 두루마리를 바벨론으로 가져간 네리야의 아들 스라야에게 그것을 포로들 앞에서 읽고 짧게 기도한 후 두루마리에 돌을 묶어 유브라데 강에 던지라고 명하였다. 이 때 스라야는 "바벨론이 나의 재앙 내림을 인하여 이같이 침륜하고 다시 일어나지 못하리니 그들이 쇠패하리라"고 선언해야 했다.

(6) 열방에 대한 미래적 소망

예레미야서는 열방의 미래에 대해 긍정적인 언급은 거의 하지 않는다. 여호와께서는 하나님께서 예루살렘을 위해 행하신 위대하신 일을 인해 그를 찬양할 한 날에 대해 언급한다(33:9). 열방에 대한 예레미야의 신탁 가운데 네 가지에는 특별한 나라의 미래적 회복에 대한 간략한 언급이 포함된다. 애굽에 임할 재앙에도 불구하고 하나님께서는 그곳이 언젠가는 "여전히 사람 살 곳이 되리라"(46:26)고 말씀하신다. 또한 그는 모압(48:47)과 에돔(49:7)과 엘람(49:39)에 대한 "회복"에 관해 약속하셨다. 다른 신탁에는 이러한 긍정적 언급이 없다. 블레셋과 아람 국가들 및 아랍 민족에 대해서는 어떠한 긍정적 언급도 없으나 이에 대한 분명한 이유는 제시되지 않는다. 에돔과 바벨론의 경우 어떠한 미래적 소망도 언급되지 않았다는 것이 이해된다. 이들 나라의 죄악은 극히 악한 것이었다. 이들은 다른 본문에서 하나님과 그의 백성들을 대적하는 모든 세력을 대표하는 나라로 제시된다.

2. 예레미야 애가의 신학

예레미야 애가는 주전 586년 바벨론에 의한 예루살렘 함락 후에 기록되었다. 유다의 많은 사람들은 죽거나 포로로 잡혀갔다. 심판의 연기 속에 전통적으로 예레미야로 알려진 저자는 나라의 멸망을 애통해 하며, 이러한 비극의 원인이 죄 때문임을 깨닫고 하나님의 자비와 회복을 부르짖었다. 그의 기도는 모든 시대의 성도들에게 하나님의 징계를 당한 백성들이 어떻게 하나님께 나아가야 하는지를 보여준다. 본서는 신학적 논문은 아니지만 여러 가지 근본적인 신학적 통찰력을 담고 있으며, 때로는 위기 가운데서 하나님의 성품 및 백성들과의 관계에 대한 교훈을 받을 수 있음을 보여준다. 예레미야 애가의 신학적 메시지는 이렇게 요약할 수 있다: 자기 백성들을 징계하시기 위한 하나님의 심판은 혹독하지만 그것이 끝은 아니라는 것은 아니다. 심판 후에도 유다를 사랑하고 긍휼히 여기며 신실하게 대하시는 하나님은 여전히 이 나라의 미래적 회복에 대한 소망의 근원으로 남으신다.

1) 하나님의 진노의 심판
(1) 심판자로서의 하나님

바벨론의 군대가 나라를 침략하여 예루살렘을 파괴하였을 때 예레미야 애가의 저자는 그들이 하나님의 진노의 도구에 지나지 않는다는 사실을 알았다(1:14-15). 그는 거듭해서 여호와 자신이 이 재앙을 선포하시고(1:17;

2:17; 3:37-38) 보내셨다고 말한다(1:5, 12-15; 2:1-8; 3:1, 43-45; 4:11). 여호와는 열방의 대적이 되시고(2:4-5) "여호와께서 진노하신 날"이 그들에게도 임할 것이다(1:12).

2:17에 따르면 이러한 신적 심판은 이미 오래 전에 선언된 것이기 때문에 하나님의 백성들에게 놀라움이 되어서는 안 된다. 이러한 경고와 함께 하나님께서 모세로부터 시작하여(레 26장; 신 28장)예레미야와 포로기 이후 선지자들에게서 절정을 이루는 이스라엘의 역사에서 그의 선지자들을 구원하셨다는 내용이 언급된다. 선지자의 기본적 메시지는 모세 시대와 달라지지 않았다. 즉, 순종은 평안과 번성이라는 하나님의 축복을 가져오며, 불순종은 가뭄과 침략과 패배와 포로라는 신적 저주를 가져온다는 것이다. 유다는 죄로 인해 언약의 저주를 당한 것이다.

저자는 하나님을 심판자로 묘사하면서 여호와의 진노하심(1:12; 2:6)과 그것이 가져오는 파괴적 결과를 강조한다. 그는 다양한 은유를 통해 여호와의 심판을 불에 삼킴(1:13; 2:3), 사냥꾼의 그물에 걸림(1:13), 술틀에 밟으심(1:15), 화살에 맞음(2:4; 3:12-13), 질병에 의한 고통(3:4), 흑암에 갇힘(3:2, 6-8), 맹수에 찢김(3:10-11) 및 흙에 묻힘(3:16) 등에 비유한다.

(2) 심판의 결과

긍휼을 간구하는 자신에 대한 하나님의 긍정적인 반응을 이끌어내기 위해 저자는 예루살렘과 나라가 당하는 고통에 대해 생생하고 자세하게 묘사한다. 예루살렘은 한때 특별한 지위를 누렸으나 이제는 패배의 수치를 당하고 있다. 시온의 노래는 이 성읍을 "온전한 영광", "천하의 희락"으로 불렀으나(2:15; cf. 시 50:2 및 48:2), 이제 대적들은 이 성의 몰락을 조롱하고 모욕하였다(애 1:7; 2:15-16). 한때는 공주와도 같았던 성읍은 이제 종과 같이 되었으며(1:1) 과부와 같아서(1:1) 아무도 위로할 자가 없다(1:16-17, 21). 자식들은 한때 정금과 같이 여김을 받았으나 이제는 질항아리 같은 취급을 받았다(4:1-2). 예루살렘과 나라 전체는 잔학 행위가 넘쳐 났다. 많은 사람들은 칼에 죽거나(2:21; 4:9) 포로가 되어 잡혀갔다(1:3, 5, 18). 여자들은 욕을 당하고(5:11),[29] 지도자들은 공개적인 수치를 당하였으며(5:12), 소년들은 고된 노동을 감당해야 했다(5:13). 불행히도 살아 남은 아이들은 굶주림으로 서서히 죽어갔으며(1:11, 19; 2:11-12, 19; 4:9; 5:9) 심지어 자식을 잡아먹는 사람도 있었다(2:20; 4:10; cf. 신 28:53-57). 백성들은 고대 사회에서 경제적으로 가장 빈곤한 계층인 고아와 과부나 같았다(애 5:3). 하나님은 더 이상 그들의 기도를 듣지 않으시며(3:44), 다른 나라들로부터 "진개와 폐물"과 같은 여김을 받았다(3:45). 어떤 면에서 그들에 대한 심판은 소돔보다 심한 것이었다. 범죄한 고대의 성읍은 적어도 갑자기 재가 되어 천천히 고통스럽게 죽지는 않았기 때문이다(4:6).

나라를 지탱해온 종교적 행정적 제도들은 엉망이 되고 말았다. 종교적 절기는 중단되고(1:4; 2:6), 이방 군대는 성전을 짓밟았으며(1:10; 2:7), 제사장과 선지자들을 살해하였다(2:20). 선지자들을 통한 묵시는 끊어졌다(2:9).[30] 이것은 선지자들의 거짓 메시지를 신뢰하던 백성들에 대한 응분의 조치였다(2:14). 백성의 지도자들은 수치를 당하였으며(4:7-8; 5:12) 포로로 잡혀갔다(2:9). 다윗계열의 왕도 포로로 잡혀갔다(4:20).[31]

(3) 심판의 이유

저자는 유다를 정당화하거나 하나님을 불의하다고 하지 않는다. 그는 유다에 대한 심판은 그들의 죄와 반역으로 인해 마땅한 것이라고 생각하였다.

---

29) 5:11의 평행은 히브리 시적 기법에서 흔히 볼 수 있는 강조형의 한 예이다. 첫 번째 행은 끔찍한 상황에 대해 묘사한다. 여인들은 이 나라의 수도에서 욕을 당하였다. 그러나 두 번째 행은 처녀들마저 예루살렘뿐만 아니라 전국에서 욕을 당하는, 보다 악한 상황을 묘사함으로 첫 번째 행을 강조한다.
30) 예레미야는 여기서 제외된다. 그의 예루살렘 사역은 성이 함락되기 전까지였으며 성이 함락된 직후 그는 타의에 의해 일단의 유다 난민들과 함께 애굽으로 갔던 것이다.
31) 본문은 시드기야에 대한 언급이다. 그는 예루살렘에서 도망하다가 잡혀 자식들의 처형을 목도하고 두 눈이 뽑힌 채 바벨론으로 이송되어 감옥에서 지냈다(왕하 25:4-7; 렘 52:7-11).

예루살렘의 "많은 죄"(1:5, 22)는 마치 여성이 경도 때 부정한 것처럼(cf. 레 15:19-20, 24-26; 18:19; 겔 22:10, 이들 본문은 "불결한"[애 1:8]과 동일한 단어를 사용한다) 이 성읍을 "불결한 자"로 만들었다(1:8-9). 유다의 죄는 여호와에 대한 반역임이 세 번이나 언급된다(1:18, 20; 3:42). 하나님은 의롭고(1:18), 공의롭기 때문에(3:34-36), 그의 심판에 대한 불평은 부적절하다(3:39).[32]

저자는 몇 가지 죄에 대해 구체적으로 지적한다. 그는 유다 사회에 만연했던 불의(3:34-36)와 이방 나라를 의지한 잘못(4:17)에 대해 시사한다. 그는 일부 선지자와 제사장들의 잘못된 행위에 대해 지적하고(4:13) 백성들의 마음을 미혹하였던 거짓 선지자들의 어리석은 묵시에 대해 언급하였다(2:14).

거짓 선지자들의 희망적 메시지의 근거는 시온의 불가침성에 관한 믿음에 근거한다. 즉 예루살렘은 하나님이 거처하는 곳이기 때문에 절대로 망하지 않는다는 것이다(cf. 4:12, 본문은 이러한 주장을 암시한다). 예루살렘의 불가침성은 시온의 노래(cf. 시 46, 48, 76편)에 제시된 신학적 개념이다. 이것이 거짓 선지자들에 의해 왜곡되었던 것이다. 그들은 이 사상을 무조건적 약속으로 바꾸고 그것의 성취를 위한 도덕적-윤리적 요구사항에 대해서는 무시했던 것이다. 주전 586년의 예루살렘의 함락은 그들의 잘못된 안전의식을 드러내 주며 다음과 같은 성경의 신학적 진리를 제시한다. 범죄하고 패역한 백성들은 겉으로는 언약 공동체와 하나님의 약속에 속한 것처럼 보일지라도 그의 보호를 받을 수 없다는 것이다.

2) 회복에 대한 소망

하나님의 무서운 심판과 예루살렘과 백성들의 비극적인 상황에도 불구하

---

32) 3:39의 "원망하다"로 번역된 단어('ānan)는 저자가 본서에서 표현하고 있는 애가에 대한 언급이 아니다. 이 동사는 이곳 외에 신명기 11:1에만 나타난다. 본문은 이스라엘이 광야에서 하나님을 원망하는 내용이다. 이러한 원망은 그의 진노를 사게 되어 백성들에 대한 심판을 가져왔다. 애가 3:39에서 이 동사는 아마도 하나님에 대한 불의한 주장에 대한 고발로 보인다.

고 미래적 소망은 포기 되지 않았다(3:21). 유다의 하나님은 영원한 왕이시며(5:19), "전능하신" 하나님이시다(3:35, 38). 그는 하늘에 계시며(3:41, 50, 66) 인간사에 주권적 통치권을 행사하신다. 유다의 운명은 그의 손에 달려 있다. 그가 원하면 유다는 다시 한번 그의 축복을 누릴 수 있다. 하나님의 심판에 대한 적절한 반응은 그의 은총을 회복하기 위한 진정한 회개와 기도이다(3:40-42; 5:21).

백성들의 존재 자체는 하나의 긍정적인 표식이다. 여호와께서는 그 나라를 완전히 멸하실 수 있었으나 심판의 와중에 일부를 남겨 두셨다. 저자는 이것을 하나님의 자비와 긍휼과 성실로 표현한다(3:22-23). "긍휼"로 번역된 단어는 백성들의 필요에 대한 하나님의 감정적 반응에 초점을 맞춘다.[33] "자비"나 "성실"로 번역된 단어는 의미상 매우 밀접한 관계에 있다.[34] 이들은 자기 백성들 및 그들에게 하신 약속에 대한 하나님의 신실하심을 보여준다. 그는 아브라함과 다윗에 대한 언약을 통해 비록 백성들의 반역적 태도가 이러한 결속을 깨더라도 이것을 지키실 것임을 보여주었다. 여호와께서는 죄인들을 징계하시고 행악자들을 언약 공동체로부터 제거해야 하지만, 결국은 이 나라에 대한 그의 이상이 성취될 것이다.

하나님의 헌신과 긍휼의 샘은 마르지 않으며, 날마다 자기 백성들의 필요를 공급하시는 것을 확신하였던 저자는 하나님에 대한 신뢰를 고백한다. 그는 여호와께서 그의 "기업"이심을 고백하고, 그는 "구하는 영혼에게 선을 베푸시는" 것을 알았기에 그의 구원을 믿음으로 "기다릴" 것이라고 선언한다(3:24-26). 저자는 "기업"이란 은유를 통해 여호와를 삶의 터전인 토지를 나누는 자에 비유한다(cf. 시 16:5-6; 73:26; 119:57; 142:5).

---

33) 인간의 영역에서 *raḥămîm*이라는 단어는 요셉이 동생 베냐민에 대해 느끼는 감정 (cf. 창 43:30, 본문에서 NIV의 "마음이 타는 듯 하므로"는 문자적으로 "그의 긍휼이 움직였다"이다)이나 어머니가 아기에 대해 느끼는 감정(왕상 3:26)을 묘사한다.
34) *ḥesed*나 ' *ĕmûnâ* 시편 89:24; 92:2; 98:3 및 호세아 2:19-20에도 나타난다.

이러한 저자의 확신은 고난과 징계에 관한 적절한 관점을 주었다. 그는 "사람이 젊었을 때에 멍에를 메는 것이 좋으니 혼자 앉아서 잠잠할 것은 주께서 그것을 메우셨음이라"(3:27-28)고 선언히였다. 그는 여호와의 징계가 독단적이거나 영원한 것이 아님을 알았기에 이런 말을 할 수 있었다(3:31-39). 여호와께서는 고난을 기뻐아니하실지라도 그의 공의는 죄에 대한 심판을 요구한다. 이러한 징계가 찾아올 때 그것을 원망 없이 받아들여야 하며(3:28-30, 39) 회개함으로 여호와께 돌아가야 한다(3:40-42).

3) 대적에 대한 보응

저자는 하나님의 공의로우신 속성을 믿었기 때문에 대적에게 보응해 달라는 기도를 하나님께 드릴 수 있었다. 유다의 멸망은 하나님의 뜻에 의한 것이었지만 주변국 백성들은 교만하게 이 나라의 비극적 멸망을 기뻐하였으며(1:21; 3:63), 그들의 불리한 처지를 이용하였다(3:52-54). 특히 에돔은 유다의 패망을 기뻐하였으며(4:21) 그들의 약점을 이용하였다(cf. 시 137:7; 옵 10-14절). 저자는 파괴적 저주(또는 공식적 심판의 선언)를 통해(3:65-66) 유다의 대적이 행한 만행을 갚아달라고 구한다(1:21-22; 3:64).[35] 에돔은 유다의 멸망을 기뻐하였으나 언젠가 상황은 반전될 것이다(4:21-22). 유다의 고난과 포로 시대는 끝이 올 것이나 에돔은 자신의 죄로 심판을 받을 것이다. 에돔은 심판의 잔을 마시게 될 것이며 마치 술에 취해 벌거벗은 자와 같이 그의 수치가 드러날 것이다.[36]

---

[35] 애가 3:65a에 대한 번역이나 해석은 분명하지 않다. NIV가 "veil"로 번역한 단어 ($m^e ginnāh$)는 본문에만 나타난다. 이 단어를 "덮다"나 "가리다"라는 뜻으로 생각하여 심판에 앞서 하나님께서 마음을 완고하게 하심으로 해석하기도 한다. 예를 들어 R. K. Harrison, *Jeremiah and Lamentations* (Leicester: Inter Varsity, 1973), p. 232를 참조하라. 다른 사람들은 "분노하다"나 "혼란하다"로 해석하기도 한다(cf. Delbert R Hillers, *Lamentations, Anchor Bible* [Garden City, N. Y.: Doubleday, 1972], pp. 53, 60.

[36] 심판을 독한 술에 취한 자에 비유하는 것은 선지자의 언급에서 흔한 일이다(관련 본문에 대해서는 Hillers, *Lamentations*, p. 93을 참조하라). 이것은 아마도 심판의 결과 가운데 하나(혼돈)가 술 취한 자의 비틀거림과 비슷하기 때문일 것이다. 노출에 관한 모티프는 하박국 2:15-16에 언급된 술 취한 모티브와 연결된다.

Ⅲ
에스겔 및 다니엘의 신학
-A Theology of Ezekiel and Daniel-
by Eugene H. Merrill

1. 에스겔의 신학

포로시대의 위대한 선지자 에스겔은 자신의 연대 산정에 따라 주전 592년에서 570년 사이에 재앙과 위로의 메시지를 전했다.[1] 그는 주전 598년에 있었던 2차 유배시 포로로 잡혀갔으며 그발강 근처 메소포타미아에서 여생을 보내었다.[2] 그는 오직 이상을 통해서만 가끔 자신의 고국으로 돌아가며, 그곳에서 자기 백성들이 언약적 책임에 실패하는 비극적인 모습을 본다. 이러한 실패로 주전 586년에 예루살렘이 함락되고 그들은 세 번째이자 마지막 유배를 맞게 된다.

제사장이자 선지자로서 에스겔은 특히 이스라엘과 여호와의 특별한 관계를 보여주는 성전과 제의에 대해 관심이 많았다. 그는 신현을 통해 여호와를 만난다. 예루살렘의 종교 지도자들이 예배의 본질과 형식을 왜곡하였다고 통렬히 비난하며, 거룩한 성전 안에서조차 우상숭배가 있었음을 개탄하

---

1) 각각 에스겔 1:1-2 및 29:17을 참조하라. Anthony D. York, "Ezekiel I: Inaugural and Restoration Visions?" *Vetus Testamentum* 27 (1977): 82, 92-93는 이 입장을 지지한다. 그러나 York는 실제로 예언이 종료된 시기를 주전 567년으로 생각한다.
2) 히브리어 *neharkebaār*(그발강)는 바벨론의 *nār kabari*와 오늘날 *šaṭṭem-nîl*을 반영하며, 바벨론 동쪽 유브라데로부터 시작하여 니푸르를 거쳐 다시 유브라데로 돌아간다. Walther Zimmerli, *A Commentary on the Book of the Prophet Ezekiel, Chapters 11-24* (Philadelphia: Fortress, 1979), p. 112를 참조하라.

며, 여호와의 영광이 성전에서 떠난 것에 대해 그가 그 땅을 떠난 것이자 그와 자기 백성 사이의 언약을 결렬시킨 것으로 보았다. 한편으로 그는 이스라엘의 종말론적 회복을 성전 재건과 관련된 용어로 묘사한다.

유다 왕국의 붕괴로 인해 야기된 다윗왕조의 지속에 대한 좌절은 아브라함과 다윗에 대한 여호와의 무조건적 언약이 포로기 이후 시대에 성취되어야 함을 보여준다. 그러나 바벨론이나 바사와 같이 막강한 제국이 동시에 출현함으로 유다가 정상적인 방법이나 역사의 흐름을 통해서는 이전에 누리던 다윗과 솔로몬의 영광을 다시 회복하기도 어려워 보였다. 그들에게 필요한 것은 다윗의 후손이 통치하는 하나님의 전 세계적 왕국을 위해 인간이 세운 정부 구조의 급격한 붕괴뿐이었다. 이것은 여호와 자신에 의해 성취되어야 하며, 마지막 때 "여호와의 날"에 모든 인간의 제도는 하나님의 지배 하에 무릎을 꿇을 것이다.

이러한 지각변동을 통해 여호와의 궁극적 통치와 이스라엘 백성이 열방 위에 높이 설 것이라는 내용은 묵시에 가장 잘 어울린다.[3] 이 용어는 하나님의 목적을 달성하는 수단이나 그들을 묘사하는 문학적 형식에 대한 언급과 함께 사용되기도 한다. 무엇보다도 묵시는 역사상에 나타난 하나님의 사역(인간이 무능과 절망에 직면한 때에 필요한 사역)에 대한 보편적 영역을 제공하기 때문에 포로기와 같은 상황에서 정확히 묵시가 강조되었다는 것은 수긍이 가는 부분이다. 주전 722년 사마리아의 함락을 포함하여 이전 어떤 시대에도 언약의 약속이 이토록 위험에 처한 때는 없었다. 주전 586년까지는 그나마 성전과 다윗 왕권은 남아 있었기 때문이다. 그러나 바벨론의 침공은 이 약속의 성취가 오직 여호와의 궁극적인 승리가 나타날 종말론적 시대에만 가능할 것이라는 사실이 분명해 질 때까지 계속해서 두들겼다.

---

3) 묵시로서의 에스겔서 및 묵시적 사상의 특징이나 문학 일반에 관해서는 D. S. Russell, *The Method and Message of Jewish Apocalyptic* (Philadelphia: Westminster, 1964), pp. 89-90, 104-39를 참조하라.

따라서 에스겔서의 메시지는 주로 묵시적 형식과 이미지로 제시된다. 본질적인 묵시적 메시지가 제시된 것은 에스겔 시대에 들어와서 이지만 요엘과[4] 이사야[5] 시대에도 이러한 선구자들이 있었다. 에스겔의 동시대인으로서 그보다 젊었던 다니엘 역시 이와 같은 범주로 이스라엘의 소망을 표현하였으며, 포로기 이후의 선지자였던 스가랴도 마찬가지였다. 신약성경의 종말론에 관한 묵시는 예수님 자신의 입으로부터 나오며 요한이 밧모섬에서 본 환상을 기록한 계시록에서 결정적 승리를 발견할 수 있다.

이스라엘의 희망은 오직 여호와께 있으며 인간의 권력에 있는 것이 아니기 때문에 에스겔은 구약성경 어느 본문과도 비교할 수 없는 방식으로 여호와의 인격과 명성에 초점을 맞추었다. "너희는 내가 여호와인줄 알리라" 나 "그들이 나를 여호와인줄 알리라", 또는 이와 유사한 구절은 본서의 핵심적인 신학적 주제이다.[6] 무엇보다도 에스겔은 여호와께서 이스라엘(또는 유다)만의 하나님이 아니시라 전 세계의 하나님이심을 보여주는데 관심을 가진다. 또한 그는 하나님께서 자기 백성들과 맺은 언약적 서원에 대한 신실하심이, 그들을 의롭다고 인정하실 마지막 날에 모든 피조물에 대한 그의 주권을 드러내실 것이라는 사실에 초점을 맞춘다. 그가 역사에서 이루신 모든 사역과 오늘날 이 땅에서 이루어지는 그의 기적적 사역 및 장차 있을 그의 놀

---

4) H. W. Wolff는 "요엘서는 예언과 묵시적 종말론의 경계에 서 있다"고 했으나 요엘서의 연대를 "주전 445년에서 343년 사이"로 보았다(*A Commentary on the Books of the Prophets Joel and Amos* [Philadelphia: Fortress, 1977], pp. 12 and 5). 반면에 Douglas Stuart는 요엘서를 "묵시"로 보았으나, 이 묵시(및 요엘서)는 7세기 초에 시작되었다고 주장한다(*Hosea-Jonah*, Word Biblical Commentary, vol. 31 [Waco, Tex.: Word, 1987], pp. 225-27). 이보다 빠른 연대를 주장하는 입장에 관해서는 A. F. Kirkpatrick, *The Doctrine of the Prophets* (London: Macmillan, 1892), pp. 57-72를 참조하라.
5) 이사야 24-27장은 보편적으로 묵시로 인정된다. 그렇기 때문에 묵시의 기원을 포로기 및 포로기 이후로 보는 학자들은 본문을 이사야의 것으로 보지 않는다(Russell, *The Method and the Message of Jewish Apocalyptic*, p. 91). 본문의 이사야 저작을 지지하는 입장에 대해서는 Edward J. Young, *The Book of Isaiah*, 2 vols. (Grand Rapids: Eerdmans, 1969), 2:146-47을 참조하라.
6) Walther Zimmerli, "Knowledge of God according to the Book of Ezekiel," in *I Am Yahweh*, ed. Walter Brueggemann (Atlanta: John Knox, 1982), p. 88.

라운 영광에 대한 묘사는 모두 그가 누구시며 무슨 사역을 행하시는지를 보여줌으로 모든 사람으로 하여금 그의 주권과 유일성을 고백하게 할 것이다.

1) 하나님의 자기 계시

에스겔의 이 핵심적 주제는 본서의 서두에 해당하는 1-3장에 제시된다. 성경에 제시된 하나님의 영광에 대한 가장 놀라운 계시 가운데 하나인 본문에서 여호와께서는 여호야긴왕이 사로잡힌 지 오년(주전 592년)에 강한 묵시적 이미지를 통해 삼십대의 이 선지자에게 자신을 나타내신다. 에스겔은 해석적 말씀(1:3)과 여호와의 권능(3절)과 함께 "하나님의 이상을 내게" 보이셨다(1:1)라고 말한다.

이 세 가지 요소, 즉 이상과 말씀과 권능(또는 손)은 자신의 소명과 여호와의 자기계시에 대한 에스겔의 묘사에 자주 등장한다.[7] 이 이상 자체는 하나의 추상적 메시지이며, 말씀은 그것을 해석하며, 권능은 메시지를 효과적으로 전달하는 수단이다. 선지자에게 임한 여호와의 손은 그에 대한 여호와의 인정과 능력으로 함께 하심을 말해준다.

여호와의 현현, 즉 그가 놀라운 영광 가운데 임하심은 큰 구름의 형태를 띠게 되는데 이러한 광경은 성경 여러 곳에서 제시된다. 그러나 이러한 현현의 묵시적 요소는 에스겔에 처음 나타난다. 그들은 네 날개와 네 얼굴(사람, 사자, 소, 독수리)을 가진 유인원과 같은 모습으로 나타난다(1:4-11). 이들은 다른 본문에서는 그룹의 모습으로 제시되며(겔 10:1-14, 20) 이 생물은 보이지 않는 하나님을 나타낸다.[8] 성막에 있는 언약궤를 덮고 있었던 그룹도 이들이며(출 25:16-22) 이들은 아마도 여호와께서 좌정하고 계신다는 비유적 표현에 언급된 보좌와 수레일 것이다(시 80:1; 99:1).

---

7) H. Van Dyke Parunak, "The Literary Architecture of Ezekiel's Mar´ôt ʾElōhm," *Journal of Biblical Literature* 99 (1980): 62-66.

8) Ralph H. Alexander, "Ezekiel," in *The Expositor's Bible Commentary*, ed. Frank E. Gaebelein (Grand Rapids: Zondervan, 1986), 6:757.

그룹을 왕의 수레로 나타낸 것은 그들의 빠른 움직임(겔 1:12-14)과 어느 곳으로든 갈 수 있는 바퀴(1:15-21) 때문이다.9) 실제로 생물의 신은 바퀴 가운데 있다. 따라서 이들은 하나의 존재이다(20절). 더구나 에스겔은 나중에 이상 가운데 하나님의 영광이 마치 그룹 위에 수레를 탄 듯한 모습을 본다(10:18-19; cf. 왕하 2:11-12; 6:17).

머리 위에 있는 보좌에 앉은 "사람" 모양의 한 형상(겔 1:26)에 대한 선지자의 설명에는 보좌와 같은 본질을 가진 그룹이 제시된다(cf. 계 1:13). 형언할 수 없이 밝은 이 존재는 "여호와의 영광의 형상의 모양"(겔 1:28)으로 제시된다. 즉 그의 수레이자 보좌인 그룹 위에 좌정하신 이는 여호와이시다. 에스겔 10장의 이상에서 선지자는 "여호와의 영광이 그룹에서 올라 성전 문지방에 임하니 구름이 성전에 가득하며 여호와의 영화로운 광채가 뜰에 가득하였고"(4절)라고 하였다. 하나님의 보좌로서 이 그룹은 그들의 실체를 규명하는데 매우 중요하다.

여러 가지 상징과 함께 이 이상이 가지는 복잡성에도 불구하고 신현의 목적은 분명하다. 그것은 이스라엘의 살아계신 하나님을 제시하고 그의 놀라운 영광을 보여주는데 있다. 그들은 하나님을 대적하여 많은 죄를 범하였으며 지금도 그 때문에 포로가 되어 있다. 이제 그들은 그들이 의지하지 못하였던 이 하나님을 만나 그로부터 회복을 위해 취해야 할 다음 단계가 무엇인지를 배워야만 한다.

그러므로 이상은 말씀으로 인도한다. 단순한 신현은 비록 놀라움은 줄지라도 구속이나 심판에 관해서는 아무런 메시지도 전달하지 못한다.10) 이것을 아신 여호와께서는 자신을 언어로 계시하신다(겔 2:1-3:11). 이것이 바로

---

9) Moshe Greenberg, *Ezekiel 1-20*, The Anchor Bible (Garden City, N.Y.: Doubleday, 1983), pp. 56-58.
10) 계시로서의 말씀과 행위의 연결에 관해서는 Dale Patrick, *The Rendering of God in the Old Testament* (Philadelphia: Fortress, 1981), pp. 90-91을 참조하라.

그에게 "임한 말씀"이다(1:3; 6:1; 7:1; 12:1). 그의 메시지는 이스라엘의 두 집이 반역하였으며, 그들의 배교와 맞서야 한다는 것이다. 여호와께서는 선지자에게 애가와 애곡과 재앙(겔 2:10)의 말씀으로 채우실 것이다(2:8-3:3; cf. 계 10:8-11).

본서의 서두에서 염두에 두고 있는 독자는 예루살렘에 남아 있는 유다 백성들이 아니라 이 선지자와 함께 포로로 잡혀온 백성들이다(3:4-6; cf. 11절). 여호와께서는 그들이 그의 메시지를 받지 않을 것이라고 말씀하셨으나(3:7-9), 그럼에도 불구하고 그는 하나님의 대변인으로서 입을 벌려야 하며(2:8) 어떠한 난관에도 불구하고 신실하게 소식을 전하여야 한다.

에스겔의 능력으로 이 일을 감당하기에는 독자들의 비타협적 태도와 적대감이 지나치게 강하였다. 따라서 여호와께서는 소명과 사명을 위한 세 번째 요소를 더하였다(3:14; cf. 1:3; 8:1; 33:22; 37:1). "여호와의 손"은 항상 그의 권능을 나타낸다.[11] 이 경우 손은 선지자를 들어올려(3:12; cf. 8:3; 11:24; 40:1; 43:5) 사로잡힌 백성들의 거주지로 그를 옮겨가며(3:15) 그를 격려한다(14절). 그가 이 일과 여호와의 파숫군이 되어야 하는 부담으로 압도당하여 있을 때에(15-21절) 하나님은 다시 한번 에스겔을 들어 올려(22절) 자신의 영광을 계시하시고(23절), 말씀을 선포할 때가 되면 그의 입을 말씀으로 채우시겠다고 약속하신다(27절).

2) 이스라엘의 언약 파기

언약과 관련된 전문적 용어들은 에스겔서 본문에 가끔 등장하지만 언약의 개념은 본문 어디에나 전제되어 있다. 여호와의 영광스러운 현현에 대한 묘사는 언약의 하나님을 소개하는 역할을 한다. 이스라엘과 지구상의 모든 나라는 이 주권자 앞에 무릎을 꿇을 것이다. 이스라엘의 가증스러운 범죄는 여호와의 영광과 위엄 앞에 더욱 적나라하게 드러날 것이다(cf. 사 6:1-5). 사실상 여호와께서 이스라엘을 책망하시는 이유는 이스라엘이 패역하였다

---

11) *Theological Dictionary of the Old Testament*, s.v. by *yād*, P. R. Ackroyd, 5:418-23.

는 명백한 사실 때문이다. 이것은 언약적 사상에 있어서 핵심이 되는 용어이다(cf. 겔 2:3-5; 3:5-9, 26-27).

에스겔은 이스라엘의 언약적 불순종을 세 가지로 제시한다. 즉 매춘부와 같이 음란한 행위, 우상숭배와 배교, 그리고 율법이나 규례에 대한 위반으로서의 언약 파기이다. 그는 백성들에게 처음부터 그들의 하나님께 불순종하였음을 상기시켰다. 그들이 최근에 한 행위는 조상들이 광야에서 한 행위와 다를 바 없다(20:1-32). 선지자는 이와 같은 내용을 언약적 어조가 가득한 용어로 제시한다.

여호와께서 그들을 선택하시고(20:5) 그들의 하나님이심을 선언하신 날부터 그들은 언약의 첫 번째 두 계명을 거역하며 반역하였다(7-8절; cf. 출 20:2-6). 그때 하나님은 그들을 끊으시려 했으나 자신의 이름을 위해 그들을 사하셨다(겔 20:9). 그러나 그들은 계속해서 율법과 규례, 특히 안식일을 범하였으며, 따라서 옛 세대는 광야에서 죽었던 것이다. 그러나 젊은 세대 역시 다시 반역하였으며, 그 결과 여호와께서는 자기 백성들을 흩으시겠다고 약속하셨으며 언약의 축복을 무의미한 의식으로 바꾸셨다(23-25절). 따라서 모세로부터 예루살렘 함락까지 언약 백성들은 여호와께 순종하기를 거절하였다. 그러나 시드기야가 느부갓네살과의 조약을 파기한 대가로 징벌을 받은 것처럼(17:11-15) 이스라엘도 여호와께 불순종하였기 때문에 그 대가를 치러야 할 것이다(16-19절).

앞에서 언급한 대로 언약 파기에 관한 은유 가운데 하나는 음란이다.[12] 이 비유는 에스겔 16:1-59 및 23:1-49에서 자세히 소개된다. 전자의 본문에서 이스라엘은 아모리와 히타이트의 후손인 가나안 원주민으로 언급된다(16:3). 그들은 여호와께서 그를 긍휼히 여겨 데리고 가서 그의 아내로 삼기까지(즉 언약을 맺을 때까지[8절]) 벌거벗은 적신으로 있었다. 하나님은 그

---

[12] Walther Eichrodt, *Ezekiel: A Commentary* (Philadelphia: Westminster, 1970), pp. 210-12.

명성이 온 세상에 퍼질 때까지 그에게 화려함으로 옷 입혔다(14절). 그러나 그는 매춘부의 삶을 살며 언약을 파기하고 애굽과 앗수르와 바벨론을 비롯한 이방 연인을 쫓아다녔다(26-29절).

유다는 이것이 이스라엘에게만 해당된다고 주장할지도 모르나 에스겔은 즉시 그들도 포로로 잡혀간 자매와 조금도 다를 바 없이 범죄하였다고 지적한다. 사실 유다는 북왕국이나 심지어 남쪽의 소돔보다 더 악하였다(46절). 이스라엘의 심판을 가져온 부도덕한 관계는 유다에 대해서는 더욱 심각한 결과를 초래할 것이다.

에스겔은 두 나라를 자매로 묘사한다. 그는 이들이 애굽에서 처음부터 음란했다는 것을 훨씬 생생하게 묘사한다(23:1-3). 한 자매(사마리아)의 이름은 오홀라("그녀의 장막")이며 또 한 자매(유다)의 이름은 오홀리바("나의 장막은 그녀 안에 있다")이다. 두 이름 모두 여호와와 이스라엘, 특히 남왕국과의 언약적 관계를 보여준다.

오홀라는 앗수르와의 사랑 놀음 때문에 이미 포로로 잡혀갔다(9절). 이 사건에서 아무런 교훈도 받지 못한 오홀리바는 앗수르는 물론 바벨론도 끌어들여 여호와와의 언약을 깨고 이 이방 백성들과 동맹을 맺었다. 따라서 다시 한번 비참한 결과를 초래할 것이다. 유다는 아무런 부끄럼도 없이 온 세상에 벌거벗은 수치를 드러낼 것이며(29절), 포로로 끌려간 자매와 동일한 잔을 마실 것이다(32절). 이것은 그의 음란 때문이며 이 음란은 선지자에 의해 성전을 더럽히고 안식일을 범한 죄, 즉 언약을 완전히 위반한 행위로 설명된다.

두 번째는 우상숭배와 배교의 결과로 나타난 언약적 위반이다. 배교란 근본적으로 진리에 대한 결핍이기 때문에 두 개념은 분리될 수 없다. 구약성경 이스라엘에게 있어서 이 개념은 참되고 살아계신 하나님을 떠나 다른 신(주로 우상)을 섬기는 것을 뜻한다.

우상숭배에 관한 첫 번째 신탁에서 에스겔은 산, 언덕, 강 및 계곡 등 모든 곳에서 부정한 예배가 드려졌으며 이러한 종교적 기구들은 모두 훼파될 것이라고 예언한다(6:1-7). 그들의 가증스러운 행위는 심판을 받고 그 일에 동참한 자는 우상들 가운데서 살육을 당할 것이나 우상은 결코 그들을 보호해 주지 못할 것이다(11-14절).

이스라엘의 우상숭배는 단지 형식적인 것만이 아니라는 사실은 에스겔 14:3에서 분명히 제시된다. 본문에서 선지자는 "이 사람들이 자기 우상을 마음에 들이며"라고 말한다. 따라서 이들의 배교는 철저한 것이었다.[13] 그러나 우상숭배로부터 자신을 지켜 전심으로 여호와를 찾는 자에게는 소망이 있다(6절). 그러나 만일 그가 끝까지 패역하여 선지자로부터 자신의 배교에 대한 보장을 구한다면 여호와께서는 우상숭배자와 그들의 불신앙을 격려한 선지자를 멸하실 것이다(7-11절). 예루살렘으로 상징되는 언약 공동체의 모든 구성원은 가증스러운 악행으로 말미암아 하나님의 무서운 심판을 받게 될 것이다(22:1-5).

이와 같이 가증스러운 행위에 대한 가장 생생한 묘사는 에스겔 8:1-18이다. 본문에서 선지자는 여호와의 성전이 더럽혀졌음을 묘사한다. 그는 이상 가운데 예루살렘으로 향한다(1-3절). 그는 그곳에 있는 성전 뜰에서 "투기를 격발케 하는 우상"을 본다(3절). 이 신의 정확한 정체는 규명되지 않았으나 아세라 여신이었던 것으로 보인다.[14] 이것이 여호와께 투기를 격발케 하였다는 사실은 하나님께서 자신을 "질투하는 하나님"(cf. 출 20:3)이라고 칭한 데서도 볼 수 있다. 즉 어떤 경쟁자도 용납하지 않으시는 하나님이시

---

13) C. F. Keil 의 말처럼 "하나님은 마음이 우상에게로 향한 자가 자기를 찾는 것을 용납하지 않으신다"(*Biblical Commentary on the Prophecies of Ezekiel*, 2 vols. [Grand Rapids: Eerdmans, n. d.], p. 178).

14) Greenberg가 지적하였듯이 본문에 사용된 히브리어 단어 *semel*은 열왕기하 21:7에서 *pesel*로 나타난다. 이 본문에서는 아세라로 언급된다(*Ezekiel 1-20*, p. 168). 역대하 33:7, 15는 두 단어를 조합하여(*pesel hassemel*) 동일한 여신을 지칭한다. 이것은 므낫세가 세운 신전에 새워진 우상이다.

라는 것이다. 언약의 파기는 무엇보다도 홀로 예배를 받으시기에 합당하신 주권적 하나님에 대한 불충이라는 사실이 다시 한번 제시된다.

성전 안에서 에스겔은 여러 가지 짐승의 모습을 그린 많은 형상을 보았다(겔 8:7-13). 이들은 어떤 형상도 금한 계명을 직접적으로 위반한 것이었다(출 20:4-6). 또한 에스겔은 성전의 북면에서 여인들이 수메르-바벨론의 풍작의 신 담무스를 위해 애곡하고 있는 것을 보았다(겔 8:14-15).15) 이 일이 여호와의 전 문에서 일어났다는 것은 우상숭배가 공개적이고 뻔뻔스러울 뿐만 아니라 여호와만이 주실 수 있는 풍작의 축복을 담무스에게 돌리고 있음을 보여준다. 이런 의미에서 여호와의 이름을 망령되이 부르지 말라는 계명을 위반한 것이다. 마땅히 그에게 돌려져야 할 것들이 담무스에게로 돌아갔기 때문이다.16)

성전을 등진 유다 종교 지도자들의 태양신 숭배는 에스겔이 성전에서 본 가증한 일들에 대한 마지막 장면이다(8:16). 그들은 하나님의 창조물의 일부인 태양을 숭배함으로 안식일을 통해 하나님이 만물을 창조하신 것을 기억하라는 네 번째 계명을 위반했던 것이다(출 20:8-11).

하나님의 백성들은 그들이 지키기로 맹세한 중요한 언약적 원리들을 모두 무시함으로 스스로를 다른 신들에게 부속시켜버렸던 것이다. 그러므로 여호와께서 에스겔과 다른 선지자들을 세워 그들의 배교적 행위와 맞서게 한 것은 당연한 일이었다. 그러나 설상가상인 것은 많은 선지자들이 영적 타락의 길로 접어들었다는 사실이다. 대부분의 경우 그들은 여호와로부터 받은 메시지도 없이 스스로 그의 대변인으로 자처했던 것이다(겔 13:1-7).

---

15) 특히 Thorkild Jacobsen, *The Treasures of Darkness* (New Haven, Conn.: Yale U., 1976) pp. 47-63을 참조하라.
16) 이 해석을 뒷받침하는 것은 Brownlee가 담무스에 관한 논문("The Tammuz")이다. 이 논문은 이것이 호칭이며 따라서 여호와를 그런 호칭으로 불렀다는 것을 보여준다. 이런 점에서 여호와의 이름은 사실상 망령되이 사용된 것이다(William H. Brownlee, *Ezekiel 1-19*, Word Biblical Commentary, vol. 28 [Waco, Tex.: Word, 1986], p. 136.

그들은 이스라엘 백성들이 언약의 안전을 보장하기 위해 담을 쌓을 때에 회칠을 하며(10절), 평강이 없는 곳에 평강이 있다고 거짓으로 선언하였다(16절). 결국 이 거짓 선지자들은 허탄한 묵시와 엉터리 점과 함께 그들의 실체가 드러날 것이다. 소경을 인도하는 소경과 같이 그들은 멸망할 것이다(8-9, 17-21절).

결국 언약의 위반은 언약의 조항들에 대한 위반으로 나타났다. 여호와께서는 자기 백성들에게 "너희가 내 율례를 행치 아니하며 규례를 지키지 아니하고 너희 사면에 있는 이방인의 규례대로 행하였느니라"(11:12)고 말씀하신다. "율례"와 "규례"에 대한 언급은 이스라엘이 충성을 맹세하였던 모세 언약에 관한 본문에 제시된 다양한 조항들을 상기시킨다(출 19:8).

이들 조항에 대한 구체적인 예들은 에스겔 22:6-12에 나타난다. 본문에서 선지자는 백성들에게 살인, 부모 공경, 약하고 무시당하는 자에 대한 관심, 안식일 준수 및 음행과 관련된 법을 무시하였다고 책망한다. 그는 이 모든 것이 이스라엘이 하나님을 잊어버렸음을 보여준다고 말한다(22:12). 이런 일을 행하는 자들이 어떻게 하나님의 축복을 기대할 수 있겠는가? 그들은 여전히 이 땅이 그들의 기업이 될 것이라고 바랄 수 있는가(33:23-26)?

3) 하나님의 선언
(1) 이스라엘에 관한 선언
이스라엘의 영광스러운 주권자로서 신현을 통해 계시된 하나님은 그의 종 에스겔에게 자신과 그의 백성 사이의 언약적 관계와 이 언약의 요구에 대한 백성들의 반역적 행위에 초점을 맞추게 하셨다. 이제 이러한 언약적 불충에 대한 하나님의 반응을 자세히 살펴볼 필요가 있다. 여기에는 심판, 남은 자, 회복 및 메시아의 왕국이라는 네 가지 중요한 주제가 포함된다. 각각의 주제는 이스라엘과의 관계에만 한정된다. 계속해서 열방에 대한 하나님의 메시지가 요약 제시된다. 그들 역시 자신의 행위에 대해 하나님께 책임을 져야 하기 때문이다.

① 심판의 메시지

심판은 이스라엘의 모든 선지자들이 다루는 주제이지만 신적 보응에 대해 에스겔만큼 강력하고 풍성하게 묘사한 메시지는 없다. 더구나 여호와의 심판에 담긴 교육적인 목적을 에스겔만큼 자주 반복하는 선지자도 없다: "그들(이스라엘 및 열방)이 나를 여호와인줄 알리라." 그렇다면 심판은 보응적일뿐 아니라 구속적이기도 하다. 하나님이 심판하시는 목적은 그가 창조한 백성들을 멸하시고자 함이 아니라 그들을 창조하신 원래의 목적에 부합되도록 돌이키시기 위함이다.

에스겔이 전해야 할 첫 번째 말씀은 심판에 관한 것이다(4:1-3). 에스겔은 자신과 예루살렘성의 모습을 그린 그림 사이에 전철을 두는 모습을 연출함으로 이 성에 대한 바벨론의 포위가 임박하였다는 사실을 보여주어야 했다. 이것이 심판의 첫 번째 단계이다. 그는 이어서 좌편으로 누워 390일을 보내고 우편으로 누워 40일을 보내어야 했는데 이것은 이스라엘과 유다가 각각 하나님을 떠나 배교한 기간을 나타내며, 이렇게 함으로 그 결과로부터 벗어날 수 있는 희망을 제시한다(4:4-8).[17]

이어서 포위의 다음 단계, 즉 기근과 굶주림에 관한 내용이 제시된다(4:9-17). 이 때의 상황은 인분으로 떡을 구울 정도로 심각할 것이다. 선지자는 율법에 엄격히 금지되어 있는 부정한 일은 결코 하지 않겠노라고 반대하였다(4:14; cf. 레 11장; 행 10:14). 그러나 여호와께서는 그를 달래시며 인분 대신 쇠똥을 사용하도록 허락하신다. 이것 역시 깨끗지 못하기는 마찬가지였으나 비교적 덜한 것이었다. 요점은 명백하다. 심판은 피할 수 없으

---

17) 이 수치에 관해서는 지금까지 해결되지 않고 있다. 390과 40이라는 수치를 이 신탁이 있었던 592년이나 예루살렘이 멸망한 586년에 단순합산하면 특별한 결과를 얻지 못한다. 각각을 더한 두 수치는 982(390+592)년과 976(390+586)년이다. 두 수치 모두 특별한 의미가 없다. 632(40+592)년이나 626(40+586)년도 마찬가지이다. 아마도 이 수치의 의미는 Zimmerli가 주장한 대로 390과 40을 더한 430을 이스라엘이 애굽에서 체류한 430년으로 보는 방법일 것이다(*Ezekiel*, p. 167). 그러나 이 방법 역시 390과 40이 가지는 각각의 의미를 여전히 규명하지 못한다.

며 심각할 것이나, 심판의 와중에서도 긍휼을 베푸시기를 기뻐하시는 하나님께 소망을 두어야 한다는 것이다.

심판은 예루살렘 성에 대한 포위로부터 그것의 멸망으로 이어진다. 이 일은 잘 아는 대로 주전 586년에 발생하며 불과 칼이 난무하고 포로가 되는 수모를 당할 것이다. 하나님의 진노를 수행할 인간 대리인은 바벨론 왕 느부갓네살이다. 그는 종종 자신의 군대를 이끌고 서쪽으로 진출하다가 사령관 느브사라단을 통해 최종적으로 예루살렘을 포위하고 그것을 함락시켰던 것이다. 에스겔서에서는 이 장면이 21장의 주제로 제시된다. 본문에서 여호와께서는 바벨론왕을 그의 "칼"이라고 구체적으로 언급한다(겔 21:3; cf. 9-11, 19절). 그는 이 도구를 모든 열방이 알 수 있도록 사용하실 것이다(5절). 유다 백성들은 칼을 무시하려 할 것이나(13절) 아무 소용이 없을 것이다. 그것은 반드시 자신의 목적을 달성할 것이기 때문이다. 그 후에야 살육을 멈추고 다시 칼집으로 들어갈 것이다(17, 30절).

정복의 칼은 에스겔이 자신의 터럭을 깎아 삼분의 일은 불사르고 삼분의 일은 칼로 치며 나머지 삼분의 일은 바람에 날리고, 터럭 조금을 남겨두었다가 그 가운데 얼마를 불에 사르는 상징적 행위를 통해서도 제시된다(5:1-4). 본문이 주는 의미는 명백하다. "너희 가운데서 삼분지 일은 온역으로 죽으며 기근으로 멸망할 것이요 삼분지 일은 너의 사방에서 칼에 엎드러질 것이며 삼분지 일은 내가 사방에 흩고 또 그 뒤를 따라 칼을 빼리라"(12절)는 것과 이를 통해 "나 여호와가 열심으로 말한 줄을 그들이 알리라"(13절)는 것이다.

본문에 언급된 불의 심판은 에스겔 15장에 보다 자세히 언급된다. 다른 구약성경에는 이스라엘이 포도나무로 제시된다(시 80; 사 5:1-7; 렘 2:21; 호 10:1). 따라서 이 멸망은 쓸모없는 나뭇가지에 비유된다. 이 나무는 이미 앗수르와 바벨론에 의해 꺾이고 버려졌으니 아무데도 소용이 없게 되었다.

그렇다면 하나님의 심판이라는 진노의 불에 탄 그 나무가 무슨 소용이 있겠는가(겔 15:5)? 예루살렘에 관한 비유는 불순종하는 백성의 무가치함에 대해 분명히 보여준다. 그들은 진노의 불꽃 가운데 멸망할 것이다. 하나님은 "너희가 나를 여호와인 줄 알리라"(7절)고 말씀하신다.

20:45-49에는 이와 유사한 은유가 제시된다. 본문에서 유다(남[the South])는 모든 나무가 맹렬한 불꽃에 삼키는 삼림에 비유된다. 우리는 여기서 다시 한번 궁극적 진리를 발견할 수 있다. 이 심판의 주체는 바벨론이 아니라 하나님이시라는 것이다. 그는 산 자나 죽은 자 모두에게 자신의 주권을 나타내실 것이다.

유다의 언약적 실패로 인한 가장 비참한 결과는 포로가 되어 끌려간 것이다. 사실상 이 나라의 모든 정치, 종교적 리더십은 사라지고 그들이 관리해온 문화적, 물질적 자원과 함께 수치스러운 유배의 길에 올랐다. 왕국에 다윗의 후손이 남아 있는 한 희망도 있었다. 그러나 이제 신정의 중심인 예루살렘은 재가 되고 말았으며 무력한 통치자 여호야긴은 바벨론의 감옥에서 죽을 날만 기다리고 있었다. 포로기는 언약적 위반이 가져오는 종말을 보여준다. 약속의 땅 밖에서 약속이 무슨 의미가 있겠는가?

에스겔이 자신의 터럭을 깎아 포로가 될 것을 예언한 장면(5:12)은 다른 본문에서 황폐화와 유배가 이어지는 내용으로 구체화된다. 에스겔 11:1-12은 예루살렘성을 가마로, 그곳의 거민을 고기로 생생하게 묘사한다(3절). 가마는 실제로 뜨거워질 것이며 백성들은 모두 그곳에서 구워지지는 않으나, 성을 탈출하더라도 칼에 의해 심판을 받을 것이다. 물론 모든 사람이 죽지는 않는다. 시드기야 왕 등 일부는 바벨론에서 죽을 것이다(12:11-13; cf. 렘 39:4-7). 다른 사람들은 바벨론을 넘어 땅 끝까지 흩어질 것이다(겔 12:14). 남은 자만 구원을 받고 열방에게 여호와가 하나님이심을 선포할 것이다(16절).

에스겔은 다시 한번 포도나무의 비유를 들어 이스라엘을 비옥한 땅에 심어 소출이 풍성한 나무에 비유한다(19:10-14). 이 나무의 실과는 많고 가지들은 건강하며 이들 가운데는 왕의 홀이 될만한 것들도 많다. 그러나 이 포도나무는 죄로 인해 뿌리까지 뽑히고 이제 마르고 척박한 포로지에서 생존을 위해 싸운다. 그것은 더 이상 여호와의 백성들을 다스릴 왕의 가지를 생산하지 않을 것이다(14절).

심판의 메시지는 에스겔에 의해 "여호와의 날"에 대한 강한 묵시적 언어로 요약된다.[18] 이 날의 개념에 대해서는 다른 선지자들의 기록에서와 같이 자세히 제시되지는 않으나 그럼에도 불구하고 여호와께서 재앙을 내리시는 날로서의 개념은 분명히 제시된다. 이 주제는 7장에서 가장 길게 다루어진다.

첫째로, 에스겔은 바벨론에 의한 예루살렘의 임박한 멸망에 대해 언급하면서 "끝이 났도다"(7:2-3, 5-6)라고 선언한다. 언약 백성들에게 이와 같은 파괴적 말씀은 이 나라의 현재적 정치적 상황뿐만 아니라 하나님의 은혜로 우신 구속적 관계가 끝났음을 암시한다. 에스겔에게조차 이와 같이 비관적인 태도를 발견할 수 있다. 유다의 왕자 블라댜가 죽자 그는 "이스라엘의 남은 자를 다 멸절하고자 하시나이까"(11:13)라고 물었다. 이와 같이 당황스러운 말씀은 이어지는 구절에서도 지속된다. 끝 날은 재앙의 날이요(7:7) 하나님께서 긍휼 없이 그의 분노를 쏟아 부으시는 날이다(9절).

이미 성은 포위되었으며 여호와의 날은 시작되었다. 이제 정상적인 삶은 유지될 수 없다. 사실 예루살렘 백성들의 일상적인 생활은 극적으로 반전될 것이며 아무도 이 소용돌이의 와중에서 빠져나갈 수 없다. 선지자의 말처럼 이 포위는 진행 중이며 기근과 재앙은 시작되었다. 모든 백성들의 부는 아

---

18) "여호와의 날"에 대한 신학적 정의에 관해서는 Gerhard von Rad, *Old Testament Theology*, 2 vols. (New York: Harper 7 Row, 1965), 2:119-25를 참조하라.

무런 필요가 없다. 그들은 값비싼 보석을 먹지 못할 것이며 진노의 날이 절정에 달하면 그들이 소유한 모든 것은 빼앗기게 될 것이다. 무엇보다도 바벨론은 거룩한 성전을 침범하여 그것을 짓밟을 것이다(21-22절).

그 결과는 영토의 분실과 성소의 오염 및 선지자와 제사장과 장로들의 침묵, 그리고 왕조의 수치로 이어질 것이다. 이와 같이 무서운 여호와의 날 이후에 비로소 그의 백성들은 그가 여호와인줄을 알 것이다(27절).

모든 나라는 언약을 위반하였으며 따라서 하나의 공동체로서 심판을 당하였으나 선지자의 메시지는 특히 이러한 범죄에 대한 각자의 책임에 대해 초점을 맞춘다. 다시 말하면 에스겔은 각 개인이 자신의 죄에 대한 책임이 있으며 따라서 그 결과를 감수해야 한다는 원리를 처음으로 분명하게 제시한다.[19]

에스겔은 이 중요한 진리에 대한 자신의 교훈을 "아비가 신 포도를 먹었으므로 아들의 이가 시다"(18:2)라는 고대 속담을 통해 제시한다. 선지자는 하나님의 심판 날에는 더 이상 이 말이 인용되지 않을 것이라고 말한다. 그는 "범죄하는 그 영혼이 죽으리라"(4절; cf. 롬 6:23)고 말한다. 이어서 에스겔은 언약에 충실한 자는 그 의로 살 것이라고 말한다(겔 18:5-9). 이들은 신약성경의 구원과 같은 맥락에서 "믿음으로 사는 자"이다(롬 1:17; cf. 합 2:4).

그러나 이런 사람에게 악하고 불순종하는 아들이 있을 경우 훌륭한 아버지를 두었음에도 불구하고 거룩하신 하나님의 명령을 위반한 죄로 멸망할 것이다(겔 18:10-13). 반대의 경우도 마찬가지이다. 악한 아비가 의로운 자식을 둔 경우 그 의로운 후손은 아버지의 잘못 때문에 정죄 받지 않는다는 것이다(14-18절).

---

19) Joseph Blenkinsopp, *A History of Prophecy in Israel* (Philadeophia: Westminster, 1983), p. 199.

이 원리는 구약성경계시의 처음부터 분명히 제시되었으나[20] 언약 공동체에 대한 왜곡된 개념으로 흐지부지 되었던 것이다. 이스라엘은 사실상 단체로 언약을 맺은 것이 아니며 종주국으로서 단체로 여호와를 섬겨야 하는 것도 아니었다. 그러나 에스겔이 제시하듯이(본문 및 33:10-20) 단체는 개인으로 구성된다. 백성이 깨끗한 한 나라도 결백하다. 악인이 의를 행하면 살 것이나(18:21) 의인이 악을 행하면 죽을 것이다(24절). 그러므로 진노의 날에 의인은 여호와 앞에서 의롭다하심을 받을 것이다.

특히 정죄 받을 자는 우상숭배자들이다. 그들의 시체는 우상과 제단 주변에 널릴 것이다(6:1-7, 11-14). 이러한 배교 행위에 대한 보응은 모두 개인적 차원에서 이루어질 것이다. 에스겔이 이상 중에 예루살렘 성전 안에서 본 자들이나 가증스러운 행위를 한 자들(8:6-17)은 늙은이로부터 젊은이에 이르기까지 하나님의 긍휼 없는 징벌을 받을 것이다(9:5-6). 그러나 이 일에 동참하지 않고 동족의 죄를 애통하는 자들은 이마에 의인의 징표를 받을 것이다(9:4, 6).

이스라엘의 정치 및 종교 지도자들은 특별히 무거운 책임을 져야 한다. 그들은 나라의 방향을 제시하는 모범이 되어야 하기 때문이다. 따라서 심판의 메시지는 일반 대중들보다 이들에게 초점을 맞춘다. 예를 들어, 선지자가 유혹을 받아 우상숭배자의 잘못된 행위를 두둔할 경우 선지자는 그와 공동책임이 있으며 둘 다 같은 책임을 면치 못할 것이다(14:7-11).

악한 제사장들 역시 책망 받아 마땅하다. 여호와께서는 그들이 "거룩함과 속된 것을 분변치 아니하였으며"(22:26) 언약적 신앙에 눈을 가렸다고 말씀하신다. "이스라엘의 목자들", 즉 왕과 지도자도 마찬가지이다. 그들은 양떼를 돌보지 아니하고 오직 사리사욕에만 눈이 멀었다(34:2). 그들은 약한 자와 잃어버린 자를 구원하지 아니하고 강포로 그들을 다스렸다. 그러므

---

[20] Th. C. Vriezen, An Outline of Old Testament Theology (Oxford: Basil Blackwell, 1958), pp. 320-25.

로 양들은 흩어지고 산과 들에서 맹수에게 쫓겨 다녀야 했다(34:5-6). 그러나 이런 목자는 심판을 면치 못할 것이다. 그들은 하나님의 양떼를 보살피지 못한 책임을 져야 하며 목자로서의 특권적 지위를 잃게 될 것이다(34:9-10).

심판은 분명히 에스겔 신학의 중요한 요소이다. 하나님의 백성들은 영원한 언약적 충성을 맹세한 전능하신 주권자께 범죄하였다. 그들은 우상숭배와 배교적 태도 및 언약의 요구에 불응함으로 언약의 조건을 위반하였다. 그러므로 그들은 이러한 언약적 위반에 수반되는 저주를 받아 마땅하다. 그러나 전체 국가와 상관없이 하나님을 사랑하는 의로운 개인은 여호와의 날에 구원을 얻을 것이다.

그러나 과연 심판이 모든 것의 끝인가? 하나님의 약속은 무조건적이며 영원한 것이 아니었는가? 그것은 사실이다. 따라서 선지자 에스겔은 재앙과 포로기 중에도 영광스러운 소망이 있을 것이라는 구원의 메시지를 전하였던 것이다.

② 남은 자에 대한 메시지
모든 유다인이 망하지는 않을 것이라는 사실은 회복에 대한 하나의 보장이다. 남은 자는 살아날 것이며 여호와의 언약적 약속은 그들을 중심으로 계속될 것이다.

남은 자에 대한 교훈은 에스겔이 처음 언급한 것은 아니다. 그러나 확실히 포로기의 선지자였던 그는 자신이 받은 교훈을 더하였다. 6:8-10에서 그는 여호와께서 그의 백성들 가운데 일부를 진노의 날에 구원하실 것이며, 이들은 고국에서 멀리 떨어진 포로지에서도 하나님을 기억할 것이라는 점을 지적한다. 그들은 결국 자신들에게 임한 심판이 배교적 우상숭배 때문인 것을 깨닫고 그것을 깊이 회개할 것이다. 그들은 오래 전 예언이 이루어졌음을 깨닫고 비로소 그가 여호와이심을 깨닫게 될 것이다(10절).

14:21-23에도 유사한 내용이 제시된다. 여호와께서 예루살렘에 칼과 기근과 들짐승과 재앙을 내리신 후, 따라서 많은 사람이 살육을 당한 후에, 일부는 살아남아 선지지에게 절망 기운데 소망이 있다는 증거를 제공하게 될 것이다. 살아남은 자를 중심으로 회복의 언약과 미래적 영광이 구체화 될 것이다.[21]

③ 회복의 메시지

이스라엘의 모든 역사에서 가장 위대한 구속적 행위는 출애굽이다. 하나님은 이 위대한 사건을 통해 족장들의 후손을 애굽의 종살이에서 구원하셨으며 그들을 시내산으로 인도하여 언약의 백성으로서 배타적 충성을 위해 "제사장 나라"를 삼으셨다(출 19:6). 이제 그들의 충성은 배타적인 것이어야 했다.

이스라엘 국가 역사의 중요한 분기점으로서 이러한 형태의 구원은 하나님의 지속적, 미래적 구원의 은총의 한 전형이 되었다. 선지자들은 구원의 필요성에 대해 언급할 때 언제나 출애굽 사건을 미래적 구원의 준거로 제시하였다. 사실상 이사야 40-66장의 핵심 주제는 여호와께서 자기 백성들을 바벨론에서 구원하시기 위한 두 번째 출애굽이며 이러한 "제2의 엑소더스"를 통해 그들을 약속의 땅으로 다시 돌아오게 하신다는 것이다.[22]

에스겔 역시 이러한 모티프를 광범위하게 사용한다. 20:33-44은 그 대표적인 예이다. 여호와께서는 새로운 이미지를 통해 자기 백성들을 사막과 같은 애굽(본문에는 "열국 광야"[35절])으로 데려가 그곳에서 그들의 죄를 심판하실 것이라고 말씀하신다.[23] 하나님은 이러한 징계적 은혜에 복종하는

---

21) 남은 자에 관한 연구에 있어서 지금까지 권위를 가진 것은 Gerhard Hasel, *The Remnant* (Berrien Springs, Mich.: Andrews U., 1972)이다.
22) 예를 들어, Bernhard W. Anderson, "Exodus Typology in Second Isaiah," in *Israel's Prophetic Heritage: Essays in Honor of James Muilenburg*, ed. Bernhard W. Anderson and Walter Harrelson (New York: Harper & Row, 1962), pp. 177-95.
23) Eichrodt, *Ezekiel*, pp. 279-80.

자들과 함께 시내산에서와 같이 언약을 맺을 것이다. 그러나 반역하는 자들은 약속의 땅에 들어갈 수 없을 것이다. 제2의 엑소더스가 완성되면 새로운 이스라엘 백성들이 귀환하여 열국의 목전에서 그의 거룩하심을 고백할 것이며(41절) 자신을 드려 그를 섬기고 찬양할 것이다.

여호와께서는 또 하나의 은유, 즉 목자와 양의 비유를 통해 이스라엘의 회복을 흩어진 양떼를 찾아다니는 목자의 모습에 비유한다(34:11-16). 그들이 어디로 가든지 여호와께서는 그들을 찾을 것이며, 우리 즉 약속의 땅으로 데려오실 것이다. 그곳에서 그들은 여호와의 보호 하에 살진 꼴로 양육을 받을 것이다. 그들이 길을 잃거나 상하거나 병들 때에 목자는 그들을 공의로 보살피실 것이다.

에스겔 34:25-31에서 여호와께서는 다시 모인 양 무리와 평화의 언약을 맺으실 것이라고 약속하신다. 이것은 그들을 자기 백성으로 삼으시겠다는 것이 아니라 그들을 자기백성으로서 보호하시고 복을 주시겠다는 준엄한 약속이다.[24] 따라서 그들은 결코 들짐승을 두려워할 필요도 없으며, 여호와께서 장마비와 같은 축복을 내리실 것을 기대할 수 있다(26절). 나무와 토지는 풍성한 결실을 안겨 주고, 대적은 결코 위협이 되지 않을 것이며, 다시는 그들로 인해 두려워할 필요도 없다. 그들은 위대하고 선하신 목자의 양떼가 될 것이다. 그들은 그의 백성이 되고 그는 그들의 하나님이 될 것이다(31절).

하나님의 백성들의 수가 늘어나면서 그 땅은 더욱 번성할 것이다(36:10-11). 이스라엘의 산에 대해 여호와께서는 다시 한번 사람과 짐승으로 그 위에 가득하게 하시고 영구히 거하게 할 것이라고 약속하신다. 주변 열국들에게는 거민들을 삼킨 영토로 보일는지 모르나, 그 땅은 더 이상 사람을 삼키지 않을 것이며, 회복된 백성들은 다시는 제거되지 않을 것이다(30:14-15).

---

24) Walter C. Kaiser, Jr., *Toward an Old Testament Theology* (Grand Rapids: Zondervan, 1978), p. 241.

구속받은 공동체는 실제로 황폐화된 성읍을 다시 세우고 황무한 땅을 다시 기경할 것이다(36:33-34). 이스라엘은 마치 새롭게 창조된 에덴동산과 같을 것이다. 이 모든 일이 일어나면 주변 열국은 모두 놀라워할 것이며, 이스라엘의 하나님 여호와께서 그의 권능으로 이 일들을 이루셨음을 알게 될 것이다(36절). 이것 역시 그의 구속받은 백성 이스라엘의 고백이 될 것이다(38절).

그러므로 이스라엘의 회복은 그들이 섬기는 하나님의 주권적 권능과 신실하심을 보여주는 증거가 될 것이다. 이것은 그의 백성들의 유익을 위한 것일 뿐 아니라 열국으로 하여금 여호와가 누구시며 그가 그들에게 요구하는 것은 무엇인지를 가르쳐주는 수단이 된다. 흩어진 이스라엘이 다시 모임으로 열국의 목전에서 여호와의 거룩함이 나타날 것이며(28:25), 여호와께서는 완고한 주변국들을 심판하심으로 그들을 보호하실 것이다(26절).

새로운 거주와 번성보다 더욱 중요한 것은 아마도 하나님과 새롭게 구성된 이스라엘 간의 새 언약에 따르는 새로운 마음과 정신일 것이다. 이 개념은 사실상 에스겔의 회복 개념의 핵심으로서 역사적으로는 포로기 이후 시대와 그리스도 안에서 이루어질 새 언약의 시대를 연결하는 가교 역할을 한다. 고레스를 통한 회복은 외형적, 물질적 의미에서 매우 중요하지만 이것은 어디까지나 성령의 구속적 사역에 의한 완전한 회복의 전형일 뿐이다. 성령께서는 완전히 새로운 중생의 방식을 통해 택자들을 회복하실 것이다.[25] 옛 언약의 약속들은 여전히 유효하다. 차이점은 언약을 지킬 수 있는 새로운 마음과 능력을 주신다는 것이다.

이러한 내용을 뒷받침하는 본문들은 에스겔서의 여러 본문에 다양하게 제시된다. 먼저 새 언약의 약속에 대해 살펴본 후 어떻게 이 언약이 새로운 마음과 영을 주는지를 살펴볼 필요가 있다. 이어서 새롭게 창조된 공동체가

---

25) William J. Dumbrell, *The End of the Beginning* (Homebush West, Australia: Lancer, 1985), pp. 95-96.

역사적으로 어떤 방식으로 존재해 왔으며 장차 종말론적 시대를 어떻게 살아갈 것인지를 살펴보아야 할 것이다.

신약이 구약(즉, 시내산 언약)과 밀접한 관련이 있으며 그것에 뿌리를 두고 있다는 사실은 에스겔 16:60-63에 분명히 드러난다. 본문에서 여호와께서는 유다를 난잡하고 부정한 딸로 묘사하며 "내가 너의 어렸을 때에 너와 세운 언약을 기억하고 너와 영원한 언약을 세우리라"(16:60)고 말씀하신다. 이 언약의 중추적 수령인으로서 유다는 방탕한 자매 소돔과 사마리아에 구원을 전해야 한다(61절; cf. 53-54절). 이 영원한 언약의 주도권을 가지시는 분은 여호와이시다. 오직 그만이 자기 백성들을 용서하시고 그들이 행한 죄에 대한 수치로부터 영원히 벗어나게 하시기 때문이다(63절; cf. 렘 31:31-34).

이 놀라운 변화의 이유는 언약의 본질과 그것이 주는 유익에 있다. 이 언약 백성들은 그의 거룩한 이름을 저버렸음에도 불구하고 그들 때문이 아니라 그의 이름을 위해 구속받을 것이다(겔 36:22). 그들은 이 땅의 모든 나라들(바벨론뿐이 아니며, 따라서 구약시대만 해당되는 것이 아님)로부터 고국으로 돌아올 것이다. 그들은 그곳에서 모든 부정함을 씻고 새로운 마음과 하나님의 영을 받아 온전히 언약을 지킬 수 있을 것이다(24-27절). 여호와께서는 그들에게 "내가 이렇게 행함은 너희를 위함이 아닌 줄을 너희가 알리라"(32절)고 거듭 말씀하신다. 여호와께서 자기 백성들에 대한 옛 언약을 영원히 성취하시는 이유는 하나님 자신의 영광과 그의 명성 때문이다.

새로운 마음은 모인 백성들로 하여금 다시는 우상숭배에 빠지지 않게 할 것이다(11:18). 그들은 그 땅으로 다시 돌아와 모든 가증한 것들을 제하여 버리고 오직 하나님만 섬길 것이다(19절).

새 언약은 확실히 새로운 마음과 새 영을 포함한다. 그러나 이것은 어디까지나 역사와 영토에 뿌리를 두고 있다.[26] 아브라함에 대한 약속은 무조건적이며 영토적 유산에 대한 축복을 포함한다. 이 영토적 축복은 구체적으로 가나안 영토에 관한 것이다(창 12:1, 7; 13:15-17; 15:18-19; 17:8). 에스겔의 역사 및 종말론에서 제시하고 있는 것도 가나안 땅이다. 이 땅이 하나님의 언약 성취의 초점이 아니었다면 옛 약속은 의미가 없기 때문이다.

구약성경에서 새 언약과 새 땅의 상호 관계에 대해 에스겔 37장보다 자세히 설명된 곳은 없다. 본문에서 선지자는 이상 가운데 오래 전에 죽은 자들의 마른 뼈로 가득한 골짜기를 본다. 그는 하나님의 생기가 이 뼈들 속에 들어가 다시 살 것이라고 대언한다. 놀랍게도 그들은 에스겔이 대언한 대로 힘줄이 생기고 살이 오르며 가죽이 덮여 다시 살아 발로 서니 사실상 큰 군대를 이루었다.

이어서 이 이상에 대한 설명이 주어진다: 이 뼈들은 죄로 죽어 포로가 되었던 이스라엘 온 족속이다. 이 뼈들이 다시 사는 것은 자기 백성들을 다시 살려 고토로 돌아가게 하시려는 하나님의 은혜이다.[27] 더구나 이스라엘과 유다는 한 백성이며 바벨론에서 돌아온 것은 유다뿐만이 아니다(15-17절). 즉 마지막 시대에 세계 도처에서 모여든 종말론적 이스라엘이다(21절). 이 백성들은 그 땅에서 하나가 될 것이며 다윗이 그들의 왕이 될 것이다(24절). 그들은 영원히 깨끗하게 된 백성으로서 다시는 우상숭배에 빠지지 않을 것이다.

"회복에 관한 본문"의 묵시적 언어와 역사 자체는 이스라엘의 재결집과 재구성이 종말론적 시대에 있을 것임을 보여준다. 어떤 의미에서 마른 뼈에 관한 은유는 유다 백성들이 바벨론 포로에서 돌아옴으로 성취되었지만 38

---

26) Elmer A. Martens, *God's Design* (Grand Rapids: Baker, 1981), pp. 242-47.
27) F. C. Fensham은 마른 뼈들이 저주의 결과로 남은 몸을 보여주며 회복은 저주의 반대 현상(즉, 축복)을 보여준다고 주장한다. 이스라엘은 언약 위반에 대한 저주를 겪었으나 언약 갱신의 축복을 누릴 것이다("The Curse of the Dry Bones in Ezekiel 37:1-14 Changed to a Blessing of Resurrection," *Journal of Northwest Semitic Languages* 13 [1987]: 59-60).

장과 39장을 포함하여 37장의 본문을 확대하면 역사상 어떤 시대에도 이 예언을 완전히 충족한 때는 없다.

한편으로, 여호와와 그의 백성들을 대적하는 악한 나라들의 지속적인 출현은 본문을 하나님의 절대적 통치를 받는 영원한 나라에 대한 언급으로 보기 어렵게 한다. 따라서 본문은 구약과 신약을 배경으로 하는 건전한 역사·문법적 주석에 따라 이스라엘에 대한 하나님의 약속이 성취되고 영원한 왕국이 들어서게 될 천년왕국에 관한 본문으로 보아야 한다.[28]

이스라엘의 회복이 천년왕국 시대에 있을 것이라는 근거 가운데 하나는 에스겔 38-39장의 종말론적 메시지이다. 본문에서 선지자는 "마곡 땅에 있는 곡 곧 로스와 메섹과 두발 왕"에 의한 적대 세력의 연합군이 "평원의 고을"(a land of unwalled villages) 이스라엘(38:11)을 침공할 것이라고 말한다.[29] 이 무서운 사령관은 큰 군대를 이끌고 "북방"(39:2)에서 올 것이다. 그러나 그는 어디까지나 자의가 아니라 이스라엘의 하나님의 도구로서 올 것이다(38:4). 그렇다면 목적은 명백하다. 여호와께서는 자신의 영광을 위하여 인간 나라들을 사용하실 것이다(38:16, 23; 39:7, 21, 27-28).

곡은 거룩한 땅으로 들어오면서 바사, 구스, 붓, 고멜, 도갈마 등의 나라와 합류할 것이다. 그들은 세계 도처의 디아스포라 지역에서 약속의 땅으로 돌아와 평화롭게 살고 있는 무방비상태의 이스라엘을 포위할 것이다. 침략국들의 의도는 그 땅을 약탈하고 그들이 포로지 및 그곳에서 돌아와서 모은 부와 재물을 탈취하는 것이다.

---

28) Walter C. Kaiser, Jr., "Kingdom Promises as Spiritual and National," in *Continuity and Discontinuity*, ed. John S. Feinberg (Westchester, Ill.: Crossway, 1988), pp. 300-303.

29) 본문의 곡을 비롯한 여러 인명이나 지명에 관한 규명 작업은 큰 성과가 없었다. 이에 관한 다양한 관점에 대해서는 Alexander, "Ezekiel," pp. 929-30을 참조하라.

여호와께서는 이미 오래 전에 이런 일들이 일어날 것이라고 예언하셨으므로 전혀 놀라운 일이 아니다(38:17; cf. 사 5:26-30; 34:1-7; 63:1-6; 66:15-16; 욜 3:9-14). 그는 또한 곡의 사악한 침략이 실패할 것이라고 예언하신다. 재앙적 심판과 함께 여호와께서는 자신의 피조 세계를 흔들 것이며 이 땅의 백성들은 떨 것이다. 하나님은 이 거룩한 전쟁에 직접 개입하시어 하늘에서 진노를 쏟아 부으시고 택한 선민을 해하려는 무리들을 치실 것이다(겔 38:22).

곡과 그의 동맹국의 시체가 거룩한 땅의 산과 들에 엎드러질 때에 열국의 백성들은 여호와의 권능과 영광을 볼 것이다. "그들이 나를 여호와인줄 알리라"(39:6). 사건의 극적인 반전으로 살아남은 이스라엘은 대적이 사용하던 병기를 땔감으로 사용할 것이다(9-10절). 이 때의 참상은 시체를 장사하는 데만 일곱 달이 걸릴 만큼 참혹할 것이다. 새와 짐승이 모여 죽은 자의 시체를 먹어 그 땅이 시체로 오염되는 것을 막을 것이다. 마치 큰 제사를 드릴 때처럼 시체들은 썩은 것을 먹는 짐승들에게 배불리 제공될 것이다.

또 한번 이 모든 일의 목적은 분명해 진다. 이스라엘은 죄로 인해 포로가 되었으나(23-24절) 하나님의 긍휼로 다시 돌아와 멸망으로부터 구원받았다. 이와 같이 전능한 구속적 행위는 영적 변화를 가져올 것이다. 이러한 마음의 변화는 이스라엘로 하여금 과거의 죄를 잊게 하고 그가 여호와 하나님이심을 깨닫게 할 것이다(28절). 이것이 바벨론에서의 귀환이나 다른 역사적 사건을 넘어선다는 것은 "내가 다시는 내 얼굴을 그들에게 가리우지 아니하리니 이는 내가 내 신을 이스라엘 족속에게 쏟았음이니라"(29절)에 잘 나타난다.

이와 같이 영을 부어주심은 36:26-27에 언급된 이와 유사한 구절과 분리될 수 없다. 본문에서 여호와께서는 "또 새 영을 너희 속에 두고 새 마음을 너희에게 주되... 또 내 신을 너희 속에 두어 너희로 내 율례를 행하게 하리니 너희가 내 규례를 지켜 행할지라"고 말씀하신다. 36장과 39장은 둘 다 흩어진 이스라엘이 고국으로 돌아오는 회복에 관한 본문에서 이 성령의 중생 사역에 대해 언급하며, 이 회복은 하나님 자신의 우주적, 종말론적 개입과 관련된 용어로 설명된다(36:29-30, 34-36; 39:3, 21-24).30) 이것은 스룹바벨이나 에스라의 영도 하에 귀환한 자들과 같이 역사적 귀환자들에 관한 내용이 아니다. 이것은 그의 주권적 통치가 최종적으로 이루어질 여호와의 날에만 해당되는 갑작스럽고 최종적인 성격의 회복이다.

④ 왕권에 관한 메시지

이것을 뒷받침하는 내용은 에스겔 17:22-24에서 언급된다. 본문에서 여호와는 연한 백향목 가지를 꺾어 높은 산 위에 심겠다고 말한다. 이 여린 싹은 큰 나무로 자랄 것이며, 들의 모든 나무들은 하나님께서 작은 것을 취하여 그렇게 크게 하심을 보고 놀랄 것이다. 이 비유에는 이스라엘의 남은 자들이 그 땅에 심어질 것이며 그 나라가 크게 강성하리라는 진리가 내포되어 있다. 이러한 내용은 오직 종말론적 이스라엘에만 해당한다.

더 이상의 증거는 마지막 날에 다윗 왕권이 새롭게 될 것이라는 본문에서 찾을 수 있다. 선지자는 시드기야에 대해 준엄한 책망을 하며(겔 21:24-27) 그의 날이 이르렀다고 소리쳤다. 그는 이 날에 물러나야 하며 왕권에 복종해야 한다. 그의 자리에는 낮은 자가 높아져 그를 대신하여 앉을 것이며 왕권은 제사장이자 왕인 그에게 속할 것이다. 이 마지막 구절(21:27)은 야곱의 유다에 대한 축복을 상기시킨다. "홀이 유다를 떠나지 아니하며 치리자의 지팡이가 그 발 사이에서 떠나지 아니하시기를 실로가 오시기까지 미치리니"(창 49:10). 이 메시아적 본문이 다윗과 다윗왕조에 대한 언급이라는 사실에는 공감대가 형성되어 있다.31)

---

30) Russell, *The Method and the Message of Jewish Apocalyptic*, pp. 190-91.
31) 이 해석에 관해서는 Zimmerli, *Ezekiel*, 1:447-48을 참조하라. von Rad는 이 문제에 관한 자신의 입장에 대해서는 명확한 입장을 유보하고 있으나 "일반적으로 받아들여진 관점은 이 구절(창 49:8-12)이 다윗 왕권에 관한 예언적 신탁을 형성한다는 것이다"라고 말한다(*Old Testament Theology*, 2:12).

이스라엘의 회복을 양떼를 모으는 것에 비유한 본문(겔 34장)에서 선지자는 여호와의 말씀을 전한다: "내가 한 목자를 그들의 위에 세워 먹이게 하리니 그는 내 종 다윗이라 그가 그들을 먹이고 그들의 목자가 될지라 나 여호와는 그들의 하나님이 되고 내 종 다윗은 그들 중에 왕이 되리라 나 여호와의 말이니라"(23-24절). 예수님은 선한 목자이자 다윗의 후손이라는 점에서 본문에 해당된다고 할 수 있으나, 전체 본문의 종말론적 방향은 그가 지상에서 사역했던 1세기로부터 그가 다윗의 보좌에 앉으실 재림까지의 시대적 배경을 제외한다.[32] 즉, 선지자는 천년왕국을 염두에 두고 있으며 보다 완전한 내용은 신약성경의 묵시에 분명히 드러난다(계 20:4-6).

이 왕국의 종말론적 영역에 관한 보다 놀라운 내용은 에스겔 37:24-28에 제시된다. 본문에서 선지자는 목자에 관한 이미지를 지속하며 다윗을 왕으로 언급한다. 그는 여호와의 언약을 전적으로 순응하며 약속의 땅에 영원히 거한다. 가장 흥미로운 것은 "내 성소를 그 가운데 세워서 영원히 이르게 하리니 내 처소가 그들의 가운데 있을 것이며 나는 그들의 하나님이 되고 그들은 내 백성이 되리라"(26b-27절)는 여호와의 약속이다.

하나님이 자기 백성들과 함께 하시는 거처로서 성소에 대한 강조는 자연스럽게 에스겔 40-48장의 간략한 내용으로 옮기게 한다. 본문에서 선지자는 마지막 날 세워질 성전에 관해 매우 자세하게 묘사하기 때문이다. 성소(즉, 성전)는 하나님께서 자기 백성들과 함께 하심을 보여주는 징표가 된다는 사실에 대해서는 이미 규명한 바 있다(37:26-27). 이제 이상 가운데 성전의 식양과 구조에 대해 관찰한 에스겔은 이 성전에 대해 "이는 내[하나님] 보좌의 처소, 내 발을 두는 처소"(43:7)라고 말한다. 여호와께서는 "내가 이스라엘 족속 가운데 영원히 거할 곳"(7절)이라고 약속하신다.

여호와의 거처로서 성전은 온 세상을 위한 축복의 근원이 될 것이다. 그곳으로부터 생수의 강이 흘러 "강이 이르는 각처에 모든 것이 살 것"이다

---

[32] Kaiser, *Toward an Old Testament Theology*, p. 241.

(47:9). 이것은 천년왕국의 모습이다. 사막이 장미와 같이 꽃 피고 샘이 마른 땅을 흐를 것이다. 성전 주변 땅은 각 지파의 영토가 될 것이다. 옛 언약의 지계는 유효할 것이며(47:15-20) 그 안에서 각 지파는 자신의 땅을 분배받을 것이다(48:1-29). 성전은 유다 지경과 베냐민 지경 사이에 있는 성읍의 가운데 있을 것이다. 따라서 다윗 언약은 다윗의 후손으로서 하나님의 백성들을 영원히 다스릴 왕 안에서 성취될 것이다. 그 후로부터 이 성읍의 이름이 여호와 삼마("여호와께서 거기 계시다")가 되리라는 것은 당연하다.

(2) 열방에 대한 선언

에스겔서의 하반부는 이스라엘을 둘러싸고 있는 주변 열방에 대한 일련의 신탁을 기록하고 있는 25장부터 시작한다. 다른 대선지서(및 많은 소선지서)와 마찬가지로 본문도 언약 백성들 뿐 아니라 전 인류에 대한 여호와의 관심을 보여준다. 이스라엘의 하나님은 열방의 하나님도 되신다. 사실 이스라엘을 선택하신 특별한 목적은 그들을 통해 여호와의 구원을 모든 인류에게 전하시려는 것이다.

일련의 신탁 가운데 첫 번째 신탁은 팔레스타인 중앙에서 바로 남쪽에 위치한 암몬에 관한 것이다(25:1-7). 암몬의 계보는 모압과 함께 롯과 그의 딸들 사이에 있었던 근친상간의 관계로까지 소급된다(창 19:38). 이들과 롯의 삼촌 아브라함의 후손 이스라엘과의 이런 혈연관계 때문에 암몬이 여호와의 성전이 훼파된 것을 기뻐한 행위가 더욱 미움을 사게 만들었다.[33] 그러므로 암몬은 여호와의 왕권과 이스라엘에 대한 그의 특별한 은총을 깨닫게 하기 위하여 그들은 동방 사람, 아마도 바벨론의 무리에게 멸망당할 것이다(겔 25:4).[34]

---

33) 이 신탁(그리고 다음 세 가지)은 연대에 관한 기록이 없으나 성전 훼파는 주전 586년 이후에 관한 언급으로 보인다.
34) 이것은 예레미야 52:30에 기록되어 있다(주전 582년으로). John Bright, *A History of Israel*, 3d ed. (Philadelphia: Westminster, 1981), p. 352을 참조하라.

신탁의 다음 대상은 암몬의 형제국인 모압이다(8-11절). 이들 역시 암몬과 마찬가지로 하나님의 선민에 대해 다른 이방 나라와 같다고 비난함으로 동방의 침략자들에 의해 정복될 것이다. 이것은 "너를 저주하는 자에게는 내가 저주하리니"(창 12:3)라는 아브라함 언약의 심판을 상기시킨다.

이어서 에스겔은 모압의 남쪽 사해 동쪽에 위치한 에돔에게로 초점을 맞춘다(겔 25:12-14). 이 나라는 전체 신탁의 끝 무렵에 다시 한번 긴 본문으로 제시되며(35:1-15), 심판의 이유는 본질적으로 동일하며, 자매국 이스라엘에 대해 오랫동안 품어온 적대감 때문이다.

에스겔 25장에 언급된 에돔에 대한 심판에서 특히 주목을 끄는 부분은 "에돔이 유다족속을 쳐서 원수를 갚았고"(12절)라는 구절이다. 이와 동일한 적대 행위는 아모스 1:11 및 오바댜 10-16절에도 기록되어 있으나 이것이 지칭하는 정확한 역사적 사건에 대해서는 알 수 없다.[35] 그러나 본문이 주는 신학적 메시지는 구체적인 역사적 사건과는 큰 관계가 없으므로 반드시 규명할 필요는 없다.

동일한 상황은 아마도 에스겔 35장에 제시될 것이다. 본문에서 여호와께서는 다가오는 심판의 이유로 "네가 옛날부터 한을 품고 이스라엘 족속의 환난 때 곧 죄악의 끝 때에 칼의 권능에 그들을 붙였도다"(5절)라고 말씀하신다. 더구나 그들은 여호와가 그곳에 있었음에도 불구하고("그러나 나 여호와가 거기 있었느니라"[10절]) 이스라엘과 유다의 소유를 차지하려는 의도를 가지고 있었다. 이스라엘에 대한 에돔의 미워함은 하나님에 대한 미워함과 같다. 따라서 그들은 이스라엘의 황무함과 동일한 황무함을 당할 것이다. 이일은 에돔으로 하여금 여호와를 알게 할 것이다("나를 여호와인줄 알리라"[15절]).

---

35) 여러 가지 가능성에 대해서는 Eugene H. Merrill, *Kingdom of Priests: A History of Old Testament Israel* (Grand Rapids: Baker, 1988), p. 382를 참조하라.

이어서 선지자는 남서쪽으로 눈을 돌려 블레셋에 초점을 맞춘다(25:15-17). 에돔과 같이 그들도 "옛날부터 미워하여 멸시하는 마음으로 원수를 갚아 진멸코자 하였다"(15절). 본문 역시 역사적 준거는 확실치 않으나 심판의 이유는 분명하다. 누구든지 하나님의 백성들을 해하려는 자는 즉각적이고 확실한 보응을 받는다는 것이다.

계속적으로 시계방향을 따라 에스겔의 신탁은 북서쪽으로 초점을 맞추어 베니게 위성국인 두로를 향한다. 그의 신탁은 이제 두 방향으로 나누어진다. 하나는 정치적 실체(국가)에 관한 것이고(26-27장) 또 하나는 두로 왕에 관한 것이다(28:1-19). 이들에 대해서는 각각 살펴볼 필요가 있다.

두로에 관한 예언은 에스겔에 의해 "제 십일 년"(26:1), 즉 예루살렘이 바벨론에 함락된 주전 586년으로 제시된다. 두로는 그것을 즐거워하다가 여호와의 진노를 불렀다(2절). 예루살렘을 함락시킨 느부갓네살은 이제 두로를 쳐서 동일한 일을 할 것이다. 이 교만한 난공불락의 성읍이 무너지면 주변국은 애가를 지어 그의 갑작스러운 멸망을 슬퍼할 것이다(17-18절). 이어서 선지자 자신이 두로에 대한 애가를 부른다(27:3b-36). 그는 여기서 그 성읍의 부와 상업적 번성을 노래하고(3b-26a절), 곧 이어 그의 멸망을 노래한다(26b-36절).

그는 이어서 두로의 통치자에 대해 언급한다. 그는 시적 형태를 통해 먼저 왕의 교만에 대해 지적한 후(28:2b-5) 폭력적 정변과 그의 사망에 대해 예언한다(6-10절). 그는 다른 애가로 신탁을 마친다(12b-19절). 본문은 왕의 과거 영광에 대한 내용(12b-15a절)과 그의 범행 및 몰락에 관한 내용(15b-16a절) 및 왕좌에서 쫓겨나 죽는 내용(16b-19절)이 이어진다. 본문의 어휘는 "하나님의 동산 에덴"(13절), "그룹"(14절) 및 "하나님의 산"(16절)과 같은 원시적 주제로 가득하며, 따라서 두로 왕의 몰락을 통해 인류 타락에 관한 모습을 발견하게 된다.[36] 이것은 신탁의 의도로 보인다. 모든 악은 통치자이든 백성이든 궁극적으로 교만에 빠진 "기름 부음을 받은 덮는 그룹"인 아담 안에서 그 근원을 찾을 수 있다. 두로왕에 대한 신탁은 모든 반역과 불순종의 기원에 관한 신학적 언급이 되었다.

선지자의 신탁은 두로의 바로 북쪽에 위치한 시돈으로 이어진다(20-23절). 심판의 이유에 대해서는 분명하게 주어지지 않지만 시돈은 이웃 왕국이므로 24-26절의 요약에 포함된다. 여호와께서는 시돈에 대해 다른 나라들과 마찬가지로 "이스라엘 족속에게는 그 사면에서 그들을 멸시하는 자 중에 찌르는 가시와 아프게 하는 가시가 다시는 없으리니 그들이 나를 주 여호와인 줄 알리라"(24절)고 말씀하신다.

따라서 열국에 대한 심판의 목적은 가장 분명하다. 즉 그들은 하나님의 선민을 비방하고 저주하였으므로(cf. 창 12:3) 하나님께서 족장들과 맺은 언약을 따라 그들 역시 저주를 받아야 한다는 것이다.

그러나 선지자는 애굽에 대해서는 구원의 메시지를 덧붙이신다(겔 29-32장). 처음부터 선민과의 관계에 있어서 돕는 자와 압제자의 양면성을 보였던 애굽은 전형적인 세상을 나타낸다.

첫 번째 메시지는 예루살렘 함락 직전의 제 십년(주전 587년)이다(29:1-16). 이 메시지는 구체적으로 당시의 바로, 호프라(Hophra)를 향한다. 유다가 함락되기 전 약 20년간 유다의 왕들은 애굽을 의지하였으나 그들은 믿을 수 없는 동맹이며 부러진 갈대에 불과하다는 사실이 드러났다(6-7절; cf. 사 36:6). 애굽은 하나님의 백성들을 돕는 대신 상처를 주고 지극히 교만하였으므로 유다와 마찬가지로 침략을 당해 열국 가운데 흩어질 것이다(겔

---

36) 많은 학자들은 본문을 사단의 몰락으로 보나, 본문은 에덴동산에서의 추방이며 하늘에서의 추방이 아니므로 동의할 수 없다. 아담의 타락과 관련된 주장에 대해서는 J. Barton Payne, *The Theology of the Older Testament* (Grand Rapids: Zondervan, 1962), pp. 294-95를 참조하라.

29:12; cf. 30:20-26). 그들은 돌아온 후에도 다시는 강한 나라로 일어서지 못할 것이다.

제 이십 칠년(주전 570년)에 여호와께서는 에스겔에게 두로를 정복하는데 실패한 느부갓네살이 애굽으로 향할 것이라고 말씀하셨다(29:17-20). 바벨론은 29:1-16의 예언을 성취함으로 여호와를 섬겼기 때문에 성공을 이루고 애굽의 보화를 자신의 것으로 취할 것이다.[37] 이렇게 하여 열방과 통치자들에 대한 이스라엘의 하나님의 주권은 다시 한번 입증되었다.

에스겔은 더욱 묵시적인 언어로 애굽에 대한 심판을 다시 선언한다(30:1-19). 애굽과 그 동맹국들을 심판할 여호와의 날이 다가오고 있다. 느부갓네살과 그의 군대는 곧 남쪽의 백성들을 멸하러 올 것이다. 그들은 이 과정에서 그 땅에서 우상을 제하고 큰 성읍을 불태우며 다시 한번 애굽을 초토화시킬 것이다. 여호와께서는 이 모든 일을 통해 "그들이 나를 여호와인 줄 알리라"(30:19)고 말씀하신다.

에스겔은 비유를 통해 앗수르와 애굽을 차례로 백향목에 비유한다(31:1-18). 신선한 물을 풍성히 받은 나무는 크게 자라 공중의 모든 새가 깃들이고 짐승들은 그 그늘에서 쉰다. 심지어 에덴동산이라도 그와 비교할 수 없다. 그러나 이 큰 나무는 교만하여 찍힘을 당할 것이다. 이와 같이 큰 교만은 다시는 없을 것이기에 그렇게 높고 넓은 나무도 다시는 있지 않을 것이다.

여호와께서는 앗수르의 흥망성쇠에 관한 이 이야기를 통해 당시 열국 가운데 강대국이던 애굽에게 그들 역시 망하게 될 것임을 보여주었다(18절). 다시 한번 여호와의 우주적 통치가 모든 사람들에게 나타날 것이다.

제 십 이년(주전 585년)에 선포된 애가 신탁(32:1-16)에서 에스겔은 애굽을 죽은 자로 묘사한다. 큰 바다 괴물과 같이 애굽은 여호와의 그물에 걸려 해변에 끌어올려 질 것이다. 그곳에서 썩은 시체는 새와 들짐승의 먹이

---

[37] 역사적 자료에 대해서는 Bright, *A History of Israel*, p. 352를 참조하라.

가 될 것이며, 열국의 백성들은 그로 인해 크게 놀랄 것이다. 이 그물은 여호와의 진노의 도구인 바벨론이다(11절).

애굽에 대한 마지막 메시지(17-32절) 역시 제 십 이년에 임한 신탁으로 끔찍한 심판의 주제와 황무함이 이어진다. 에스겔은 애굽이 조만간 다른 강대국들과 음부에서 합류할 것이므로 애굽과 그의 무리를 위해 애곡하라는 명령을 받는다(18, 21절). 그곳에는 이미 생존 세상에서 사람들을 두렵게 한 앗수르, 엘람, 메섹, 두발, 에돔, 시돈 사람들이 있다. 이제 다른 나라보다 조금도 나을 바 없는 애굽이 곧 이를 것이다(19, 28절). 그는 마음대로 살며 그가 여호와이심을 인정하지 않음으로 하나님께 범죄하였다.

4) 결론

근본적으로 에스겔서의 신학은 심판과 회복이라는 이중적 주제로 구성된다. 선지자에게 심판은 이미 시작되었다. 왜냐하면 에스겔 자신이 바벨론에 있는 유다 백성들과 함께 포로로 있었으며, 작금의 상황이 배교적 백성들에 대한 하나님의 심판의 직접적인 결과임을 상기시켰기 때문이다. 초기 선지자들이 유다의 범죄와 그들의 추방에 대해 예언한 것들은 모두 성취되었다. 이제 남은 것은 하나님께서 그의 영원한 무조건적 언약을 기억하시고 회개하는 남은 자들을 회복시켜 고국으로 돌아오게 하는 것이다.

이것을 할 수 있는 능력은 이스라엘이 고백하는 하나님에게 달려 있다. 그는 이스라엘만의 하나님이신가 아니면 모든 열국의 하나님도 되시는가? 그의 능력은 자기 백성들에 대한 거부와 바벨론으로 보내는 것으로 끝나는가 아니면 바벨론에 대한 주권 및 그곳으로부터의 구원도 포함되는가? 이 질문에 대답하기 위해 여호와께서는 구약성경에서 전례를 찾아보기 어려운 영광스러운 신현을 통해 자신을 에스겔에게 나타내신다. 이러한 자기계시를 통해 드러나는 하나님의 모습은 그가 창조주이며, 택한 백성들의 구원을 위해 역사를 움직여 가시는 전능하신 분임을 보여주기에 충분하다.

이 하나님은 결코 변덕스럽게 자기 백성들을 포로와 죽음으로 몰아가지 않으신다. 그들은 이미 배교와 우상숭배로 그와의 언약을 위반하였던 것이다. 그들에게 일어난 모든 일은 그들에게 책임이 있다. 그러나 하나님은 구원하심에 있어서도 변덕을 부리지 않으신다. 그는 이스라엘과 영원한 언약을 맺으시고 자신의 이름을 위해 그들 안에 그를 알고 사랑하는 새로운 마음과 성향을 주실 것이다. 이 일이 일어나면 그들은 회복된 공동체로서 언약의 원래적 요구에 대한 책임을 다할 수 있을 것이다.

그러나 이 회복은 두 가지 형태, 또는 두 가지 국면으로 전개될 것이다. 그것은 바사 왕 고레스의 정책을 통해 역사적으로 일어날 것이다. 그러나 이것은 종말에 있을 새로운 재구성에 대한 하나의 전형이자 맛보기일 뿐이다. 사실상 영적 새로움과 거듭난 생명은 이 은혜의 시대에 있을 요소들이다. 새롭게 창조된 이스라엘은 여호와의 지상 통치의 핵심이 될 것이다. 그의 왕 다윗의 후손 메시아를 통해 이스라엘은 결국 거룩한 나라와 제사장 나라가 되어 구원의 축복을 지상의 모든 나라에 전하게 될 것이다. 지금 여호와를 대적하는 나라들은 심판을 받을 것이며, 그날이 오면 그들 역시 그가 하나님이심을 알게 될 것이다.

2. 다니엘의 신학

주전 586년에 있었던 예루살렘의 함락과 솔로몬 성전의 파괴 및 지도자와 상류층의 유배는 이스라엘과 유다의 긴 역사 가운데 역사적 및 신학적으로 가장 처참한 사건이었다. 이 사건은 하나의 근본적인 질문을 제기한다: 이 끔찍한 심판을 몰고 온 느부갓네살과 그의 바벨론 및 바사 후계자들과 이 일을 허락하셨거나 막지 못하신 이스라엘의 하나님 가운데 누가 진정한 주권자인가?[38]

이 문제는 바벨론의 첫 번째 침공이 있었던 주전 605년에 바벨론으로 유배되었던 젊은 다니엘의 몫으로 남았다. 바벨론과 바사 왕궁에서 평생을 섬긴(주전 약 605년부터 530년까지) 후 그는 자신의 이름으로 하나님의 영이 작성해 주시는 글을 받아 적을 준비를 갖춘 서기관처럼 손에 붓을 들고 이스라엘(또는 유다)의 포로에 관해 하나님의 주권을 핵심 주제로 하는 신학적 사색을 기록하였다.[39]

다니엘의 글은 (1) 하나님의 주권, (2) 타락한 인간의 주권, (3) 하나님의 우주적 통치의 회복으로 나눌 수 있다. 우리는 다니엘의 관심이 성경신학

---

[38] 이 평가에 관해서는 Ralph W. Klein, *Israel in Exile: A Theological Interpretation* (Philadelphia: Fortress, 1979), pp. 1-8을 참조하라.

[39] 이것을 지지하는 입장에 대해서는 Eugene H. Merrill, "Daniel as a Contribution to Kingdom Theology," in *Essays in Honor of J. Dwight Pentecost*, ed. Stanley D. Toussaint and Charles H. Dyer (Chicago: Moody, 1986), pp. 211-25를 참조하라.

전체의 중요한 주제인 여호와와 그의 택한 백성 간의 언약적 관계를 넘어 선다는 것을 쉽게 알 수 있다. 오히려 그의 관점은 보편적이며 우주적이다. 하나님은 인간과 국가를 포함한 만물의 창조주이시며 장차 통치자로서 그들의 반역 행위를 제압하시고 은혜로 통치하실 것이다. 이 목적을 역사적으로 달성하기 위해 택한 백성 이스라엘은 장차 회복되어 그것을 이룰 것이다. 그러나 이 일은 자신을 위해서가 아니다. 존귀케 되는 것은 여호와이시며 모든 나라는 심판을 받고 그를 섬기는 백성들이 될 것이다.

1) 하나님의 주권

이스라엘과 유다의 붕괴와 몰락에도 불구하고 다니엘서는 여호와하나님이 인간사의 절대적 주권자로 남아계신다는 사실을 분명히 제시한다. 이것은 당시의 정치 종교적 상황에도 불구하고 현재적으로 시행되고 있으며 장차 모든 사람들이 그것을 알게 될 것이다.

다니엘의 동료 선지자인 에스겔이 보다 광범위하게 사용하였던 극적인 묵시적 용어를 통해 다니엘은 먼저 여호와의 신현에 대해 언급한다(단 10:5-9). 적어도 다니엘에게 있어서 하나님의 말할 수 없는 영광에 대한 이상은 하나님께서 모든 만물에 대한 통치권자이심을 말해준다. 그의 형언할 수 없는 영광만으로도 그의 실체와 절대성을 입증하기에 충분했던 것이다. 많은 학자들은 세마포 옷을 입은 이 "인자"를 가브리엘이나 미가엘과 같은 천사로 보나,[40] 그에 대한 특이한 묘사나 다른 본문, 특히 신약성경(cf. 계 1:13-16; 2:18)의 유사 내용과 비교할 때 그가 하나님이심을 알 수 있다.[41] 그의 빛나는 용모와 뇌성과 같은 음성은 다니엘로 하여금 무릎 꿇게 하였으며 그 자세에서 그는 놀라운 계시를 듣고 반응하였다.

---

40) Gleason L. Archer, Jr., "Daniel," in *The Expositor's Bible Commentary*, 7:123.
41) Robert D. Rowe, "Is Daniel's 'Son of Man' Messianic?" in *Christ the Lord*, ed. Harold H. Rowdon (Leicester: InterVarsity, 1982), pp. 90-91.

이러한 하나님의 주권적 계시는 고레스 삼년(즉 주전 536년)에 있었다. 그러나 다니엘은 이미 예루살렘을 떠나 바벨론에 도착한 다음부터 오랫동안 이 사실에 대해 알고 있었다. 따라서 그는 주전 605년부터 유다 왕 여호야김이 느부갓네살에게 복종해야 한다고 주장하였다. 이 일은 "주께서 여호야김과... 그의 손에 붙이시매"(단 1:2) 가능한 일이었다. 느부갓네살은 아마도(그리고 틀림없이) 이러한 성공이 자신의 군사적 용맹과 신들의 힘 때문이라고 말하겠지만, 다니엘은 그것이 느부갓네살을 심판의 도구로 사용하신 여호와께 기인한다고 생각하였다.

이러한 확신은 긍정적인 면으로도 생각해 볼 수 있다. 자기 백성들을 느부갓네살의 손에 붙이신 하나님은 그들을 그곳에서도 보호하실 수 있기 때문이다. 그는 "다니엘로 환관장에게 은혜와 긍휼을 얻게" 하시고(1:9); 다니엘과 그의 세 친구에게 "지식을 얻게 하시며 모든 학문과 재주에 명철하게" 하셨으며(17절); 이상 가운데 다니엘에게 그에 대한 목적 및 자기 자신에 대해 계시하셨다(2:19, 28). 이 계시는 느부갓네살(4:9, 19)이나 벨사살의 모친(5:11-12) 및 벨사살 자신(14, 16절)에게도 알려졌다. 다니엘은 사자 굴에서 아무런 해도 입지 않고 구원을 받았을 때보다 여호와의 주권적 보호하심을 깊이 느낀 적이 없다. 그는 메대의 다리오에게 "나의 하나님이 이미 그 천사를 보내어 사자들의 입을 봉하셨으므로"(6:22)라고 담대히 선포하였다.

그러나 아마도 다니엘 자신의 경험에서 여호와의 주되심에 대한 가장 큰 증거는 인간 왕국의 왕들을 세우시고 폐하시는 분이 하나님이시라는 사실에 대한 확고한 믿음일 것이다. 이들 왕들과 그들의 신하는 자신의 신에 의해 직무를 위한 부름을 받고 특권과 책임을 부여받았다고 생각하였기 때문에,[42] 이스라엘의 하나님이 사실상 인간 권력의 근원이자 그것을 수여하

---

42) 여러 가지 예에 대해서는 Bertil Albrektson, *History and the Gods* (Lund, Sweden: CWK Gleerup, 1967), pp. 42-52를 참조하라.

는 분이시라는 다니엘의 주장은 열국의 신들이 수행하는 역할을 암묵적으로 부인한다.

느부갓네살이 다니엘에게 자신이 꿈을 꾸었다고 말하고 그것을 해석하라고 명하였을 때 이 젊은 선지자는 "때와 기한을 변하시며 왕들을 폐하시고 왕들을 세우시는"(2:21) 하나님을 고백하며 간절히 기도하였다. 그는 이어서 왕에게 그의 꿈에 대해 "왕은 열왕의 왕이시라 하늘의 하나님이 나라와 권세와 능력과 영광을 왕에게 주셨고 인생들과 들짐승과 공중의 새들, 어느 곳에 있는 것을 무론하고 그것들을 왕의 손에 붙이사 다 다스리게 하셨으니 왕은 곧 그 금머리니이다"(37-38절)라고 설명하였다.

이러한 대표적 통치는 하나님께서 인간에게 그의 형상이자 대표자로서 만물을 다스리라는 사명을 주었던 창조 명령과 놀라운 유사성을 가진다.[43] 하나님께서는 남자와 여자에게 "생육하고 번성하여 땅에 충만하라, 땅을 정복하라, 바다의 고기와 공중의 새와 땅에 움직이는 모든 생물을 다스리라"(창 1:28)고 말씀하셨다. 확실히 느부갓네살은 범죄한 자요 믿지 않는 이방 왕이었으나 이러한 통치 명령에 동참케 하시는 하나님의 은혜를 누릴 수 있었다. 그는 인간이 만든 금머리와 같은 모습을 하였으나(단 2:38) 그럼에도 불구하고 이러한 인간 통치의 이미지는 인간이 하나님의 형상으로 창조함을 받았으며 이 땅에서 그를 위해 다스려야 함을 보여준다.

다니엘은 인간이 세운 왕국은 영원하지 않다고 지적한다. 이는 다음과 같은 한 날이 이를 것이기 때문이다: "하늘의 하나님이 한 나라를 세우시리니 이것은 영원히 망하지도 아니할 것이요 그 국권이 다른 백성에게로 돌아가지도 아니할 것이요 도리어 이 모든 나라를 쳐서 멸하고 영원히 설 것이라"(2:44). 이 영원한 하나님의 나라는 만물의 회복과 연관되며, 이에 관해서는 본 장 끝부분에서 다시 다루게 된다.

---

43) Eugene H. Merrill, "Covenant and the Kingdom: Genesis 1-3 as Foundation for Biblical Theology," *Criswell Theological Review* 1 (1987): 295-308.

두 번째 꿈에서 느부갓네살은 자신이 큰 나무였으나 베임을 당하여 그루터기에서 떨어져 나와 마치 짐승과 같이 들을 돌아다닌다. 그는 이 꿈의 목적이 "지극히 높으신 자가 인간 나라를 다스리시며 자기의 뜻대로 그것을 누구에게든지 주시며 또 지극히 천한 자로 그 위에 세우시는 줄을 알게 하려함"(4:17)임을 깨닫는다.

크게 실망한 느부갓네살은 다니엘에게 찾아와 꿈에 대한 완전한 해석을 물으며, 하나님의 사람으로부터 그의 나라가 빼앗김을 당할 것이나 "하나님이 다스리는 줄을 왕이 깨달은 후에야"(26절) 회복될 것이라는 사실을 듣게 된다. 인간 왕도 통치할 수 있으며 때로는 하나님의 목적에 부합되는 통치를 할 수도 있으나 그는 자신의 권세의 원천과 한계에 대해 인식해야 한다. 왕의 주권은 만왕의 왕이신 하나님으로부터 나오는 주권이다.

느부갓네살의 아들(즉, 후계자) 벨사살 역시 전임자들의 왕권의 진정한 기초가 이스라엘 하나님의 주권에 기인한다는 사실을 알았다. 벨사살로부터 궁정 벽에 기록된 신비한 메시지를 해석하라는 명을 받은 다니엘은 그에게 "지극히 높으신 하나님이 왕의 부친 느부갓네살에게 나라와 큰 권세와 영광과 위엄을" 주셨으나(5:18) "그가 마음이 높아지며 뜻이 강퍅하여 교만을 행하므로"(20절) 왕위가 폐한 바 되고 영광을 빼앗기게 될 것이라고 말한다. 왕들이 일어나고 무너지는 것은 모두 전 인류의 유일하고 참되신 하나님의 뜻에 따른 것이다.

"여호와는 온 세상의 주"이시라는 이 진리는 단순히 다니엘만의 신학적 고백이 아니다. 이것은 신자들이나 불신자들의 고백 속에서 동일한 반응을 발견할 수 있다. 전자의 경우 세 명의 젊은 유다 청년들을 예로 들 수 있다. 그들은 극렬히 타는 풀무에 던져지기 직전 "만일 그럴 것이면 왕이여 우리가 섬기는 우리 하나님이 우리를 극렬히 타는 풀무 가운데서 능히 건져내시겠고 왕의 손에서도 건져내시리이다"(3:17)라고 고백하였다. 보다 놀라운 것은 바벨론과 바사와 같은 이방 왕들의 증거이다. 인간 통치자로서의 역할에 대한 축소판이라고 할 수 있는 그들은 창조주 하나님의 주권과 그의 통치에 대적하는 타락한 인간의 주권 사이의 대조를 보여준다. 꿈에 대한 해석이 있은 후 느부갓네살은 다니엘에게 "너희 하나님은 참으로 모든 신의 신이시요 모든 왕의 주재시로다"(2:47)라고 고백한다. 여호와의 구원의 능력은 이 왕으로 하여금 청년들이 풀무에서 구원되어 나오는 광경을 보고 "이같이 사람을 구원할 다른 신이 없음이니라"(3:29)고 고백하게 한다.

나중에 나무에 관한 꿈에 대해 언급하며 느부갓네살은 전능하신 하나님에 대해 "크도다 그 이적이여, 능하도다 그 기사여, 그 나라는 영원한 나라요 그 권병은 대대에 이르리로다"(4:3)라고 공개적으로 선포한다. 물론 꿈의 목적은 느부갓네살로 하여금 여호와께서 실제로 주권자이심을 깨닫게 하는 것이었다(25절). 이 목적은 바벨론 왕 자신에 의해 성취되었다. 그는 여호와에 대해 "그 권세는 영원한 권세요"(34절)라고 하였으며, "그의 일이 다 진실하고 그의 행하심이 의로우시므로"(37절)라고 고백하였던 것이다.

바사 왕 메대의 다리오 역시 다니엘이 사자 굴에서 안전하게 나오자 다니엘의 하나님의 주권을 찬양하였다. "그는 사시는 하나님이시요 영원히 변치 않으실 자시며 그 나라는 망하지 아니할 것이요 그 권세는 무궁할 것이며"(6:26).

물론 느부갓네살과 다리오 왕의 이러한 고백은 그들이 섬기는 다신교적 종교를 버리고 여호와 신앙으로 "개종"하였다는 것은 아니다. 물론 이에 관한 어떠한 역사적 증거도 없다. 그러나 그들의 고백에 대한 다니엘의 증거의 신빙성에 대해서도 하등 의심할 이유가 없다. 그들의 다신교적 신앙은 유익이 된다고 생각하면 어떤 신도 포용하기 때문이다.[44] 고레스의 비문은

---

44) Joyce Baldwin, *Daniel: An Introduction and Commentary* (Leicester: InterVarsity, 1978), p. 95.

그가 비록 아후라 마즈다(Ahura Mazda)신을 섬겼으나 그의 만신전에는 많은 신들이 있었음을 분명히 보여준다. 유다의 예루살렘 귀환에 대해 언급하고 있는 고레스의 조서(스 1:2-4)에는 고레스의 비문에 언급된 범신론적 정신이 고스란히 담겨 있다.[45]

하나님의 주권은 역사적 사실일 뿐 아니라 종말론의 중심 주제이다. 사실상 그의 현재적 통치는 거의 찾아볼 수 없다. 그러므로 감추어진 주권이 모든 사람에게 드러날 날이 온다는 것이 핵심이다.

2) (타락한) 인간의 주권

성경신학의 중심 주제는 하나님이 인간을 자신의 형상대로 창조하여 만물을 지배하고 다스리게 하였다는 것이다(창 1:26-28). 인간의 타락은 이 목적을 손상시켰으며 일시적으로 그것을 이루지 못하도록 하였으나 이 목적은 결코 무효화되지는 않았다. 하나님의 궁극적인 승리의 날이 오면 인간은 그와 함께 또한 그를 위해 영원히 섬길 것이다. 한편으로 지배에 관한 명령은 역사에 지속되며 인간 정부는 그것을 감당해야 한다. 불행히도 범죄한 인류의 교만은 진정한 정치적 제도의 기능을 상실하게 하였다. 그들은 스스로 이 땅에서 하나님의 의로우신 통치의 도구가 되었음을 알아야 한다. 그럼에도 불구하고 그들의 통치는 여호와의 특별한 나타나심으로 그의 인정을 받지 못할지라도 그의 재가를 받는다.

하늘의 통치와 지상의 통치 사이의 긴장은 다니엘 신학의 중요한 관심사이다. 사실상 이것은 그의 근본적 주장이 제시하는 주제이다. 따라서 선지자는 앞에서 제시한 하나님의 주권과 인간 왕들 및 왕국의 주권에 초점을 맞춘다.

---

[45] Joseph Blenkinsopp, *Ezra-Nehemiah: A Commentary* (Philadelphia: Westminster, 1988), p. 75.

느부갓네살은 가장 큰 주목을 받는다. 그는 예루살렘의 함락과 다니엘의 유배에 대한 책임이 있기 때문이다. 이 유배는 아이러니하게도 느부갓네살 원년에 일어났으며, 바벨론 통치 43년 동안(주전 605-562년) 다니엘은 그를 섬겼다. 따라서 다니엘은 성경의 다른 어떤 선지자들보다 인간의 주권이 어떻게 하나님의 주권을 대신할 수 있는지에 대해 잘 알게 되었다.

다니엘은 먼저 자신에 대한 느부갓네살의 주권에 대해 자신의 유배에 관한 언급으로 설명하고, 자신이 왕의 신하로 선택되었다는 사실을 언급한다(단 1:3-6). 특히 그에 대한 다니엘의 순종적 자세를 잘 보여주는 대목은 왕의 명에 의해 다니엘이라는 이름을 벨드사살로 바꾼 것이다(1:7).

왕으로서 느부갓네살의 지위에 대한 보다 직접적인 확인은 다니엘의 꿈 해석과 그를 왕으로 규명한 이상을 통해 제시된다. 선지자는 느부갓네살이 큰 신상의 금머리라고 하였다(단 2:38). 이것은 그가 "열왕의 왕"(37절)임을 보여준다. 느부갓네살을 땅의 중앙에 있는 거대한 나무에 비유한 것은(4:10) 그의 위엄을 보여준다. 다니엘은 조금도 주저함 없이 이 비유에 대해 "왕이 자라서 견고하여지고 창대하사 하늘에 닿으시며 권세는 땅 끝까지 미치심이니이다"(22절)라고 고백한다.

물론 느부갓네살의 세계적 통치와 그의 도덕적 영적 바탕에 대한 칭의는 다른 차원이다. 하나님에 의한 인간 정부의 창조와 유지는 정부가 어떤 형태의 정치적 형태를 취하든 그들의 정책이나 시책에 대해 무비판적으로 보증하는 것으로 해석되어서는 안 된다. 불의한 자들이 이끄는 정부는 이념적으로나 신학적으로 하나님의 의로우신 목적을 대적할 수밖에 없기 때문이다. 이것은 자신에게 부여된 문화적 사명을 수행하는 동안 하나님의 주권을 인식하는데 실패한 인간의 모든 제도에 대한 하나님의 자의적 선택과 반감의 역설에 대해 설명해 준다. 따라서 다니엘은 느부갓네살의 합법적 왕권을 고백하는 동시에 그의 오만과 반신정적 자세에 대해 책망하였던 것이다(단 4:30, 32).

벨사살 역시 하늘의 하나님에 대한 자신의 책무에 대해 민감하지 못하였다. 그는 큰 연회를 열어 여호와의 성전의 기명을 술잔으로 사용하는 참람한 범죄를 저지른다(5:2-4). 벨사살은 그것으로 축배를 들며 자신의 신들을 찬양하였다. 다니엘은 이것이 명백한 권력의 남용이자 그 힘의 원천에 대한 전적인 왜곡이라고 보았다. 전임자였던 느부갓네살과 마찬가지로 벨사살은 마음을 낮추지 아니하고 스스로 "하늘의 주재를 거역"하였다(22절). 그는 금과 은으로 만든 죽은 신들을 찬양하였으나 "왕의 모든 길을 작정하시는 하나님께는 영광을 돌리지 아니"하였다(23절). 문제는 인간 주권의 합법성이 아니라 참된 주권자이신 여호와에 대한 인식 여부이다.

역사적으로나 종말론적으로 지상 통치자들의 교만과 자만심은 다니엘 11:36-45의 왕에게서 절정을 이룬다. 보편적으로 안티오쿠스 IV 에피파네스(주전 175-164)[46]로 알려진 그는 시리아의 셀류키드 왕조의 아홉 번째 통치자로, 많은 기독교 학자들에 의해 적그리스도로 알려진 인물이다. 그는 큰 환란 때에 일어나 여호와와 그의 성도들에 대한 마지막 공격에 참여할 것이다(살후 2:4; 계 13:5-6).[47]

창조주에 대한 피조물의 반역은 인간 왕들의 오만한 태도에 축소되어 드러나며, 이들이 다스리는 정치 제도와 국가 체제에서도 잘 드러난다. 따라서 통치자들과 그들의 신하들은 모두 하나님의 주권을 인정하기를 거절한 무법한 자들로 심판을 받을 것이다. 이러한 사실은 다니엘서의 세 본문(7:3-8, 17; 8:3-8, 20-22; 11:2-35)에 가장 잘 드러난다.

---

46) Alexander A. DiLella, *The Book of Daniel: Introduction and Commentary on Chapters 10-12*, The Anchor Bible, pp. 294-303.

47) J. Dwight Penetecost, *Things to Come* (Findlay, Ohio: Dunham, 1958), pp. 321-23; Donald K. Campbell, *Daniel: Decoder of Dreams* (Wheaton, Ill.: Victor, 1977), pp. 131-35.

벨사살 원년(7:1)에 다니엘에게 임한 이상에서 그는 큰 짐승 넷, 즉 사자, 곰, 표범, 철 이와 열 뿔 달린 짐승이 바다로부터 나오는 것을 본다. 이들 중 어느 것도 다니엘에게 설명되지 않았으나 이들이 각각 왕을 가진(17절) 네 개의 연속된 나라임은 분명하다(12절). 전통적인 보수적 관점은 이들을 바벨론, 메대-바사, 헬라 및 로마로 본다.[48] 자세한 설명이 없는 네 번째 짐승인 로마는 다니엘 자신이 로마가 세계적 열강으로 형성되기 이전 사람이었으므로 자세하고 정확하게 제시되지 않는다.

네 번째 짐승의 머리에 난 열 뿔에 대해 다니엘은 그것이 왕이며 그들로부터 또 하나의 왕이 나서 세 왕을 복종시킬 것이며 "말로 지극히 높으신 자를 대적"할 것이다(7:25). 나중에 분명히 제시되겠지만(11:36; 계 13:6) 이것은 종말론적 적그리스도로 궁극적인 인간의 반역을 상징한다. 로마의 정치 문화적 유산을 받은 열 나라 가운데서 나온 적그리스도는 주권에 대한 최종적 검증으로서 하나님과 그의 백성들을 대적할 것이다.

벨사살 제 삼 년(단 8:1)에 다니엘이 본 이상은 이들 왕들의 정체를 확인해준다. 본문에서 그는 두 뿔 가진 수양을 본다(3-4절). 이들은 메대와 바사 왕들로서(20절) 헬라로 판명된(21절) 염소와 전쟁을 벌인다(5절). 이 염소는 두 눈 사이에 뿔이 하나 있으며 흔히 알렉산더 대왕으로 알려진다. 꺾여진 뿔은 다시 네 개의 뿔로 채워진다. 디아도치(Diadochi)는 알렉산더의 영역을 넷으로 나누었다(8, 22절).[49] 최종적으로 그 중 한 뿔에서 또 하나의 "작은 뿔"이 나서(9절) 여호와를 대적하나 전쟁에 패한다(25절). 이 뿔은 앞에서 본 이상(7:24)의 네 번째 짐승에서 나온 열 뿔 가운데서 나온 뿔과 다르다. 이것은 세 번째 짐승에게서 나왔기 때문이다. 따라서 그는 적그리스도의 원형인 안티오쿠스 에피파네스로 보아야 한다.[50]

---

48) Robert D. Culver, *Daniel and the Latter Days*. Chicago: Moody, 1954, pp. 125-28.
49) 역사적 배경에 대해서는 H. Jagersma, *A History of Israel from Alexander the Great to Bar Kochba* (Philadelphia: Fortress, 1985), pp. 16-17을 참조하라.
50) Archer, *Daniel*, p. 99.

보다 자세한 내용은 11:2-35에서 선지자에게 주어진다. 그는 본문에서 네 명의 바사 왕이 나올 것이며 이어서 헬라로부터 큰 왕이 일어날 것이라는 사실을 알게 된다. 그는 네 명의 왕들에 의해 차례대로 승계된다. 그들 가운데 둘은 서로 싸울 것이며 결국 "북방 왕"(6, 7, 13, 15절)이 휩쓸 것이다. 이어서 그는 한 "비천한 사람"(21절)에게 나라를 물려줄 것이다. 그의 통치는 폭력과 참람함으로 얼룩질 것이다. 이 인물이 안티오쿠스 에피파네스라는 주장에 대해서는 큰 이견이 없으며 그는 말세에 나타날 적그리스도의 원형이라는 사실 역시 적어도 전천년설을 지지하는 학자들 사이에서는 어느 정도 공감대를 형성하고 있다.

타락한 인간의 주권에 관해 다니엘에게 주어진 계시는 동 시대 및 이어지는 시대의 왕과 나라들에 관한 용어로 규명된다는 사실에는 이견이 없다. 세 가지 주요 본문은 모두 이 주제에 대해 서로 다른 상징과 이미지로 접근하지만, 창조주에 대한 피조물의 반역에 대한 기록인 인류 역사가 적그리스도라는 강력한 통치자에 의해 절정에 달할 것이라는 데에는 일치한다. 그는 여호와 하나님의 주권적 요구에 대해 강력히 반발할 것이나 무위로 돌아갈 것이다. 그러므로 다니엘은 이러한 위협이 하나님의 승리의 날에 와해되는 모습에 초점을 맞춘다.

3) 하나님의 우주적 주권의 회복

하나님과 사람의 관계는 처음부터 언약에 제시되어 있기 때문에 다니엘이 조국 이스라엘의 곤경은 언약적 위반의 결과이며, 회복에 대한 희망은 하나님의 은혜로우신 언약적 갱신으로 보았다는 것은 조금도 놀랍지 않다. 다니엘이 이스라엘에 대한 여호와의 주권 회복에 관해 언급한 모든 주장은 모든 피조물에 대한 하나님의 궁극적 통치에 적용될 수 있을 것이다. 중요한 것은 하나님으로 하여금 자신의 언약을 기억하사 다시 한번 그의 왕권을 수행하시도록 회개하고 그를 의지하는 것이다.

다니엘은 국가적(광의로는 우주적) 회복의 근거로서 언약적 갱신에 초점을 맞춘다.[51] 다니엘은 9:4-19에 기록된 위대한 기도에서 여호와를 언약을 지키시는 하나님으로 부르며(4절), 그의 백성들이 언약의 원리들을 범하였다고 말한다(5-6절). 그들이 열국에 흩어짐은 그들의 불순종을 입증한다(7-12절). 그러나 그들은 회개치 않았으므로(13절) 그들에게 임한 모든 재앙은 마땅하다(14절). 다니엘은 출애굽이라는 위대한 구속적 사건에 호소하며(15절), 여호와께서 선민에 대한 약속을 기억하고, 또한 그의 이름을 위해 그들을 사하시고 언약적 축복의 위치로 회복시켜 달라고 간구한다(16-19절).

국가적 및 개인적 차원에서 이러한 회복을 달성하기 위해 하나님의 주권을 대적하는 세상의 반신정적 요소들은 극복되고 멸망되어야 한다. 앞에서 언급한 대로 이들은 불의한 왕들과 왕국의 형태를 취하며 결국 궁극적인 여호와의 대적, 적그리스도로 축약된다. 그는 장차 세 나라를 복종시키는 뿔로서(단 7:24), 말로 지극히 높은 자를 대적하고 삼년 반 동안 그의 성도들을 괴롭힐 것이다(7:25). 그러나 그의 승리는 오래가지 못하고 권세를 빼앗기고 멸망할 것이다(7:26; cf. 계 17:14; 19:20).

다니엘 8장에는 유사한 내용이 소개된다. 본문에서 선지자는 안티오쿠스 에피파네스를 적그리스도의 원형으로 제시하며 그를 작은 뿔로 언급한다(단 8:9). 그는 점차 커져 성전을 훼파하고 제사를 폐하며 육년 이상 성소를 짓밟을 것이다(13-14절). 그러나 그는 오래가지 못할 것이며 종말론적 적그리스도와 마찬가지로 여호와의 손에 멸망할 것이다(14, 23-25절).

적그리스도의 특징과 목적은 다니엘 11:36-45에 자세히 제시된다. 선지자는 본문에서 왕으로 제시된 적그리스도가(36절) 자신을 높여 신과 같이 행세하며 하나님의 피조물을 다스리려 할 것이다(37-39절). 그러나 그의 통

---

51) Peter R. Ackroyd, *Exile and Restoration* (Philadelphia: Westminster, 1968), pp. 89-90.

치는 세상 왕들로부터도 공격을 받게 될 것이다(40-43절). 그는 그들을 하나씩 제압하겠지만 결국에는 거룩한 땅에서 책임을 묻게 될 것이다. 그곳에서 일시적인 통치를 한 후 "그의 끝이 이르리니 도와줄 자가" 없을 것이다(45절; cf. 계 19:19-21).

이 위대한 정복과 회복을 이루실 하나님의 대리인은 다니엘의 예언에 자주 등장하는 "인자"(Son of Man)이다. 다니엘 10:16-21에도 어렴풋이 제시되지만("인자와 같은 이")[52] 7:13-14에는 하늘의 구름을 타고 오시는 분으로 명백히 제시된다("인자 같은 이"). 이것은 다른 본문에서 메시아, 즉 예수 그리스도에 대한 묘사로 제시된다(계 1:7).[53] 다니엘은 그가 옛적부터 항상 계신 자(즉 성부)에게 담대히 나아가 영원한 통치권을 받으셨다고 말한다(단 7:14; cf. 27절; 고전 15:27; 엡 1:20-22; 빌 2:9-11; 계 19:15-16; 20:4-6). 이 시대 끝에 이 세상의 역사적 나라들과 적그리스도의 나라는 인자와 지극히 높으신 자의 성도들이 다스리는 이 영광스러운 하나님의 왕국에 굴복할 것이다.

만일 "지극히 높으신 자의 성민"(단 7:27)이라는 표현이 포괄적인 개념이라면 부활을 전제할 것이다. 왜냐하면 새로운 생명만이 모든 시대 하나님의 백성들을 이 영광스러운 창조적 통치권의 특권에 동참하게 할 수 있기 때문이다. 이러한 내용은 12:1-3에 잘 나타난다. 본문에서 하나님의 사람은 땅의 티끌 가운데서 자는 자 중에 많은 사람이 깨어 영생을 얻는 자도 있고 무궁히 부끄러움을 입을 자도 있을 것이라고 선언한다.[54] 자신의 이름이 "책에

---

52) 대부분의 학자들은 이 인물을 천사로 해석한다. 예를 들어, Archer, *Daniel*, p. 126을 참조하라.
53) Walther Eichrodt, *Theology of the Old Testament* (Philadelphia: Westminster, 1961), 1:487-90.
54) 구약성경의 부활에 관한 소망에 대해서는 William Dyrness, *Themes in Old Testament Theology* (Downers Grove, Ill>: InterVarsity, 1979), pp. 239-42를 참조하라.

기록된"(1절) 하나님의 백성들은 태초에 인류가 받은 피조세계를 다스리라는 명령에 다시 한번 동참하게 될 것이다(창 1:26-28; cf. 계 20:6; 22:5).

교만하여 하나님을 부인하는 인간 통치는 무너지고 하나님이 다스릴 것이라는 다니엘서의 핵심적인 신학적 주제는 온갖 역경에도 불구하고 궁극적 승리를 거둘 성도들의 영원한 통치를 통해 성취될 것이다. 성도들은 옛적부터 항상 계신 이(단 7:9-12)로부터 "나라를 얻으리니 그 누림이 영원"할 것이다(8절). 모든 나라의 주권은 그들에게 넘어갈 것이며, 결국 그들은 그들을 위한 그의 목적을 성취할 것이다. 그들은 "영화와 존귀로 관을 쓰고" 만물을 그 발아래 둘 것이다(27절; cf. 시 8:5-6).

Ⅳ
소선지서의 신학
―A Theology of the Minor Prophets―
by Robert B. Chisholm, Jr.

1. 서론

소선지서는 이사야서, 예레미야서 및 에스겔서에 비해 분량이 짧아 그렇게 불리는 것이지 신학적으로 덜 중요하기 때문에 그런 것은 아니다. 소선지서를 구성하는 열두 권의 책은 주전 8세기부터 5세기까지의 역사를 다룬다.

(8세기)	(7세기)	(6-5세기)	(연대 미정)
호세아	나훔	요엘	요나
아모스	하박국	오바댜	
미가	스바냐	학개	
		스가랴	
		말라기	

요나서에 기록된 사건들은 8세기에 일어났으나 본서의 저작 연대는 확실하지 않다. 요엘서와 오바댜서를 초기 작품으로 보는 사람도 있으나 두 책의 내적 증거는 6세기나 5세기의 저작을 뒷받침한다. 요엘 3:2-3은 바벨론 유수를 과거 사건으로 언급하며, 오바댜 10-14절은 에돔이 예루살렘의 함락(주전 586년)에 개입되었다고 말한다.[1]

---

[1] 이들 책의 연대에 관한 보다 자세한 내용에 대해서는 Leslie C. Allen, *The Books of Joel, Obadiah, Jonah and Micah*, New International Commentary on the Old Testament (Grand Rapids: Eerdmans, 1976), pp. 19-25, 129-33; and C. Hassell Bullock, *An Introduction to the Old Testament Prophetic Books* (Chicago: Moody, 1986), pp. 260, 328-30을 참조하라.

몇 가지 신학적 주제들은 이들 선지서 간에 중첩되며, 특히 위에서 제시한 연대기적 기간 안에서 두드러진다. 따라서 선지자들은 개인적 차원보다 동일 연대를 중심으로 그룹별로 살펴볼 것이다. 동시에 각 선지자의 특징에 대해서도 다룰 것이다. 요나서의 경우 불확실한 연대와 상이한 형식으로 인해 별도로 다루게 된다. 선지자의 메시지를 모은 다른 11권의 책과 달리 요나서는 한 선지자의 삶에 대한 전기적 자료이다.

선지자들은 하나님을 추상적 철학이나 신학적 용어로 제시하지 않는다. 그들은 하나님을 피조세계에 능동적으로 개입하시며 언약 백성들에게 관심을 가지신 분으로 묘사한다. 이러한 내용을 반영하기 위해 다음에 제시하는 내용은 요나서를 제외하고 모두 "하나님과 그의 백성" 및 "하나님과 열국"이라는 제목으로 구성된다.

2. 주전 8세기 선지자(호세아, 아모스, 미가)

1) 서론

여호와와 그의 백성 이스라엘과의 언약적 관계는 호세아, 아모스, 미가 등 8세기 선지자들의 메시지의 핵심이다. 이들 선지자들은 모두 하나님의 백성들이 모세 언약을 범하였다고 고소하며 심판이 임박하였다고 경고한다. 이와 같이 암울한 미래에도 불구하고 선지자들은 동시에 이 심판과 포로기라는 어두운 터널의 끝에 있는 한 줄기 서광을 바라본다. 각 선지자는 여호와께서 아브라함과 다윗에게 약속하신 자신의 영원한 언약에 따라 이스라엘을 축복의 자리로 회복하실 그 때를 바라본다. 실제로 다가올 심판은 하나님의 백성들을 깨끗하게 할 것이며, 이스라엘 역사의 영광스러운 새 시대로 향하는 길을 준비할 것이다.

그들의 신학적 메시지는 대체로 조화를 이루나, 각 선지자는 뚜렷한 강조점을 가진다. 주로 북왕국을 대상으로 하는 호세아는 언약의 하나님에 대한 백성들의 우상숭배적 불순종에 초점을 맞춘다. 그는 이러한 그들의 행위를 간음에 비유한다. 호세아의 생생한 이미지는 독자들에게 방탕한 백성들에 대한 하나님의 강렬한 감정적 사랑을 엿보게 한다. 호세아가 결혼 생활을 통해 겪은 마음의 상처는 하나님의 성품에 대한 그의 통찰력의 일면을 보게 한다. 역시 북왕국을 대상으로 하는 아모스는 백성들의 실패의 다른 면, 즉 사회적 불의에 초점을 맞춘다. 호세아가 작은 주제로 다루고 있는 여호와와 열국의 관계는 아모스에서 더욱 두드러진다. 미가는 호세아나 아모스와 달리 남왕국 유다에 초점을 맞춘다. 다윗왕조와 수도 예루살렘의 미래적 역할이 그의 예언의 핵심이다.

2) 하나님과 그의 백성
(1) 하나님의 주권: 언약 백성을 세우심

8세기 소선지자들은 모두 하나님과 이스라엘의 언약적 관계에 대해 잘 알고 있었다. 그들이 끊임없이 주장하는 것은 이 언약의 주도권이 여호와께 있다는 것이다. 호세아는 여호와에 대해 이스라엘을 "지은 자"(호 8:14)라고 언급한다. 전능하신 창조주로서 하나님은 자기 백성들의 생존에 대한 책임이 있다. 모든 나라들 가운데 여호와께서 택하신 이스라엘은 그와 특별한 관계를 가진다. 아모스 3:2에서 여호와께서는 "내가 땅의 모든 족속 중에 너희만 택하였나니[문자적으로는 '알았나니']"라고 말씀하신다. 본문에서 "택하였나니"[알았나니]로 번역된 동사(yāda)는 언약적 용어이다. 고대 근동의 문헌에서 "알다"라는 숙어는 군주가 봉신에 대해 사용한 경우 전자가 후자를 자신과 특별한 관계에 있음을 인식한다는 의미이다.[2] 이 동사는 언약적 관계를 다룬 중요한 구약성경 본문 두 곳(창 18:19; 삼하 7:20)에서도 이와 유사한 용례를 찾을 수 있다. 이들 구절에서 이 용어는 하나님께서 언약의 주도권을 가지심을 언급하며 "택하다"로 번역된다. 마찬가지로 아모스 3:2에서 이 동사는 하나님께서 자기 백성 이스라엘에 대해 가지시는 특별한 인식을 뜻한다.

---

2) Herbert B. Huffmon, "The Treaty Background of Hebrew YĀDA '," Bulletin of the American Schools of Oriental Research 181 (1966): 31-37.

세 선지자는 이스라엘의 구원 역사에서 중요한 사건들에 대해 언급한다. 여호와께서는 자기 백성들을 애굽의 종살이에서 구원하시고(호 11:1; 12:9; 13:4; 암 2:10; 3:1; 9:7; 미 6:4; 7:15), 광야를 안전하게 통과하게 하셨으며(호 13:5-6; 암 2:10), 지도자를 주시고(암 2:11; 미 6:4), 약속의 땅으로 인도하셨으며(미 6:5) 강력한 대적들을 물리치셨다(암 2:9-10).

이스라엘의 구원 역사의 구체적인 내용들에 대한 주제적, 어휘적 암시들은 먼저 기록된 성경에 관한 철저한 지식을 보여준다. 예를 들어, 호세아에서 십계명의 서문과 같이 여호와의 언약적 관계에 대한 확인은 출애굽과 연결된다(cf. 호 12:9 및 13:4과 출 20:2 및 신 5:6). 아모스는 여호와께서 자기 백성들을 "애굽 땅에서 이끌어내어"라고 말한다. 이것은 이전 문학에서 출애굽 사건을 언급하는 전형적인 표현이다(cf. 암 2:10과 출 29:2; 레 11:45; 신 20:1; 수 24:17). "종노릇하는 집에서 속량하였고"라는 미가 6:4의 언급은 신명기 7:8 및 13:5의 언급을 상기시킨다. 선지자가 제시하는 역사적 내용에는 여호와께서 애굽에서 행하신 기적적 사역(미 7:15; cf. 출 3:20), 광야 여정(40년)에 관한 내용(암 2:10; cf. 신 8:2), 지도자로서 아론과 미리암의 역할(미 6:4), 요단강 도하를 전후한 이스라엘의 진지로서 싯딤과 길갈(미 6:5; cf. 수 3:1; 4:19) 및 일부 가나안 족속의 엄청난 신장(암 2:9; cf. 민 13:22-23) 등에 관한 내용이 포함된다.

호세아서는 여호와와 그의 백성과의 관계를 보여주기 위해 생생한 이미지를 사용한다. 여호와께서는 이스라엘에 대한 사랑을 아들에게 걸음을 가르치는 아비의 사랑에 비유한다(호 11:1-3). 아버지와 아들의 이미지와 "사랑"에 대한 강조는 오경, 특히 신명기적 모티프를 반영한다(출 4:22-23; 신 1:31; 7:8; 23:5; 32:6). 여호와께서는 언약 백성들을 특별히 사랑하시며(호 9:10; 10:1) 그들에게 풍성한 소출을 허락하셨다(2:8). 그는 자신의 사랑을 소의 목에서 멍에를 벗기고 그에게 먹이를 주는 사람에 비유한다(11:4).

(2) 이스라엘의 반응: 그의 백성들이 언약의 주를 거절함

이스라엘은 하나님의 선택적 사랑과 그들을 구원하신 행위에 대해 어떻게 반응하였는가? 여호와는 이 질문에 놀라운 대답을 하신다. "저희가 먹이운 대로 배부르며 배부름으로 마음이 교만하며 이로 인하여 나를 잊었느니라"(호 13:6). 하나님의 사랑에 감사와 순종으로 보답하기보다 이스라엘은 하나님의 권위에 반역하고 다른 신들을 섬겼으며, 하나님께서 주신 언약적 삶의 원리들을 거절하였다. 이스라엘은 애초부터 불순종하였으며 반역적 역사의 전형을 세웠다(호 9:9-10; 10:9). 여호와께서 자기 백성들을 부르실수록 그들은 점점 더 그를 멀리했다(11:2). 그들은 하나님께서 세우신 지도자들을 거절하였으며(암 2:12), 여호와의 축복을 가나안의 풍요와 폭풍의 신 바알에게 돌렸다(호 2:8). 또한 탐욕에 눈이 먼 자들은 동족을 착취하였다. 선지자의 경고에도 불구하고(예를 들어, 호 4:15) 북왕국의 죄는 남왕국으로 옮겨갔다(호 11:12; 미 1:5-9, 13; 6:16).

8세기 선지자들은 이스라엘의 가장 큰 죄를 언약에 대한 위반으로 보았다. 특히 호세아서는 이에 대해 다양한 방식으로 제시한다. 여호와께서는 이스라엘이 언약을 "어겼다"고 말한다(호 6:7; 8:1). 그들은 그의 법을 "무시하고"(문자적으로 "잊었으며"[4:6]), "관계없는 것으로" 여겨(8:12) 그것을 "범하였다"(8:1). 언약을 거절함으로 이스라엘은 여호와께 범죄하였다(7:13). 이러한 반역은 여호와를 "떠나 그릇 갔음"과 그를 "거역"한 것으로 묘사된다(7:13-14).

이스라엘에 대한 언약적 소송을 제기하기 위해 여호와께서는 "이 땅에는... 하나님을 아는 지식도 없고"(4:1)라고 말씀하신다. "지식"으로 번역된 단어는 그의 계명에 대한 순종이라는 가시적인 방식으로 표현된 하나님의 권위에 대한 인정을 뜻한다. "알다"라는 단어는 고대 근동 조약에서 봉신이 군주에 대해 사용할 때 군주의 주권을 인정한다는 의미이다. 예레미야 22:15-16에는 이 단어에 대한 흥미로운 용례를 발견할 수 있다. 본문에서 여호와는 요시야에게 "네가 백향목으로 집짓기를 경쟁하므로 왕이 될 수

있겠느냐 네 아비가 먹으며 마시지 아니하였으며 공평과 의리를 행치 아니하였느냐 그 때에 그가 형통하였었느니라 그는 가난한 자와 궁핍한 자를 신원하고 형통하였나니 이것이 나를 앎이 아니냐"라고 말씀하신다. 본문에서 요시야의 사회 정의에 대한 관심은 여호와를 "아는 것"과 동일시된다. 이것은 하나님을 아는 것을 지식적인 앎으로만 생각하는 경향이 있는 현대 서구인들에게는 낯설게 여겨질 것이다. 그러나 요시야는 하나님의 권위를 인정하고 그의 주권적 요구(본문의 경우 사회 경제적 문제와 관련된)에 복종하였다는 의미에서 하나님을 "알았다." 호세아 시대에 이스라엘은 이러한 지식이 없었다.

호세아서는 이스라엘의 언약적 위반에 대해서도 여러 가지 방식으로 조명한다. 이스라엘의 불충은 종종 음란에 비유된다(호 1:2; 2:2-13, 4:15; 5:4, 7; 6:10; 9:1). 이스라엘이 "남편"이신 하나님에 대한 불충을 보여주기 위해 여호와께서는 호세아에게 음란한 아내를 취하라고 말씀하신다(호 1:2-3). 호세아 6:4에서 여호와께서는 이스라엘의 "사랑"(또는 "성실")을 속히 사라지는 "아침 구름"과 "이슬"에 비유한다. 이스라엘의 헌신은 기껏해야 얼마가지 못한다. 이스라엘은 마치 "완강한 암소"처럼 우상을 쫓아다닌다(4:16).

미가와 아모스 역시 이스라엘의 죄의 본질을 언약의 위반으로 본다. 미가 6:1-8에서 여호와께서는 범죄한 유다를 언약을 위반한 자로 고소하신다 (cf. 호 4:1). 그는 아모스 2:4에서 유다가 그의 율법을 "멸시하며" 그의 율례를 "지키지 아니하였다"고 구체적으로 언급하신다. 아모스 2:4 및 6절에서 유다와 이스라엘의 "죄"로 번역된 단어(peš a')는 반역을 의미한다. 동사 형태로는 정치적 상황에 등장하며, 조약에 대한 위반의 의미로 사용되었다 (cf. 왕하 1:1; 3:5, 7).

세 선지자 모두 이스라엘의 구체적인 죄와 함께 언약 위반에 대한 광범위한 증거를 제시한다. 이들 중 다수는 오경의 규정에 대한 직접적인 위반에 해당한다.[3] 호세아는 북왕국이 십계명의 첫 번째 와 두 번째 계명을 위반하였다고 고소한다. 음란한 아내와 같이 이스라엘은 다른 연인, 즉 바알을 따라갔다(호 2:2-13). 이스라엘은 이 거짓 신을 섬기면서 제의적 음행(풍작의 보장을 위해, cf. 4:10-19)과 이교적 애곡(cf. 7:14[NIV 난외주]) 및 우상숭배(8:4-6; 10:1-2, 5-6, 8; 11:2; 13:1-2)에 빠졌다. 아모스서는 이와 같은 이스라엘의 반역에 대해 강조하지는 않았으나 적어도 두 본문(암 5:26; 8:14)에서 거짓 신을 섬기는 일에 대해 언급한다.[4] 호세아와 마찬가지로 미가도 북왕국의 우상숭배를 음란에 비유하며(미 1:6-7), 유다가 북왕국의 전철을 밟고 있다고 책망하였다(미 1:5; 5:12-14).

호세아의 언약적 고소(호 4:2)는 십계명의 다섯 가지 계명에 대한 위반사항에 대해 언급한다: 거짓 맹세, 거짓 증언, 살인(cf. 6:8-9), 도적질(cf. 7:1-2) 및 간음. 미가는 여기에 다섯 번째 계명에 대한 위반으로서 부모를 멸시하는 행위를 포함시킨다(미 7:6). 이스라엘은 분명히 안식일에 관한 네 번째 계명을 지켰다(호 2:11). 그러나 그들은 자신의 탐욕을 채우기 위해 성일이 빨리 끝나기만 기다렸다(cf. 암 8:5). 그들이 안식일을 문자적 의미에서 고수하였다는 것은 확실히 탐심을 금한 열 번째 계명에 대한 위반으로 드러났다. 안식일은 이스라엘이 애굽의 학대로부터 벗어난 것을 기념하는 것으로, 사회적 의무를 상기시킨다(신 5:12-15). 이 날을 악한 계획을 세우고 그것을 기다리며 보내는 것은 이 날의 법정신에 대한 왜곡이다.

탐심이 가장 분명히 드러난 것은 사회적 부정으로, 여기에는 정직하지 못한 경제적 사법적 행위가 포함된다. 호세아는 이 죄에 대해 간략하게 언급하나(cf. 호 12:6-7) 아모스는 북왕국에 대해, 그리고 미가는 남왕국에 대해 백성들의 핵심적 범법행위로 고소한다. 구체적으로는 가난한 자를 사고 파는 행위(암 2:6; 8:6), 소유에 대한 착취(암 2:8; 미 2:1-2, 8), 거짓 저울

---

3) 미가서에서 아모스서까지의 적절한 예에 대해서는 Richard V. Bergren, *The Prophets and the Law*, Monographs of the Hebrew Union College, no. 4 (Cincinnati: Hebrew Union College-Jewish Institute of Religion, 1974), pp. 182-83을 참조하라.
4) Cf. Hans M. Barstad, *The Religious Polemics of Amos*, Vetus Testamentum Supplement. 34 (Leiden: Brill, 1984).

(암 8:5; 미 6:10-11; cf. 레 19:35-36 및 신 25:13-15), 가난한 자에 대한 법적 정의를 부인하고 왜곡함(암 2:7; 5:7, 10; 6:12; 미 3:1-3; cf. 레 19:15), 뇌물 수수(암 5:12; 미 3:9-11; 7:3; cf. 출 23:8; 신 16:19), 가난한 자에 대한 착취와 사치스러운 생활(암 3:15; 4:1; 5:11; 6:4-6) 등이 제시된다.

부자가 함께 언약을 맺은 동족을 돌보지 않고 재산을 축척하는 것은 여호와가 그 땅의 주인이심을 뻔뻔스럽게 부인하는 행위이다. 이것은 하나님께서 주신 땅에 동등한 권리를 부여한 언약적 원리와 이웃에 대한 책임을 전적으로 무시하는 행위이다. 율법은 이 땅이 하나님께 속하며 백성들은 다만 하나님의 종으로서(레 25:55) "나그네"요 "우거하는 자"일 뿐이다(레 25:23). 하나님은 이 땅을 이스라엘에게 주시고 번성하게 하셨으며 그것의 풍성함을 누리게 하셨다(레 25:2, 38; 신 26:9). 그는 땅을 각 지파에게 나누어 주셨다. 땅을 영원히 사고파는 것은 금지되었으며(레 25:23-24), 원래의 이상을 유지할 수 있는 법적 근거도 마련해 두셨다. 율법에 대한 이상적인 순종은 사회에서 가난을 몰아낼 것이다(신 15:4-5). 여호와께서는 현실적으로 일부 가난한 자가 있게 될 것이라는 사실을 인정하셨으나(15:11), 그들은 자비와 긍휼로 충분히 해소할 수 있을 것이라고 말씀하신다(15:7-11). 이와 같은 언약적 원리들을 고수하면 이스라엘은 열국 가운데 사회경제적 정의의 모델이 될 것이다(4:5-8).

그러나 이스라엘은 열국의 모범이 되지 못하였으며 그들의 죄악은 이방인의 수준을 넘어섰다. 아모스는 북왕국이 자신의 역사 및 여로보암II세가 최근에 거둔 성공적인 업적에 대한 자부심에도 불구하고 하나님 보시기에 다른 어떤 나라보다 많은 죄를 범하였다고 분명히 말한다. 아모스 1:3-2:5에서 여호와께서는 북왕국 주변 7개국의 죄상을 차례대로 밝힌다. 각 나라에 대해 그는 "~의 서너 가지 죄로 인하여 내가 그 벌을 돌이키지 아니하리니"라는 도입문구를 사용한다. 그러나 흥미롭게도 일곱 개의 신탁 가운데 두 가지 이상의 구체적인 죄가 제시되는 나라는 없다. 북왕국 독자들에게 더욱 놀라움과 서운함을 준 것은 대적에 대한 심판의 선언에 이어 북왕국에 대한 긴 심판의 메시지로 결론을 내리고 있다는 것이다. 아모스는 이 결론에서 전형적인 도입문구에 이어 실제로 서너 가지의 죄를 제시한다. 그렇다면 지금까지 서너 가지의 죄를 모두 제시하지 않은 목적은 명백하다. 여호와께서는 북왕국의 죄에 초점을 맞추어 그것을 강조하려 했던 것이다. 열국의 죄를 따지기 위해서는 먼저 사마리아가 범한 죄의 항목들을 거쳐야 하는 것이다.

이스라엘의 언약 위반에도 불구하고 북왕국과 남왕국은 종교와 예배에 있어서 유사성이 있었다. 북왕국의 예배자들은 정기적으로 길갈이나 벧엘과 같은 곳에 모여 절기를 지내고 희생을 드리며 충성을 고백하였다(cf. 호 4:15; 5:6; 8:2, 11, 13; 암 4:4-5; 5:21-25). 유다 역시 하나님께 나아가는 토대로서 제의를 강조한다(미 6:6-7).

그러나 여호와께서는 이러한 외형적 형식주의는 아무런 효력이 없으며 위선이라고 선언하신다. 이와 같이 가나안의 혼합주의에 물든 종교는 앞에서 언급한 광범위한 사회 부정으로 드러났던 것이다. 이스라엘과 하나님의 관계에서 제사는 하나님에 대한 진정한 사랑(호 6:6-7)과 이웃에 대한 사랑(12:6)이 뒷받침되지 않으면 아무런 의미가 없다. 아모스 5:4에서 여호와께서는 "벧엘을 찾지 말며 길갈로 들어가지 말며 브엘세바로도 나아가지 말라"고 명령하신다. 몇 절 뒤에는 이 명령에 대한 선지자의 해석이 뒤따른다. "너희는 살기 위하여 선을 구하고 악을 구하지 말지어다 만군의 하나님 여호와께서 너희의 말과 같이 너희와 함께 하시리라 너희는 악을 미워하고 선을 사랑하며 성문에서 공의를 세울지어다"(14-15a). 여호와를 찾는다는 것은 공의를 시행하고 벧엘과 같은 성소에서의 제의적 위선을 버리는 것이다. 미가는 유다 백성들에게 "사람아 주께서 선한 것이 무엇임을 네게 보이셨나니 여호와께서 네게 구하시는 것이 오직 공의를 행하며 인자를 사랑하며 겸손히 네 하나님과 함께 행하는 것이 아니냐"(미 6:8)라고 했다. 아무리 귀한 제사라 할지라도 그것을 드리기 전에(cf. 미 6:6-7) 공의와 사랑으로 그 앞에 "겸손히" 행하는 것이 필요하다.

위선적 형식주의를 버리고 하나님과 사람에 대한 관계에서 충실함의 중요성을 강조하면서, 선지자는 전체 성경을 관통하는 한 가지 신학적 원리를 제시한다. 즉 하나님이 허락하신 이웃과의 관계에 대한 책임을 다하지 않을 경우 하나님과의 진정한 관계는 불가능하다는 것이다. 제사나 기도를 포함하여 하나님을 향한 모든 종교적 행위와 헌신은 이러한 관계에 기초하지 않으면 무익하다. 그렇다면 야고보가 "고아와 과부"를 돌보는 것을 진정한 경건의 양대 축 가운데 하나로 제시한 것(약 1:27)은 전혀 의외가 아니다. 예수님은 바리새인에게 이러한 공의가 십일조보다 중요하며(마 23:23), 제물을 드리기 전에 먼저 형제와 화목하는 것이 필요하다고 말씀하신다(5:23-24). 그는 다른 사람을 용서하는 것이 하나님의 용서를 받는 토대가 된다고 경고하셨다(6:14-15). 베드로는 남편들에게 아내를 부정하게 대하면 기도의 문이 막힌다고 하였다(벧전 3:7). 요한은 형제의 필요를 채워주는 사랑이야 말로 자신이 고백한 믿음의 진위를 드러내는 시금석이라고 설명한다(요일 3:16-20).

우상숭배와 사회적 부정과 함께 이스라엘이 언약의 하나님을 반역한 또 하나의 분명한 징표는 선지자를 통해 주신 말씀을 거절한 것이다. 북왕국에 대해 말씀하시면서 여호와께서는 그들이 "선지자에게 명하여 예언하지 말라"(암 2:12)고 했음을 상기시킨다. 여호와께서 택하신 아모스(7:14-15)는 이러한 거절을 당했다. 왕궁의 제사장이었던 벧엘의 아마샤는 그에게 "이스라엘에 대하여 예언하지 말며 이삭의 집을 향하여 경계하지 말라"(7:16)고 명하였다. 호세아에 따르면 여호와의 선지자들은 미친 바보요 원수같이 여김을 받았다(호 9:7-9). 남쪽의 상황 역시 더 나은 것은 없었다. 백성들은 선지자에게 침묵을 요구하였으며(미 2:6), 번영만 예고하는 자들의 말만 들었다(2:11). 선지자들은 타락하였으며 돈만 생각하였다(3:5).

호세아에 따르면 북왕국은 국내외적으로 여호와의 지시를 따르지 않았으며 왕권을 둘러싼 음모와 폭력이 끊이지 않았다(호 7:3-7). 통치자의 모든 결정에서 여호와의 동의는 전혀 상관이 없었다(8:4). 북왕국의 외교정책은 여호와의 보호하시고 구원하시는 능력보다 다른 나라들과의 동맹에 더욱 치중하였다(5:13; 7:8-11; 8:9-10; 12:1).

세 명의 선지자는 이스라엘의 교만하고 자만한 태도를 비난하였다. 북왕국에서 자만은 나라의 군사적 업적(암 6:13), 군사력(호 10:13), 강력한 요새(호 8:14; 암 6:8) 및 부(호 12:8)에 근거한다. 남왕국 역시 군사력과 요새를 잘못 의지하였다(미 5:10-11).

요약하면 이스라엘은 하나님과의 언약적 관계를 파기하였다. 우상숭배와 사회적 불의가 만연하고 형식적 제사와 위선적 예배는 하나님께 열납 되지 못하였다. 선지자를 통해 여호와의 말씀을 듣고 순종하며 그의 지도와 보호하심을 의지하기보다 선지자를 거절하고 자신의 계획과 힘을 의지하였다.

(3) 하나님의 반응: 불순종한 언약 백성들에 대한 심판

이스라엘의 뻔뻔하고 고집스런 언약 위반에 대해 여호와께서는 선지자들을 통해 불순종하는 백성들에게 심판이 임할 것이라고 선포하셨다. 선지자들은 이스라엘에 대한 여호와의 심판을 언약에 포함된 저주나 위협의 수단으로 보았다. 이 언약의 전반적인 내용에 대해서는 레위기 26:14-39과 신명기 28:15-68에 자세히 나와 있다. 모세는 언약을 위반할 경우 이러한 저주가 임할 것이라고 구체적으로 경고한 바 있다(레 26:14-16; 신 28:15). 대부분의 저주는 다음과 같은 범주로 나눌 수 있다. (1) 가뭄, 전염병, 기근(레 26:18-20; 신 28:16-24, 38-42), (2) 질병(레 26:16; 신 28:21-22, 27, 35, 59-61), (3) 군사적 패배(레 26:17; 신 28:25, 49-51), (4) 살육(신 28:26), (5) 성읍과 거짓 성소의 파괴(레 26:30-31; 신 28:52), (6) 외국 땅에 포로가 됨(레 26:33-39; 신 28:36-37, 42, 63-68).

이러한 모티브의 대부분은 호세아, 아모스 및 미가가 선언한 심판에서 발견된다. 호세아는 특별히 북왕국 전역에서 풍작을 거두어 가셨음을 강조한다. 이스라엘은 여호와께서 주신 풍성한 추수의 축복을 가나안의 폭풍과 풍작의

신 바알에게 돌림으로 그들에게 주신 농산물의 축복을 거두어 가실 것이다(호 2:2-13). 또한 기근이 온 나라를 휩쓸 것이다(호 4:3; 13:15). 아모스는 여호와께서 큰 음성으로 초장을 시들게 하실 수 있다고 말한다(암 1:2).

또한 북왕국 거민들은 바알을 섬김으로 자식의 다산을 추구하였으므로 여호와께서는 호세아를 통해 많은 여인들이 아이를 갖지 못할 것이라고 선언하셨다. 설사 그들이 아이를 낳을지라도 적의 침략으로 아이들을 모두 잃을 것이다(호 9:11-17). 이 심판의 처음부터 끝까지 북왕국은 요셉의 아들 가운데 하나인 "에브라임"으로 언급되는데 아이러니하게도 그는 많은 후손의 약속을 받은 자이다(창 48:15-20). 이 약속은 반전될 것이다. 세 선지자는 모두 사마리아와 유다의 군사적 패배(호 5:8; 11:6; 암 2:13-16; 5:1-3; 6:8; 미 1:8-16; 5:10)와 살육(호 10:14; 11:6; 암 6:9-10; 7:17) 및 파괴(호 5:9; 10:14; 암 3:11, 14-15; 6:11; 7:9; 미 1:6-7; 3:12)에 대해 생생하게 묘사한다. 각 선지자는 또한 하나님의 백성들의 유배에 대해서도 선언한다(호 8:13; 9:3, 6, 15, 17; 10:6; 11:5; 12:9; 암 4:1-3; 5:27; 6:7; 7:17; 9:9; 미 4:10). 반면에 아모스는 유배 장소에 대해 "다메섹 밖으로"(암 5:27; cf. 4:3)라는 모호한 표현을 사용한다. 호세아는 보다 구체적으로 앗수르를 유배 장소로 제시한다(호 10:6; 11:5). 또한 호세아는 애굽으로 돌아갈 것이라고 언급한다(8:13; 9:3, 6). 이것은 아마도 문자적이라기보다 상징적 표현으로 보인다. 요점은 향후 이스라엘의 구원 역사가 반전되리라는 것이다. 미가는 앗수르를 대적이자(미 5:5-6) 유배 장소로 보았으며(7:12), 특히 유다의 유배지로 바벨론을 구체적으로 거명한다(4:10). 앗수르와 바벨론에 대한 이러한 구분은 미가가 그 사실을 완전히 인식하고 있었는지의 여부와 관계없이(당시 앗수르는 바벨론을 지배하고 있었다) 실제 역사에 그대로 반영된다. 즉 북왕국은 주전 722년 앗수르에 의해 멸망당하였으며, 유다는 주전 586년에 바벨론에 의해 예루살렘이 함락당하고 많은 사람들이 포로로 끌려갔다.

선지자들에 의해 선언된 심판은 혹독한 것이었지만 그것은 전적으로 정당하고 공의롭다. 호세아는 이들에 대한 심판이 죄로 말미암는다는 원리를

분명히 제시한다: "여호와께서 유다와 쟁변하시고 야곱의 소행대로 벌주시며 그 소위대로 보응하시리라"(호 12:2).

선지자들은 본문을 기록할 때 이러한 곁말놀이와 같은 언어적 기법을 통해 하나님의 심판의 이러한 특징을 강조한다. 예를 들어, 바알 숭배를 통해 풍작의 축복을 구하려는 자들에게는 그들에게서 풍작의 축복을 제하여 버린다. 외국의 군대를 통해 국가의 안보를 지키려는 자들에게는 그들이 의지하는 그 나라에 의해 멸망당하게 하신다. 오직 금전적 이익에만 눈이 먼 타락한 선지자들은 더 이상 하나님의 계시를 받을 수 없을 것이며 수치를 당해 입을 가리게 될 것이다(미 3:5-7). 불의한 방법으로 자신의 창고를 가득 채운 부자들은 대적에 의해 자신의 창고를 약탈당하게 될 것이다(암 3:9-11). 이와 같이 가난한 자를 착취하여 좋은 집을 짓고 포도원을 건설한 자는 자신의 집에 살 수 없으며, 자신의 포도원에서 나는 포도주를 마시지 못할 것이다(암 5:11). 가난한 자의 밭을 빼앗은 자들은 동일한 방식으로 이방인에게 그 밭을 빼앗길 것이다(미 2:1-5). 자신을 위해 "귀한($rē'šît$) 기름"만 바르는 "열국 중 우승하여($rē'šît$) 유명"한 자는 "사로잡히는 자 중에 앞서($rō'š$) 사로잡히리니"라고 하였다(암 6:1, 6-7). 여호와를 떠나 "그릇" 간($nādad$) 자들은 "열국 가운데 유리하는($nādad$) 자"가 될 것이다(cf. 호 7:13 및 호 9:17). 여호와에 대한 인애가 "아침 구름"이나 "쉬 없어지는 이슬" 같이 자주 변하는 자들은 해가 뜨기 전에 사라지는 아침 구름이나 이슬 같이 포로가 되어 사라지고 말 것이다.(cf. 호 6:4 및 호 13:3).

다가올 심판은 이스라엘의 구원 역사를 되돌릴 것이다. 앞에서 언급한 대로 호세아는 애굽으로 돌아간다는 비유적 표현을 사용한다. 이것은 위대한 출애굽의 구원을 되돌리는 것이다(cf. 신 28:68). 여호와께서는 아모스를 통해 북왕국이 대적에 의해 "하맛 어귀에서부터 아라바 시내까지" 학대를 당할 것이라고 경고하신다(암 6:14). "학대하다"로 번역된 단어는 애굽의 학대에 사용되었다(cf. 출 3:9; 신 26:7). 이러한 지리적 경계는 여로보암II세 시대에 여호와께서 이스라엘 백성들에게 주신 내용과 일치한다(cf. 왕하

14:25-27). 열왕기서의 저자는 여로보암이 이 지역을 회복한 것을 신적 구원으로 묘사한다(cf. 왕하 14:27). 이 모든 것은 반전될 것이다. 이스라엘은 다시 외국의 세력에게 학대를 당할 것이며 전쟁으로 취한 땅은 다시 빼앗길 것이다. 아모스 5:5에 따르면 이스라엘이 요단강을 건넌 첫 번째 도착한 땅이자 가나안 땅의 소유에 대한 상징인 길갈(cf. 수 4:19-5:12)이 포로로 잡혀갈 것이다. 미가 2:4-5에는 여호수아가 분배한 영토가 다시 원래대로 소급된다. 부자는 가난한 자의 땅을 빼앗았으므로 침략자가 자신의 땅을 빼앗는 것을 쳐다볼 수밖에 없을 것이다. "나누다"로 번역된 단어(ḥālaq)는 여호수아가 그 땅을 이스라엘 백성들에게 할당할 때 사용된 용어이다(수 13:7; 18:10).

아모스에 따르면 이러한 구원 역사의 반전은 북왕국이 예상한 것과 정반대였다. 분명히 북왕국의 많은 사람들은 곧 "여호와의 날"이 임할 것이며, 여호와께서는 다시 한번 대적들을 멸하시고 큰 영광을 나타내실 것이라고 기대하였다(암 5:18). 이러한 기대는 여로보암II세가 최근에 거둔 군사적 업적에 근거한다. 그러나 아모스는 여호와의 날에 대한 북왕국의 기대가 잘못되었다고 분명한 어조로 말한다. 여호와께서는 실제로 개입하시겠지만 대적이 아니라 이스라엘이 심판의 주 대상이 될 것이다. 여호와의 날은 어두움(심판으로 상징)이며 빛(구원으로 상징)이 아니다. 그것은 피할 수 없는 심판이며(5:19) 유배를 통해 절정에 이를 것이다(5:27).

후기 선지자들의 기록에서 흔히 찾아볼 수 있는 여호와의 날의 개념은 아모스에게는 오랜 역사가 지난 후에 임할 보편적 용어로 사용되지 않았다. 오히려 이 날은 임박한 장래에 임할 구체적인 사건이었다. 즉 아모스가 예언한 시기로부터 약 40년 후인 주전 722년에 임할 북왕국의 멸망이었다.

다가올 여호와의 날의 심판은 이스라엘을 전통적인 대적의 자리에 세울 것이다. 아모스 5:17에서 여호와께서는 그가 북왕국의 "가운데로 지나갈 것"이라고 말한다. 본문에 사용된 용어는 출애굽기 12:12을 상기시킨다. 본문에서 여호와께서는 "내가 그 밤에 애굽 땅에 두루 다니며... 처음 난 것을 다 치고"라고 경고하신다. 아모스 5:17에 언급된 여호와의 말씀은 하나님과 자기 백성들의 관계와 관련하여 아이러니한 표현이 아닐 수 없다. 그는 이제 모세 시대에 애굽을 다루시던 것과 동일한 방식으로 그들을 다루실 것이다. 미가와 호세아는 전통적으로 이스라엘의 가나안 정복에 사용되어온 용어들을 하나님의 백성들에게 다가오는 심판에 적용한다. 미가 1:7에서 여호와께서는 사마리아의 우상들을 "파쇄하고" "불사르며"라고 말씀하신다. 이것은 정확히 모세가 금송아지에 대해 취했던 행동이며(신 9:21) 이스라엘이 가나안 우상에게 했던 행동이다(신 7:5, 25; 12:3). 아이러니 하게도 이제 하나님은 이스라엘이 대적에게 해야 할 일을 그들에게 하고 계신 것이다. 호세아 9:15에서 여호와께서는 이스라엘을 자신의 "집"(즉, 영토[8:1; 9:8])에서 "쫓아내고"라고 말씀하신다. "쫓아내고"는 가나안을 쫓아내실 때 사용하던 용어이다(출 23:29-30; 33:2; 신 33:27; 수 24:18; 삿 6:9). 하나님의 백성들은 가나안 풍습에 동화되었기 때문에 여호와께서는 그들을 가나안과 같이 대하시고 그 땅에서 쫓아내실 것이다. 그들은 이방인과 같이 되었기 때문에 열국 가운데 유리하는 자가 될 것이다(호 9:17).

그러나 선지자의 무서운 심판이 선언되는 중에도 하나님의 자기 백성들에 대한 관심은 분명히 제시된다. 아모스 4:6-11에 의하면 여호와께서 북왕국을 먼저 심판하신 것은 그들을 회개시키기 위함이다. 외견상 무조건적 심판의 선언으로 보이는 본문에서 호세아와 아모스는 회개를 촉구한다(cf. 호 12:6; 14:1-3; 암 5:4-6, 14-15, 24). 두 선지자 모두 진정한 회개는 사회적 공의를 행하는 것이라고 가르친다. 유다에 대한 미가의 메시지에는 이러한 내용이 제시되지 않지만 미가 3:12과 예레미야 26:17-19을 비교해보면 알 수 있듯이 이 심판은 조건적이다. 예레미야 시대 그 땅의 장로들은 미가의 경고에 대한 히스기야의 회개가 유다의 멸망을 연기했음을 상기하였다.

여호와께서 심판을 하시는 목적은 자기 백성들을 깨끗케 하여 회복시키는 것이다. 호세아 2장에서 광야로 돌아가는 것에 비유되는 포로기는 지금까지 이스라엘을 축복한 분이 바알이 아닌 여호와임을 깨달을 수 있는 기회를 이스라엘에게 제공한다. 아모스 9:9-10에 따르면 다가오는 심판은 여호와의 백성 가운데 "죄인"을 멸하실 것이다. 미가는 심판을 유다의 잘못된 확신과 예배의 대상을 근절하는 정화의 시기로 묘사하였다(미 5:10-14).

여호와는 비록 자신의 불순종하는 백성들에게 진노하였으나 그들을 완전히 진멸하지는 않으실 것이라고 말씀하신다. 언약의 저주는 불순종이 소돔과 고모라와 같이 무서운 멸망을 가져올 것이라고 말하나(cf. 신 29:23) 여호와께서는 결코 그와 같은 극단에 이르지는 않을 것이라고 말씀하신다. 여호와의 긍휼은 그로 하여금 자기 백성들을 지면에서 쓸어버리시는 것을 막는다(호 11:8-9). 이와 같이 진노로부터 긍휼로 돌아선 감정적 변화는 히브리어 단어 hāpak("돌아서"[11:8, turn over])에 포함된 곁말놀이에 잘 드러난다. 이 단어는 하나님께서 소돔과 고모라를 "엎어" 멸하셨다(turn over)는 표현에 사용된 단어와 동일하다(cf. 창 19:24-25; 신 29:23). 그러나 호세아 11:8에서 돌아선 것은 그의 백성이 아니라 하나님의 긍휼이다.

(4) 하나님의 신실하심: 언약 백성에 대한 구원
8세기 소선지자들의 메시지는 심판으로 끝나지 않는다. 세 선지자는 모두 이스라엘의 회복을 바라보았다. 그들의 메시지 구조는 이러한 긍정적 관점을 반영한다. 호세아서는 심판으로부터 구원에 이르는 다섯 가지의 주기로 배열되어 있다.

주기	심판	구원
1	1:2-9	1:10-2:1
2	2:2-13	2:14-3:5
3	4:1-5:14	5:15-6:3
4	6:4-11:7	11:8-11
5	11:12-13:16	14:1-9

아모스의 메시지는 여덟 장 반이 심판에 관한 내용으로 채워져 있으나 갑자기 이스라엘의 회복된 영광과 축복에 관한 내용이 제시된다(암 9:11-15). 미가는 세 개의 심판-구원의 주기로 구성된다.

주기	심판	구원
1	1:2-2:11	2:12-13
2	3:1-12	4-5장
3	6:1-7:7	7:8-20

일부 학자들은 구원 부분의 진정성에 대해 의문을 제기하나 심판에서 회복으로의 변화는 전혀 놀라운 것이 아니다. 이들 선지자보다 오래 전에 여호와께서는 모세에게 이스라엘이 불순종하여 포로로 잡혀가게 될 것이라고 말씀하셨다(신 31:19-32:43). 그러나 모세는 회개를 통해 그들이 포로지에서 돌아올 것이며, 신적 축복을 회복하고 백성들의 성품이 변화될 것을 약속하였다(신 30:1-10). 이스라엘의 궁극적 구원에 대한 선지자들의 관점은 모세와 일치한다.

호세아와 미가는 하나님의 백성들이 회개하고 모든 것을 회복할 날을 고대하였다(cf. 신 30:2-3). 호세아 5:15에 따르면 여호와께서는 심판을 경험한 이스라엘이(cf. 호 5:14) "죄를 뉘우치고" 여호와를 "간절히 구할" 것이라고 말씀하신다. 그때 하나님의 백성들은 서로 격려하며, 여호와께 돌아갈 것이며(호 6:1), 그의 주되심을 인정할 것이다(6:3). 미가 7장은 패배하여 포로로 잡혀간 이스라엘이 죄를 인정하고(9절) 하나님의 회복을 바랄 것이라고 말한다(9, 18-20절).

물론 회개의 효력은 호세아와 미가가 언급한 여호와의 자비와 긍휼에 근거한다. 호세아 14:2-3에서 선지자는 불쌍한 자들에게 긍휼을 베푸시는 하나님으로부터 용서를 구하라고 백성들을 촉구한다. 미가 7:18-20에서 회개한 이스라엘은 하나님의 용서하심에 대해 다음과 같이 찬양한다. "주와 같은 신이 어디 있으리이까 주께서는 죄악을 사유하시며 그 기업의 남은 자의 허물을 넘기시며 인애를 기뻐하심으로 노를 항상 품지 아니하시나이다 다시 우리를 긍휼히 여기셔서 우리의 죄악을 발로 밟으시고 우리의 모든 죄를 깊은 바다에 던지시리이다 주께서 옛적에 우리 열조에게 맹세하신 대로 야곱에게 성실을 베푸시며 아브라함에게 인애를 더하시리이다." 본문은 사실상 하나님의 사유(용서)하심이 아브라함과 이삭과 야곱에 대한 언약적 신실하심을 보여주신 것이라는 사실을 말해준다(cf. 창 22:16; 26:3; 50:24).

8세기 소선지자들은 아브라함에 대한 언약의 성취를 바라보았다. 이 약속의 본질적인 요소에는 많은 후손(창 22:17)과 대적에 대한 승리(22:17), 약속의 땅에 대한 소유(12:7; 15:18-21; 17:8) 및 아브라함의 후손을 통한 전 인류에 대한 축복(22:18)이 포함된다. 이들 요소는 각각 이스라엘의 영광스러운 미래에 관한 예언적 이상에 나타난다. 첫째로, 호세아와 미가는 종말론적 이스라엘의 수적 힘에 대해 언급한다. 호세아는 창세기 22:17을 인용하며 회복된 이스라엘이 "바닷가의 모래 같이 되어서 측량할 수도 없고 셀 수도 없을 것"(호 1:10)이라고 말한다. 미가 4:7에서 여호와는 창세기 18:18을 인용하여 그가 남은 자들을 "강한 나라"로 만드실 것이라고 약속하신다. 둘째로, 아모스와 미가는 대적에 대한 이스라엘의 군사적 승리를 주장한다. 마지막 때에 이스라엘은 "에돔의 남은 자와 내 이름으로 일컫는 만국을 기업으로 얻게"(암 9:12) 될 것이다. 대적에 대한 이스라엘의 종말론적 승리라는 주제는 미가서 전체를 관통한다(미 4:12-13; 5:5-9; 7:10, 16-17). 셋째로, 세 선지자는 모두 그 땅에 대한 이스라엘의 소유에 대해 언급한다. 특히 아모스 9:15은 이러한 회복의 영원성에 대해 강조한다. 본문에서 여호와께서는 "내가 저희를 그 본토에 심으리니 저희가 나의 준 땅에서 다시 뽑히지 아니하리라"고 약속하신다. 넷째로, 미가 4:14은 하나님의 축복이 이스라엘을 통해 모든 열방으로 확대될 것을 말씀하신다.

8세기 소선지자들에게 있어서 이스라엘의 미래적 회복은 하나님의 심판과 그 부정적인 영향을 반전시킨다. 이것은 아마도 호세아서 첫 부분에 잘 나타나 있는 듯하다. 본문에서 여호와께서는 선지자에게 북왕국이 그를 거절하였음을 상징하는 이름을 그의 자식들에게 지어주라고 말씀하신다. "이스르엘"이라는 이름은 장차 이 나라가 군사적 패배를 겪을 것임을 보여준다. 로루하마는 "사랑하지 않는다"라는 뜻으로 북왕국이 더 이상 하나님의 긍휼을 받지 못할 것임을 상징한다. 반면에 로암미는 "내 백성이 아니다"라는 뜻으로 언약적 관계의 종결을 의미한다(호 1:2-9). 그러나 이어지는 구원의 메시지(1:10-2:1)에서 여호와께서는 그가 다시 이스라엘을 긍휼히 여기시고 다시 한번 그들을 "내 백성"이라고 부를 때가 올 것이라고 말씀하신다(2:23b 참조, cf. 9:15와 14:4). "하나님이 심으셨다"라는 문자적 의미를 가진 "이스르엘"이라는 이름 역시 여호와께서 백성들을 그들의 땅에 "심으셨다"는 내용을 상징하는 긍정적 의미를 가진다(cf. 1:11 및 2:23).

호세아는 이와 같은 이스라엘과 여호와의 반전된 관계를 자신의 음란한 아내, 고멜을 다시 찾음으로 직접 보여준다(호 3:1-5). 마찬가지로 여호와께서는 다시 한번 이스라엘을 자신의 신부로 맞아들인다. 그는 낭만적인 젊은 이의 모든 정열로 그의 마음을 사로잡고(2:14) 그에게 장가든다(2:19-20). 부정한 아내(2:2-5)는 새로운 신부로 변화되며, 과거의 모든 부정은 제거될 것이다(2:16-17). 깨어진 관계는 간단히 복구되지 않는다. 그것은 완전히 변화되고 새롭게 되어야 한다.

호세아는 여호와와 이스라엘의 반전된 관계에 대해 곁말놀이를 통해 강조한다. 호세아 13:7에서 여호와는 범죄한 백성들을 처벌하기 위해 길 가에서 기다리는 표범으로 묘사된다. 그러나 이스라엘의 회복에 대해 언급하고 있는 14:8에서 여호와께서는 자기 백성들을 돌아보고 보호하시며 복을 주실 것이라고 약속하신다. "기다리다"(13:7)와 "돌아보다"(14:8)는 같은 히브리어 동사(šûr)를 사용한다. 의미는 다르지만 같은 단어를 반복한 것은 여호와의 반전된 태도를 보여준다. 13:7의 맹수는 이스라엘을 보호하는 보호자가 될 것이다.

심판의 가장 끔찍한 결과인 유배는 반전될 것이다. 호세아 11:10- 11에서 하나님은 "저희가 사자처럼 소리를 발하시는 여호와를 좇을 것이라 여호와께서 소리를 발하시면 자손들이 서편에서부터 떨며 오되 저희가 애굽에서부터 새 같이, 앗수르에서부터 비둘기 같이 떨며 오리니 내가 저희로 각 집에 머물게 하리라"고 약속하신다.

본문에 대한 몇 가지 자세한 내용은 심판의 반전을 보여준다. 이스라엘은 호세아서에서 종종 유배지로 언급된 애굽과 앗수르에서 고국으로 돌아올 것이다(호 8:13; 9:3, 6; 10:6; 11:5). 심판에 관한 본문 여러 곳에 등장하는 사자와 비둘기에 관한 모티프는 여기에서는 긍정적 의미로 사용되었다. 다른 본문에서는 여호와께서 자신을 무섭게 먹이를 공격하는 사자에 비유한다(5:14; 13:7-8). 그러나 여기에서는 C. S. Lewis의 Aslan과 같이 자기 자녀들을 포로에서 돌아오게 하는 힘이 된다. 7:11-12에서 여호와께서는 자신을 사냥꾼에 비유하며 어리석은 "비둘기"인 이스라엘을 그물을 쳐서 잡았다고 말한다. 그러나 11:11에서 비둘기 이미지는 이스라엘이 고국으로 빨리 돌아오는 모습에 비유된다.

북왕국의 유배에 관해 분명하게 예언한 아모스서(암 4:1-3; 5:27; 6:7; 7:17; 9:9) 역시 포로지에서의 귀환에 대해 언급한다. 아모스 9:14-15에서 여호와는 자기 백성들이 회복될 것이며 그들을 그 땅에 심고 다시는 뽑지 않을 것이라고 약속하신다.

미가도 하나님의 백성들이 메소포타미아와 애굽의 포로지에서 돌아올 것이라고 예언한다(미 4:10; 7:12). 미가서에서 포로들은 "남은 자"로 언급되며 이들은 저는 자와 다친 자[환난 받는 자]로 묘사된다(4:6의 "다친 자"는 "슬픈 자"보다 정확한 번역이다). 그러나 여호와께서는 이 남은 자들을 양 떼와 같이 모으시고 포로지에서 인도해 내실 것이다(2:12-13). 출애굽에 대한 분명한 암시와 함께 미가는 "바벨론까지 이르러 거기서 구원을 얻으리니 여호와께서 거기서 너를 너의 원수들의 손에서 속량하여 내시리라"(4:10b)고 예언한다.

다가올 황금시대에는 이스라엘의 정치적 독립과 군사적 힘도 회복될 것이다. 심판은 남북왕국의 왕과 군대에게 멸망과 수치를 가져다 줄 것이다(호 10:3, 7, 15; 13:10-11; 암 7:9; 미 4:9; 5:1). 그러나 종말론적 이스라엘의 열두 지파는 새로운 다윗의 통치 하에(호 3:5; 암 9:11; 미 5:2-6) 다시 하나가 될 것이다(호 1:11; 암 9:11-15; 미 5:3). 다시 회복된 이스라엘은 대적들(전통적인 대적 에돔과 앗수르로 상징된다[암 9:12; 미 4:11-13; 5:3-9; 7:10, 16-17])에게 승리할 것이다.

호세아와 아모스가 온 이스라엘에 대한 다윗의 통치의 회복에 대해 간략하게 암시한 반면, 유다를 향해 직접적으로 예언하였던 미가는 이 주제에 대해 더욱 많은 관심을 보인다. 아모스와 같이 그도 다윗왕조의 수치에 대해 예언한다(미 5:1; cf. 암 9:11). 아이러니하게도 다윗과 같은 "통치자"(šōpēṭ)는 왕권과 권위의 상징인 막대기(šēbeṭ)에 의해 맞을 것이다. 그러나 이러한 퇴조에도 불구하고 다윗왕조는 하나님께서 다윗에게 약속하신 언약(cf. 삼하 7:8-16)의 성취로서 이전 영광을 회복할 것이다.

호세아(호 3:5)와 마찬가지로 미가는 제2의 다윗이 오실 것이라고 예언한다(cf. 렘 30:9; 겔 34:23-24; 37:24-25). 이것이 바로 미가 5:2에 기록된 유명한 예언의 요점이다. "베들레헴 에브라다야 너는 유다 족속 중에 작을지라도 이스라엘을 다스릴 자가 네게서 내게로 나올 것이라 그의 근본은 상고에, 태초에니라." 오실 통치자와 베들레헴의 관계 및 그의 기원이 상고에(antiquity)라는 것은 다윗 자신의 재출현을 암시하는 듯이 보인다.[5] 물론

---

[5] NIV에서 "상고에(from of old)"로 번역한 히브리 구절은 다윗 시대를 포함한 이스라엘 역사 초기에 자주 사용되었다(느 12:46; 시 74:12; 77:12; 사 63:9, 11; 말 3:4). "상고에"라는 말은 미가 시대에도 이와 같이 사용되었다(미 7:14). 아모스는 다윗왕조의 회복을 예언하며 이 구절을 다윗의 통치 시대를 언급하는 말로 사용하였다(암 9:11).

이것은 메시아에 대한 예언이다. 다른 선지자들(예를 들어, 사 9:6-7; 11:1, 10)과 이어지는 성경의 계시는 다윗에 대한 언급이 다윗의 후손으로서 선조의 정신과 힘으로 통치하실 메시아를 통해 성취될 것임을 분명히 한다.

미가 5:2에서 관심의 초점은 유다 지역 가운데 비교적 보잘것없는 베들레헴에 맞추어진다. 그러나 아이러니하게도 여호와의 택하신 왕은 이 작은 성읍에서 일어날 것이다. 이와 같이 낮고 천한 것을 높이시는 하나님의 전형은 구약성경 여러 곳에서 발견할 수 있다(창 25:23; 48:14; 삿 6:15; 삼상 9:21).

이 통치자는 이와 같이 초라한 곳에서 시작하였으나 목자처럼 자기 백성들을 보호하실 것이다(다윗에 대해서도 동일한 내용이 언급된다[삼하 5:2; 시 78:71-72]). 그는 여호와의 능력으로 다스리면서 그의 명성은 땅 끝까지 창대할 것이다(미 5:4). 그와 그의 부통치자는 그 땅을 침범하는 이스라엘의 가장 강력한 대적(이스라엘의 전통적 대적인 앗수르로 상징)도 무찌를 것이다(미 5:5-6).

다윗과 같은 통치자의 회복과 함께 미가는 예루살렘의 회복에 대해 예언한다. 미가는 다윗이 수도이자 하나님의 성전을 세울 장소로 택한 이 성읍이 포위되어(미 5:1) 쓰레기더미가 될 것이라고 말한다(3:12). 그는 이 성읍을 해산의 고통으로 부르짖는 여인과 같이 고통 하는 모습으로 의인화한다(4:9-10). 포로기적 관점에서 볼 때 의인화된 예루살렘은 하나님의 심판의 공의를 인정하며 회복의 날을 소망한다(7:8-12). 미가 4:9-10의 이미지에 초점을 맞추면서 미가는 시온의 포로들이 돌아오는 것을 출산에 비유한다(5:3). 장차 여호와께서는 예루살렘을 침략자들로부터 구원하실 것이다(4:11-13).

이스라엘의 구원에 수반하여 자손의 다산과 곡식의 풍작이 회복될 것이다. 이것은 과거 심판의 결과들 가운데 하나의 반전이다. 침략군은 불과 소수의 남은 자만 남겼으나(cf. 암 3:12; 5:3; 6:9-10; 미 4:7) 언젠가 통일된 남북왕국의 백성들이 바닷가의 모래와 같이 많아질 것이며(호 1:10-11) "강한 나라"를 형성할 것이다(미 4:7). 하나님이 보내신 질병과 군대가 풍작을 거두어 가버렸으나 이것 역시 장차 회복될 것이다(호 2:21-22). 아모스는 종말론적 풍작에 대해 다음과 같이 묘사하였다: "보라 날이 이를지라 그 때에 밭가는 자가 곡식 베는 자의 뒤를 이으며 포도를 밟는 자가 씨 뿌리는 자의 뒤를 이으며 산들은 단 포도주를 흘리며 작은 산들은 녹으리라 내가 내 백성 이스라엘의 사로잡힌 것을 돌이키리니 저희가 황무한 성읍을 건축하고 거하며 포도원들을 심고 그 포도주를 마시며 과원들을 만들고 그 과실을 먹으리라"(암 9:13-14). 백성들이 자신이 심은 포도원의 포도주를 마실 것이라는 약속(9:14)은 아모스 5:11에 기록된 심판에 대한 직접적인 반전이다.

선지자가 하나님의 심판을 이전 구원 행위의 반전으로 제시한 것처럼 그는 이스라엘의 다가올 회복을 구원 역사의 반복으로 제시한다. 예를 들어, 호세아와 미가는 이스라엘이 포로지에서 돌아오는 것을 새로운 출애굽으로 제시한다. 여호와께서는 이스라엘 백성들을 그가 모세를 통해 애굽으로부터 백성들을 불러 모았듯이 다양한 포로지에서 불러 모으실 것이다(호 11:1). 다시 한번 여호와께서는 놀라운 기사를 통해(미 7:15; cf. 출 3:20; 시 78:12-13; 106:22) 그의 백성들을 구원하실 것이다(미 4:10; cf. 출 6:6; 15:13; 시 74:2).

호세아와 미가 역시 이스라엘의 구원 역사에 제시된 다른 사건들을 언급한다. 이스라엘 백성들은 시내산에서와 같이(cf. 출 19:16) 여호와의 뇌성과 같은 소리에 떨 것이다(호 11:10-11). 여호와께서는 다시 한번 아골 골짜기를 통해 자기 백성들을 그 땅으로 인도하실 것이다(호 2:15). 이 곳은 아간의 범죄로 말미암아 성공적인 가나안 정복이 위협 받았던 곳이다(수 7:1-26). 그러나 종말론적 의미에서 아골 골짜기는 불순종과 실패가 아닌 소망의 상징이다. 이스라엘이 이 땅을 정복할 때 그들은 "사신 하나님의 자녀"라 불릴 것이다(호 1:10). 이 하나님의 호칭(' ēlḥay)은 매우 드물게 발견되는 것으로서 원래 여호수아의 영도 하에 가나안을 정복할 때 사용된 단어이다(수 3:10). 미가 4:13에 따르면 여호와께서는 이스라엘에게 그의 대적에 대한 승리를 주실 것이다. 이에 대한 응답으로서 이스라엘은 탈취물을 "온 땅의 대주재"께 "돌려야"($ḥāram$, 가나안 정복과 관련하여 자주 사용되는 동사이다) 한다. "사신 하나님"과 같은 드문 호칭은 가나안 정복과 관련된 본문에 사용되었다(수 3:11, 13). 이스라엘은 하나님께서 주신 땅에서 번성할 때 다시 한번 열매 맺는 무성한 포도나무와 같이 될 것이며(cf. 호 10:1과 14:7), "애굽 땅에서 올라오던 날과 같이"(2:15) 여호와를 섬길 것이다.

이스라엘의 구원 역사에서 먼 장래에 이루어질 예언으로서 선지자는 다윗 제국의 영광이 다시 돌아올 것이라고 예언한다. 앞에서 언급한 대로 호세아와 미가는 제2의 다윗이 다시 올 것에 대해 언급하나(호 3:5; 미 5:2), 아모스와 미가는 다윗과 같은 정복이 다시 반복되며, 주변국에 대한 다윗의 주권이 다시 부활될 것이라고 예언한다(암 9:11-1-2; 미 5:4-9).

3) 하나님과 열국

호세아서에서 열국은 그다지 두드러진 역할을 하지 않는다. 이들은 이스라엘이 잘못 의지한 대상으로서 그리고 아이러니하게도 자기 백성들에 대한 하나님의 심판의 도구로서 언급될 뿐이다. 자기 백성들을 포로지에서 구원하시는 여호와의 능력은 열국에 대한 그의 주권을 증거한다.

아모스와 미가는 열국과 이스라엘의 관계 및 그들의 하나님과의 관계에 대해 보다 많은 것을 언급한다. 두 책은 처음부터 여호와의 주권이 이스라엘에만 제한되지 않으며 모든 열국에게로 확장된다는 사실을 분명히 제시한다. 아모스서는 이스라엘 주변 열국에 대한 일련의 심판에 관한 신탁으로 시작하며(암 1:3-2:3), 미가서는 여호와의 신정적 후손이 열국을 심판하는 내용에 관한 생생한 묘사로 시작한다(미 1:2-4). 이들 선지자들에게 이스라엘의 하나님은 "온 땅의 대주재"이시다(cf. 미 4:13). 그는 열국의 역사와 운명을 쥐고 계신 분이시다(암 9:7). 아모스 9:12에 의하면 열국은 여호와의 "이름"을 "지닌"(bear["일컫는"]) 백성이다. 이 표현은 다른 본문에서 명확히 제시하고 있듯이(cf. 삼하 12:28; 사 4:1) 열국에 대한 여호와의 주권과 권위를 말해준다.

아모스 1-2장의 신탁에서 열국의 죄를 요약하고 있는 단어는 주권적 권위에 대한 반역 행위이다. 이 용어는 다른 본문에서 주로 한 나라가 다른 나라의 주권에 대적할 경우에 사용되었다(cf. 왕하 1:1; 왕하 3:5, 7). 유다(암 2:4-5)와 이스라엘(암 2:6-16)은 모세 언약을 위반하였다. 그러나 이방 나라들은 어떠한 약속에 의해 하나님께 책임을 져야 하는가? 열거된 죄상들 가운데 전쟁 수행 중에 범하는 잔학 행위를 포함하여 노예 거래나 조약 위반 및 묘지 훼손 등과 같은 죄는 적어도 원리적인 면에 있어서는 하나님께서 노아에게 명하신 생육하고 번성하며 하나님의 형상대로 지음을 받은 다른 인간을 존귀히 여기라는 명령(cf. 창 9:1-7)을 위반한 것이다. 아모스는 이러한 노아에 대한 명령을 봉신조약의 배경으로 보았다. 이 명령 자체는 조약의 요구사항이나 세부 조항들에 비유할 수 있다. 마찬가지 방식으로 이사야는 열국의 피 흘린 죄를 "영원한 언약"(사 24:5; cf. 창 9:16)에 대한 위반으로 보았다(사 26:21). 이 죄는 온 땅에 저주를 가져온다(사 24:6-13). 성경 및 고대 근동 저주 문헌에서 흔히 볼 수 있는 모티프인 가뭄은 이 광범위한 저주에 있어서 두드러지는 요소이다(cf. 사 24:4, 7-9). 이와 마찬가지로 아모스는 일련의 심판에 관한 신탁의 서두에 여호와의 심판이 가뭄을 가져왔다고 선포한다(암 1:2). 가뭄은 군주에 대한 반역 행위를 심판하기 위해 열국에 임한 저주의 축소판이라고 할 수 있다.

미가 역시 열방이 하나님을 멀리하였다고 언급한다(미 4:5). 여호와께서는 열국의 불순종과 악한 행위에 대해 심판하실 것이다(5:15; 7:13). 하나님의 백성들을 조롱한 열국은(7:10) 여호와 앞에서 두려워하여 기어 다닐 것이다(7:16-17). 이러한 열국의 복종은 여호와께서 예루살렘 보좌에서 만국을 통치하실 때 촉구될 것이다(4:1-4). 이 황금시대는 전쟁의 종료와 이스라엘의 하나님에 대한 전 세계적 섬김으로 특징지을 수 있다.

3. 주전 7세기 선지자(나훔, 하박국, 스바냐)

1) 서론

7세기의 소선지자들은 범세계적 차원의 강력한 심판에 나타난 하나님의 공의에 초점을 맞춘다. 나훔은 앗수르에 대한 이미 예비된 심판을 선언한다. 이 심판은 무자비한 학대자의 손에서 고통 받는 모든 사람과 하나님의 백성들에 대한 구원으로 이어진다. 하박국과 여호와 사이의 대화는 공의에 관한 문제에 초점을 맞춘다. 그러나 선지자로서는 매우 유감스럽게도, 유다 사회의 불의에 관한 문제를 해결하기 위한 하나님의 방법은 바벨론을 심판의 도구로 부르시는 것이었다. 그러나 하나님은 하박국에게 자신은 바벨론의 죄로 인해 그들도 심판하실 것이며 결국에는 자기를 신실히 섬기는 자들을 보호하시고 그들을 의롭다고 인정하실 것이라고 말씀하신다. 스바냐는 유다와 주변국에 대한 심판을 노아 홍수에 버금가는 세계적 재앙의 일부로 보았다. 그러나 이러한 정화 과정을 통해 하나님은 예루살렘에 공의를 다시 세우시고 열국으로 하여금 그를 섬기는 종이 되게 하실 것이다.

2) 하나님과 그의 백성

(1) 심판

나훔은 이스라엘에 대한 하나님의 심판에 관해서는 많은 언급을 하지 않는다. 그는 이 심판이 이미 시작된 것으로 보았다(나 1:12). 이와는 대조적으로 하박국과 스바냐는 불순종한 하나님의 백성들에 대한 심판에 관해 예언한다. 두 책 모두에서 유다 사회의 불의는 하나님의 심판의 가장 직접적인 원인으로 제시된다(합 1:2-3; 습 1:9; 3:1-7). 또한 스바냐는 유다의 이교적 풍습(습 1:4-6)과 부와 재물(1:11, 13) 및 그들의 불평과 교만하며 자랑하는 태도(1:12; 3:11)에 대해 책망하였다.

하나님의 심판은 매우 심각하고 끔찍한 재앙이 될 것이다(cf. 습 1:2-18). 그러나 이 심판은 정당하다(합 1:5-11; 습 1:13). 여호와께서는 잔인한 바벨론을 그의 도구로 사용하시어(합 1:6) 용사와 같이 유다로 보내실 것이다

(습 1:14-16). 스바냐는 이 재앙의 결과로 빚어진 참상을 제물로 희생된 동물에 비유한다(1:7, 17). 하나님의 율법을 무시하며 동족들을 부당하고 폭력적으로 대한 자들(합 1:2-3)은 마땅히 무법한 비벨론의 폭력을 당하게 될 것이다(1:7, 9).

(2) 보호와 구원하심

하나님께서는 자신의 진노의 심판을 시행하시면서 그의 백성들 가운데 일부 신실한 자들에게 주목하셨다. 그는 불안해하는 하박국에게 "의인"은 "믿음으로 말미암아 살리라"고 말씀하셨다(합 2:4). 본문에서 "의인"은 여호와를 신실히 섬김으로 학대를 당하는 자들이다(cf. 1:4). "살리라"는 동사는 다가올 재앙에서 육체적으로 보호될 것이라는 말이다(cf. 1:12; 3:17-19). "믿음"은 구약성경의 용례에 비추어 볼 때 "신실함"이라는 번역이 보다 원문에 가깝다. 다른 본문에서 이 단어는 여호와의 도덕적 윤리적 기준에 일치하는 신실하고 정직한 행위를 일컫는다. 본서의 결론으로서 하박국은 여호와께서 다가올 재앙에서 자신을 구원하실 것이라고 주장하며 여호와의 말씀을 받아들인다(3:16-19).

스바냐 역시 여호와께 순종하는 종들을 격려하며 그들에게 끝까지 공의를 행하며 믿음을 가지라고 호소한다(습 2:3; 3:8). 그는 남은 자들에게 이 심판이 언약 공동체의 회복을 위한 토대를 형성할 것이라고 말한다. 이 의로운 남은 자들은 포로지에서 놓일 것이며(3:19-20), 정화된 예루살렘에 거할 것이다(3:12-13).

하나님과 시온의 관계에 대한 주제는 스바냐서에서 두드러진다. 타락한 풍습과 지도자들 때문에 이 성읍은 하나님의 심판의 핵심적인 대상이 될 것이다(습 1:4-13; 3:1-7). 심판은 이 성읍의 행악자들을 제거하게 될 것이다(3:11). 여호와께서는 그들 대신에 이 성읍을 앞에서 언급한 남은 자들로 채우실 것이다(3:12-13). 이어서 여호와께서는 이 성읍을 보호하시고 다시는 대적들로 하여금 성문을 들어오지 못하게 할 것이다(3:13b-17).

세 선지자 모두 이방 나라에 대한 하나님의 심판과 함께 이스라엘의 구원과 회복이 올 것이라고 말한다. 결코 멀지 않은 미래에 대한 종말론적 관점을 가진 나훔에 따르면 앗수르의 멸망을 통해 하나님의 백성들은 결박에서 풀려날 것이며(나 1:13), 그 결과 평화와 새로운 번성을 누릴 것이다(1:15; 2:2). 스바냐에게 열국에 대한 하나님의 심판은 그의 남은 백성들을 포로에서 해방하고 그들로 하여금 천하 만민 중에 명성을 얻게 하며(습 3:20), 전통적인 대적들을 통치하게 하는(2:6-7, 9) 수단이다. 하박국에 따르면 하나님의 백성들을 학대하는 자에 대한 심판은 반복되는 구원 역사에 불과하다. 여호와의 미래적 심판에 관한 하박국의 신현적 묘사(합 3:2-15)에 나타난 몇 가지 요소들은 하나님께서 홍해에서 애굽 군대를 전멸하신 사건과 시내산에서의 자기 계시 및 여호수아와 드보라와 다윗을 통하여 쟁취하신 승리를 포함하여 이스라엘의 초기 역사에 있었던 사건들을 상기시킨다(cf. 3:3-15와 출 15:1-18; 19:16-19; 신 33:2; 수 10:12-14; 삿 5:4-5; 시 18:7-15; 77:16-19). 미래적 사건을 과거적 용어로 묘사하면서 하박국은 이스라엘의 하나님이 영원한 하나님이시라는 사실을 주장한다(cf. 합 1:12). 그는 언제나 역사를 통해 살아계시며(3:6) 자기 백성들을 위해 개입하실 수 있다.

7세기의 소선지자들은 이스라엘을 위한 하나님의 미래적 개입과 관련하여 그를 보호자와 구원자로 묘사한다. 나훔은 "여호와는 선하시며 환난 날에 산성이시라 그는 자기에게 의뢰하는 자들을 아시느니라"(나 1:7)고 했으며, 하박국은 하나님을 자신의 "구원자"(합 3:18)라고 부른다. 스바냐는 구원의 신탁을 의인화된 시온에게 전하면서 "너의 하나님 여호와가 너의 가운데 계시니 그는 구원을 베푸실 전능자시라"고 선언하였다(습 3:17).

3) 하나님과 열국

7세기 선지자들은 여호와를 열국에 대한 주권적 통치자로 묘사한다. 하나님은 열국을 심판의 도구로 세우시고(합 1:6), 자신의 통치에 대한 그들의 도전을 무찌르시며(나 1:9-12), 아무리 강력한 자라도 멸하신다. 아무도 그의 진노에서 벗어날 수 없다(습 3:8).

열국에 대한 심판의 가장 중요한 원인은 그들의 교만이다. 앗수르는 자신의 부와 군사적 힘을 자랑하며(나 2:9; 3:8-13), "오직 나만 있고 나 외에는 다른 이가 없다"(습 2:15)고 교만하게 선언하였다. 마찬가지로 바벨론은 자신의 군사력을 숭배하며 자신을 무적으로 여겼다(합 1:6-11, 16; 2:4-5). 모압이나 암몬과 같은 약소국들도 교만한 태도를 견지하였다(습 2:10).

열국은 이러한 교만을 다양한 방식으로 드러내었다. 앗수르와 바벨론은 다른 나라를 경제적으로 착취하였다. 물질적 부에 대한 그들의 탐욕은 폭력적인 제국주의 정책을 펼치게 하였다(나 2:11-13; 3:1, 4; 합 1:13-17; 2:5-17). 이 점에서 나훔은 앗수르를 포악한 사자(나 2:11-13)와 음녀의 유혹(3:4)에 비유한다. 하박국은 탐욕적인 바벨론을 성공적인 어부(합 1:15-16), 술 취한 자(2:5), 사망(2:5) 및 볼모 잡은 것으로 무겁게 짐진 자(2:6)로 묘사한다.

교만한 나라들은 심지어 대담하게 하나님의 백성들을 학대한다. 여호와께서는 그들을 자신의 불순종하는 백성들을 징계하기 위한 도구로 사용하셨으나 열국이 보여준 교만한 태도를 인정하신 것은 아니다. 나훔은 이스라엘에 대한 앗수르의 행위를 여호와께 사특한 일을 꾀하려는 행동으로 보았다(나 1:9-11). 하박국은 바벨론에 대해 하나님의 백성들을 탐욕스럽게 삼키려는 모습으로 제시한다(합 3:14). 스바냐는 모압과 암몬이 교만하며 유다를 훼방하였다고 주장한다(습 2:8, 10).

세 선지자는 모두 여호와는 진노하시며 보복하시는 용사로 제시한다. 그는 열국의 교만한 태도에 대해 무섭게 심판하시는 분이시다. 각 선지자는 그에게 "만군의 여호와"(Lord of Hosts) 또는 "군대의 여호와"(Lord of Armies)라는 칭호를 사용하며(나 2:13; 3:5; 합 2:13; 습 2:9), 그의 진노와 보복하심에 대해 구체적으로 언급한다(나 1:2, 6; 합 3:8, 12; 습 1:15, 18; 3:8).

신현(theophanies)에 관한 장면은 용사로서의 하나님에 대한 나훔과 하박국의 묘사에서 절정을 이룬다. 나훔 1:2-8에서 여호와는 강한 폭풍과 같은 모습으로 오신다. 그의 강력한 전쟁의 음성은 모든 자연을 두려움에 떨게 한다. 그는 대적들을 사망과 멸망의 상징인 "흑암"으로 쫓아내신다. 하박국의 신현에서 여호와께서는 남쪽에서부터 영광의 빛으로 오신다(합 3:3). 그가 폭풍 가운데서 다가오실 때(3:4-5) 우주는 두려움으로 진동할 것이다(3:6-7).[6] 그는 병거를 전장으로 모시며, 자기 백성의 대적들을 향해 그의 병기를 사용하실 것이다(3:8-15).

스바냐서에 언급된 여호와의 날에 관한 주제는 용사로서 하나님의 역할에 모든 초점을 맞춘다. 앞에서 언급한 대로 이 주제는 고대 근동 문헌(본서 p. 459-460 참조)에서 발견되는 정복자들의 통치시대와 여러 면에서 일치한다. 이 시대의 특징에 대한 스바냐의 언급은 이들 문헌에서 발견되는 내용과 일치한다: "여호와의 큰 날이 가깝도다 가깝고도 심히 빠르도다 여호와의 날의 소리로다 용사가 거기서 심히 애곡하는도다 그 날은 분노의 날이요 환난과 고통의 날이요 황무와 패괴의 날이요 캄캄하고 어두운 날이요 구름과 흑암의 날이요 나팔을 불어 경고하며 견고한 성읍을 치며 높은 망대를 치는 날이로다"(습 1:14-16).

또한 스바냐는 열국에 대한 하나님의 심판의 성격을 강조하였다. 스바냐 1:2-3에서 여호와께서는 다가오는 우주적 심판을 모든 생물을 지면에서 쓸어버리신 노아 홍수에 비유한다(cf. 창 6:7; 7:4, 23). 구체적 나라들에 대한 스바냐의 신탁은 하나님의 대적들에게 임할 총체적 멸망에 초점을 맞춘다(습 2:5, 9, 13-15). 여호와께서는 다시 한번 창세기를 인용하며 모압과 암몬이 소돔과 고모라와 같이 될 것이라고 선언하신다(2:9).

---

6) 하박국 3:4-5는 아마도 다음과 같이 번역하는 것이 가장 적절할 것이다. "그 광명이 햇빛 같고 광선이 그 손에서 나오니 그 권능이 그 속에 감췄었도다 온역이 그 앞에서 행하며 불덩이가 그 발 밑에서 나오도다."

열국에 대한 여호와의 심판 역시 당연한 것이다. 나훔에 따르면 여호와께서는 앗수르에 대해 그가 다른 나라에 행한 대로 갚으실 것이다. 앗수르의 멸망에 대한 나훔의 묘사는 앗수르의 연대기에 기록된 전쟁 기사와 일치하는 부분이 많다. 앗수르 군대가 성읍을 포위하여 거민들을 약탈하고 파괴하였듯이 니느웨도 포위되어 침략을 당할 것이다(나 2:3-10). 앗수르 왕들은 자신을 파괴적 홍수에 비유하며 대적이 두려워 떠는 모습과 유혈이 낭자한 패배의 현장 및 그들이 당하는 수치에 대해 자세히 묘사하였다. 마찬가지로 여호와께서는 홍수를 통해(1:8; 2:6) 앗수르 백성들을 공포에 떨게 하시고 피비린내 나는 살육과 수치를 당하게 하실 것이다(2:10; 3:3, 5-6, 11, 18-19). 앗수르는 봉신에게 경고한 언약적 저주를 당할 것이다. 여기에는 후손의 멸절(1:14), 무더기 죽음(3:3), 군사들의 낙담(3:13) 및 "고칠 수 없는 상처"(3:19; 아마도 제국의 최후 멸망에 관한 비유)가 포함된다.

바벨론에 대한 하박국의 재앙에 관한 신탁 역시 하나님의 심판이 그들의 행위에 대한 적절한 보응적 성격을 가지고 있음을 보여준다. 바벨론은 그들이 다른 나라들을 약탈한 것과 같은 방식으로 약탈을 당할 것이다(합 2:6-8). 바벨론의 외형적 번성은 다른 나라에 대한 침략을 통해 얻은 것으로, 그들이 범한 죄악상을 보여준다(2:9-11). 이 영광스러운 제국은 그가 주변 나라들에게 행한 대로 동일한 수치를 당하며 멸망할 것이다(2:15-17).

열국에 대한 여호와의 심판은 중요한 우주적 결과들을 가져온다. 열국의 우상 신들에 대한 여호와의 우월성은 모든 사람에게 명백하게 나타날 것이다(나 1:14; 합 2:18-20; 습 2:11). 열국은 이들 거짓 신들을 섬김으로 여호와의 주권을 거절하였다. 그러나 열국에 대한 그의 심판은 이러한 우상숭배가 얼마나 어리석은 일인지를 보여줄 것이다. 우상 신들은 단지 사람의 손으로 만든 수공품에 불과하다. 그들은 생명이 없으며 어떠한 교훈도 제공하지 못한다(합 2:18-19). 이와 대조적으로 여호와께서는 인간적인 모든 것과 구별되며 온 천하를 다스리신다(2:20).

스바냐에 따르면 모든 나라는 결국 여호와를 경배하게 될 것이다(습 2:11). 이러한 열국의 회복은 창세기 11장에 기록된 바벨에 대한 심판의 반전이다. 인류가 흩어지지 않으려는 교만한 시도와 자만 때문에(cf. 창 11:4) 하나님께서는 그들의 언어를 혼잡케 하시고 온 지면에 흩으셨다(11:5-9). 그러나 스바냐 3:9에 따르면 여호와께서는 바벨에서 "혼잡케 하신"(bālal, 아이러니 하게도 이 단어는 "깨끗하게 하다"라는 bārar와 발음이 같다) "입술(창세기 11:6-9의 "언어"와 스바냐 3:9의 "입술"은 같은 히브리어 단어를 번역한 것이다)을 깨끗케[bārar]" 하실 것이다. 교만한 자들이 하나님의 거처를 침략하기 위해 하나로 뭉치려 했던 바벨과는 대조적으로 열국은 언젠가 하나님을 진정으로 섬기기 위해 하나로 뭉칠 것이다. 이와 같이 온 땅에 "흩어졌던" 자들은(습 3:10; 이 구절의 "흩은 자"로 번역된 히브리어는 창세기 11:4, 8-9에도 사용되었다) 하나님을 섬기게 될 것이며 그에게 공물을 드릴 것이다.[7]

[스바냐의 여호와의 날에 대한 주석]
8세기 선지자 아모스에 의해 도입된 여호와의 날에 관한 주제는 스바냐의 메시지의 핵심 모티프이다. 아모스서에서 이 개념은 규모면에서 앗수르의 손에 의한 이스라엘의 임박한 심판에 관한 언급으로 제한된다(cf. 암 5:18-20). 스바냐에서 여호와의 날은 보다 보편적이며 미래적이다.

스바냐는 심판의 날의 임박함과 빠르게 다가오는 모습에 대해 언급한다(습 1:7, 14). 유다를 비롯하여 블레셋, 모압, 암몬, 구스 및 앗수르 등 여러 나라들이 이 날에 동참할 것이다. 그렇다면 이 여호와의 날은 스바냐

---

7) 어떤 사람들은 10절을 이스라엘이 포로지에서 돌아오는 모습을 묘사한 것이라고 주장하나 9절의 문맥적 상황을 감안해 볼 때 이 구절은 그런 뜻으로 한정될 수 없다. 이스라엘의 포로민들을 본문의 언급에 해당하는 그룹으로 포함시킬 수도 있으나(습 3:19-20) 창세기 11장과 본문의 문학적 평행은 이방인들도 여기에 포함되어 있음을 말해준다. 스바냐 2:12에 언급된 하나님의 심판의 대상으로서 하나님께 돌아오는 구스인의 개념은 본서 어디서나 발견되는 반전의 패턴과 일치한다(cf. 습 2:11; 3:8-9).

의 예언이 있은 직후 바벨론의 근동 정벌과 함께 시작된다고 결론내릴 수 있다.

그러나 한편으로 이 날은 스바냐 시대에 일어난 모든 일들을 초월하는 우주적이며 세계적인 영역을 포함하는 규모가 될 것이다. 여호와의 날은 규모면에서 노아의 홍수에 버금가는 재앙적 심판이 될 것이다(습 1:2-3, 18; 3:8). 이날 이후에 하나님께서는 자신의 언약 백성들을 성결케 된 시온으로 모으시고, 이전에 반역한 나라들에 대한 범세계적 통치권을 행사하실 것이다. 이러한 과정은 종말론적 성취를 기다리며 남아 있다.

따라서 여호와의 날에 대한 스바냐의 묘사는 예언 문학에서 흔히 볼 수 있는 망원경 원리를 보여준다.[8] 선지자들은 종종 가까운 사건과 먼 미래의 사건을 혼합하여 하나의 통일된 미래상을 제시하며, 두 사건의 연대기적 차이는 후시대에 이어지는 계시를 통해 드러나며 역사적 전개 과정은 나타나지 않는다. 스바냐의 경우 바벨론의 정복은 선지자의 세계관이 가지는 한정된 지리적 영역을 초월하여 보다 종말론적인 심판에 대한 예언이기도 하다. 우주적 회복에 대한 스바냐의 이상은 이 후자의 심판의 영역 이후에 실현될 것이다.

4. 주전 6-5세기 선지자
(요엘, 오바댜, 학개, 스가랴, 말라기)

1) 서론

앞에서 살펴본 대로 바벨론은 예루살렘을 주전 586년에 함락하고 많은

---

8) Gordon D. Fee and Douglas Stuart, *How to Read the Bible For All It's Worth* (Grand Rapids: Zondervan, 1982), pp. 163-64.

사람들을 포로로 잡아갔다. 그러나 하나님께서는 자기 백성들을 포기하지 않으셨다. 주전 538년에 하나님은 바사의 고레스를 세워 바벨론을 정복하게 하시고 포로민들을 유다로 돌아가게 하셨다. 그들은 예루살렘 성전을 다시 건축하기 시작하여 주전 516년에 그 일을 완성하였다.

6-5세기의 소선지자들은 포로지에서의 경험과 고국으로 돌아오면서 제기된 관심사와 문제들에 대해 제시한다. 하나님은 정말로 모든 인간사와 국가 문제에 대한 주권을 가지고 계신가? 열방은 하나님의 백성들을 괴롭힌 대가를 받을 것인가? 하나님은 이스라엘과의 언약적 관계를 지킬 것인가? 전기 선지자들의 이상의 기초를 형성하였던 조상들에 대한 약속은 실제로 성취될 것인가?

예루살렘이 함락된 지 얼마 후에 오바댜는 하나님께서 유다의 대적들, 특히 자기 백성들을 잔인하게 학대한 에돔을 심판하실 것이라고 경고한다. 또한 오바댜는 포로민들이 그들의 땅으로 돌아올 것이라고 예언한다.

요엘, 학개, 스가랴 및 말라기는 포로기 이후 공동체에 대해 하나님의 말씀을 전하였다. 이들 선지자는 각각 이 공동체가 포로기 이전의 나라를 이어받았음을 분명히 한다. 조상들처럼 포로기 이후 공동체는 하나님의 언약적 요구에 순종할 책임이 있다. 모세가 가르치고 이스라엘 역사가 보여주었듯이 순종은 축복을 가져올 것이며 불순종은 심판을 불러올 것이다.

이들 선지자들은 이전의 실패에 머무르기보다 현재의 책임과 하나님께서 자기 백성을 위해 계획하신 영광스러운 미래를 강조하였다. 포로민들의 귀환은 이스라엘 역사의 새로운 장을 열었다. 하나님은 결국 이전의 약속을 성취하시고 이 나라를 향한 원래의 목적을 이루실 것이다. 그는 예루살렘을 다시 세우시고 다윗왕조를 회복하실 것이며 제사직무와 성전에서의 예배를 다시 회복하실 것이다.

그러나 이러한 이상의 실현은 저절로 되는 것이 아니다. 오직 여호와를 충성과 신실함으로 따르는 자들만이 그것의 성취를 볼 것이다. 심지어 스가랴와 말라기는 포로기 이후 공동체에 대한 미래적 심판을 예언하였다. 이 심판은 공동체에서 행악자들을 제거할 것이다. 남은 자들은 여호와를 참으로 섬기는 자들로 구성되며, 그 땅에 거하며 하나님의 풍성한 축복을 경험할 것이다.

2) 하나님과 그의 백성
(1) 지금까지의 관계

6-5세기의 소선지자들은 유배의 원인에 대해 거의 언급하지 않는다. 말라기는 포로기에 대해 전혀 언급하지 않으며 이스라엘의 일반적인 죄의 역사에 대해서만 언급한다(말 3:7). 스가랴는 이 나라가 어떻게 선지자의 말에 주의를 기울이지 아니하고 심판에 이르게 되었는지를 상기시킨다(슥 1:4-5; 8:13-14). 보다 구체적으로는 사회 정의에 관한 하나님의 언약적 요구에 대한 백성들의 고집스런 거절이 그들을 열국 가운데 쫓겨내게 하였다 (슥 7:9-14).

스가랴는 곁말놀이를 통해 이스라엘의 죄가 자멸적이며 그들에 대한 심판은 정당한 것임을 보여주었다. 백성들은 "그 마음을 금강석 같게"(슥 7:12) 함으로써 결국 "아름다운 땅으로 황무하게"(7:14) 하였다. "[금강석 같게, 황무하게] 만들었다(made)"는 표현을 반복해서 사용한 것은 그들이 범한 죄의 성격이 자멸적임을 보여준다. 그들은 "완고하게"(7:11[stubbornly]) 행하였기 때문에 여호와께서는 그들을 "헤치셨다"(7:14). "완고하게"로 번역된 단어(sōnāret)는 "헤치다"로 번역된 단어(sā‘ar)와 발음이 유사하다. 이것은 이스라엘의 반역적 태도에 대한 하나님의 보응이 적절한 반응임을 보여준다. 이런 점에서 "귀를 막으며"(7:11)와 "듣지 아니하므로"(7:12)로 번역된 단어(mišᵉmôa‘)와 "금강석"(7:12)으로 번역된 단어(šāmîr)는 모두 그들의 죄를 묘사하며, 그들을 심판하는 내용으로 언급된 "황무하여"(7:13; šāmam)와 발음이 같다.

(2) 하나님과 백성들의 관계

하나님께서는 6-5세기 선지자들을 통하여 자신과 그의 백성들의 관계에 대해 분명히 제시하셨다. 그들의 조상들과 마찬가지로 백성들은 하나님의 율법에 순종하여야 한다. 그렇게 할 경우 하나님은 포로기 이전의 이스라엘에게 하신 것처럼 그들을 대하실 것이다.

말라기는 이 점을 특히 강조한다. 본서는 야곱에 대한 하나님의 선택적 사랑에 대한 언급으로 시작하며(말 1:2), 모세를 통해 주신 옛 법에 순종하라는 호소로 마친다(4:4). 그 사이에 여호와께서 포로기 이후 공동체가 범한 언약적 법과 원리들에 대한 구체적인 위반 사상에 대해 선언하신다. 제사장들은 하나님께 깨끗하지 못한 제사를 드렸으며(1:6-14; cf. 레 22:17-25; 신 15:21), 백성들은 레위인들의 생활에 필요한 십일조와 헌물을 드리지 않았다(말 3:7-10; cf. 민 18:8, 11, 19, 21-24). 설상가상으로 많은 사람들은 아내와 이혼하고 이방 여자들과 결혼하였으며, 하나님과 이웃을 사랑하라는 언약의 기본적 원리들을 전혀 무시하였다(말 2:10-16). 여호와께서는 오직 언약적 관계에 대한 자신의 흔들리지 않는 헌신만이 공동체를 보존한다고 설명하신다(3:6).

학개와 스가랴는 하나님의 자기 백성들에 대한 지속적인 사랑과 그들의 책임에 대해 초점을 맞추었다. 학개는 공동체가 하나님의 임재의 상징인 성전 재건에 무심하다고 책망하였다(학 1:2-11). 여호와께서는 백성들과 함께 하시겠다고 약속하시며, 이 일을 완수하도록 격려하였다(1:13). 성전 사역이 재개되자 그는 다시 한번 자신이 그들과 함께 한다는 사실을 확인하며, 포로기 이후 공동체와 이스라엘의 첫 세대를 연결한다(2:4-5). 스가랴 2:7-11에서 여호와께서는 그때까지 바벨론에 남아 있던 백성들에게 예루살렘으로 돌아올 것을 촉구하고 그곳에서 그들과 함께 거하시겠다고 말씀하신다. 여호와께서는 자기 백성들을 무엇과도 바꿀 수 없는 가장 귀한 부분인 "눈동자"(슥 2:8)와 같이 여기신다. 조상들과는 대조적으로(cf. 7:9-14) 그들은 언약 공동체 안에서 사회적 공의를 시행하고 윤리적 삶을 살아야 했다(8:16-17).

요엘은 고대 언약적 관용구를 사용하여 동시대인들에게 "너희 하나님 여호와께로 돌아올지어다 그는 은혜로우시며 자비로우시며 노하기를 더디 하시며 인애가 크시사 뜻을 돌이켜 재앙을 내리지 아니하시나니"(욜 2:13; cf. 출 34:6; 민 14:18)라고 호소하였다. 요엘의 세대는 모세의 반역한 세대가 경험했던 것과 동일한 긍휼을 경험했다.

순종은 신적 축복을 가져오고 불순종은 심판을 가져온다는 보상과 심판의 언약적 원리는 포로기 이후 공동체에도 적용된다. 학개와 스가랴는 백성들의 무지가 기근과 재앙과 가난과 흉작과 정치의 불안을 가져왔다고 지적한다(학 1:5, 9-11; 2:15-19; 슥 8:9-10). 그러나 성전 사역의 재개는 농사적 축복을 가져올 것이다(학 2:19; 슥 8:11-12). 이방 나라도 그들이 축복을 받은 것을 깨닫게 될 것이다(슥 8:13). 과거에 그들은 하나님의 백성들을 저주 받은 나라로 알고 있었으며, "유다"와 "이스라엘"이라는 이름을 저주와 관련된 표현으로 사용하였으나(저주의 관용구적 표현은 예레미야 29:22 참조), 이제는 하나님의 백성들이 열방 가운데 축복의 전형이 될 것이므로 그 이름을 축복의 기도문(개인의 이름을 축복의 기도문으로 사용한 예로는 창세기 48:20과 룻기 4:11 참조)에 사용할 것이다. "축복이 될 것이라"는 구절은 아브라함과 그의 후손들이 열방에 대한 신적 축복의 모범적 전형(궁극적으로는 통로)이 될 것이라는 하나님의 약속을 암시하는 듯 하다(cf. 창 12:2).

말라기 세대는 불순종으로 인해 하나님의 징계적 "저주"를 받았으며(말 2:2; 3:9) 결국에는 심판으로 이어질 것이다(2:3; 4:6). 그러나 만일 그들이 회개하면(3:7) 농사의 축복을 받을 것이다(3:10-12) 요엘의 세대는 범죄로 인해 가공할 만한 메뚜기 재앙을 겪었다. 이 재앙의 참상은 전례가 없는 것이었다(욜 1:2-20). 이것은 공동체가 회개하지 않을 경우 그들에게 임할 여호와의 날에 대한 전조이다(1:15; 2:1-17). 백성들이 긍정적으로 반응하면 하나님은 그들을 긍휼히 여기시고 풍작을 회복하실 것이다(2:18-27; 요엘 2:18-19a에서 미래시제로 번역된 "중심이 뜨거우시며" "응답하여"라는 동사는 NIV 난외주에서와 같이 과거시제로 번역되어야 한다).

(3) 자기 백성들에 대한 하나님의 미래적 계획

예루살렘이 망하고 백성들이 포로로 잡혀간 후에도 하나님의 선지자들은 앞을 보았다. 오바댜는 열국에 대한 심판에 관한 짧은 메시지를 포로민들에 대한 소망의 말로 끝낸다(옵 17-21절). 포로민들은 다시 한번 그들의 땅을 차지할 것이며 대적들을 다스릴 것이다. 예루살렘은 성결케 되며 하나님의 지상 통치의 중심이 될 것이다.

포로기 이후 선지자들은 포로지에서 돌아온 백성들에게 하나님께서 그들을 위해 큰 계획을 가지고 계신다고 믿게 하였다. 학개는 백성들의 성전에 대한 관심에 초점을 맞추었다. 성전 사역은 무관심과 반대로 중단되었다. 사역은 다시 시작되었으나 많은 사람들은 성전의 규모가 포로기 이전 솔로몬 성전의 영광에 비해 아무 것도 아니라고 생각하였다(cf. 학 2:3; 슥 4:10). 그럼에도 불구하고 학개는 결국 열국의 부가 성전으로 들어올 것이며, 그것의 영광이 솔로몬 성전의 영광을 능가할 것이라고 담대히 예언하였다(학 2:7-9).

학개 2:7-9과 관련하여 두 가지의 중요한 해석학적 문제가 제기된다. 첫째는 "만국의 보배"(7절)라는 언급이다. 이것을 메시아적 칭호로 해석하는 사람도 있으나 이어지는 본문(8절)의 내용이나 병행구절(cf. 사 60:5-9; 슥 14:14)의 내용을 감안할 때 이 표현은 각국에서 들여오는 공물에 대한 언급임을 강력히 시사한다. "이르리니"는 히브리어에서 복수형 동사이며, 이것은 "보배" (ḥemdat[단수])가 복수(ḥămudōt[보배들])로 해석되어야 함을 보여준다.

두 번째 문제는 학개 2:9의 성취에 관한 것이다. 이 예언은 헤롯의 성전 증축 및 예수께서 지상에 계실 때 성전에 오신 일을 통해 성취되었다고 주장하는 사람도 있다. 그러나 본문은 성전의 영광을 이방인에 대한 복종과 연관시킨다. 이 사건은 제2 성전이 함락된 주후 70년 이전에는 결코 일어나지 않은 사건이다. 따라서 이 예언은 미래적 성전과 관련하여 성취될 것이다. 그렇다면 "이 전(this present house)의 나중 영광이 이전 영광보다 크리라"고 한 학개의 언급은 어떻게 설명할 것인가? 이 문제에 대한 열쇠는 2:3이다. 본문에서 두 번째 성전은 솔로몬 성전과 동일시된다(cf. "이 전의 이전 영광"). 마찬가지로 9절은 미래적 천년왕국의 성전과 두 번째 성전을 연결한다. 하나님의 관점에서 볼 때 여러 가지 역사적 형태에도 불구하고 성전은 하나밖에 없다. 미래적 성전의 영광과 학개 당시에 세워진 구조물을 연결함으로서 하나님은 백성들에게 그들의 노력이 보기에는 보잘 것 없지만 결국 보상을 받을 것임을 보여준다. 하나님은 다시 한번 그의 백성들 가운데 거하실 것이며 그의 거처는 이스라엘이 지금껏 경험해보지 못한 큰 영광으로 충만케 될 것이다. 솔로몬 시대보다 훨씬 위대한 시대가 임박한 것이다.

학개는 또한 다윗왕조의 미래적 회복에 대해서도 예언하였다. 하나님의 백성들은 비록 외국 세력의 통치 하에 있었고, 다윗의 후손 스룹바벨은 총독에 불과했지만 정치 구조는 가변적이었다. 하나님께서는 이 땅의 왕들을 엎으실 것이며(학 2:21-22) 다윗의 왕권을 높이실 것이다(2:23). 스룹바벨을 그의 "종"과 "택한" 자로 부르심으로 하나님께서는 그에게 다윗이 누리던 것과 동일한 지위를 부여하신다(cf. 삼하 3:18; 6:21; 7:5, 8, 26; 왕상 8:16). "인"에 대한 비유는 권위 있는 지위에 대한 언급으로 스룹바벨의 할아버지 여호야긴에게 선언된 심판에 대한 반전이다(cf. 렘 22:24-30).

학개 2:21-23의 언급된 말씀은 비록 스룹바벨에 대한 직접적인 말씀이긴 하나 그의 시대에는 성취되지 않았다. 그렇다면 이와 같이 분명한 학개의 예언의 실패에 대해 어떻게 설명할 것인가? 다윗의 후손이자 유다의 총독인 스룹바벨은 당시 포로기 이후 공동체의 다윗왕조를 공식적으로 대표한다. 따라서 다윗왕조의 미래적 회복에 대한 예언은 그와 연결되어야 한다. 성전에 대한 언급(cf. 학 2:6-9)과 마찬가지로 학개는 동시대인들에게 하나님께서 자기 백성들을 위한 위대한 계획을 가지고 계심을 확인시키기 위해 가시적인 역사적 실체에 종말론적 실재를 연결하였던 것이다. 스룹바벨은, 말하자면 다윗의 집에 대한 미래적 영광을 보여주는 가시적 보장이었던 셈이다. 실제로 학개 당시에도 스룹바벨에 대해 메시아적 소망을 가진 사람도 있었을 것이다. 그러나 계시와 역사의 진전에 따라 예수 그리스도께서 학개의 예언을 성취하셨던 것이다.

요엘서 역시 하나님의 백성들을 향한 위대한 계획에 대해 언급한다. 요엘의 이상은 임박한 미래와 여호와의 날과 관련하여 이어지는 사건들에 초점을 맞춘다. 요엘의 세대에게 심판이 번복되었음을 확인 하신 후(욜 2:20) 여호와께서는 메뚜기 떼에 의한 농작물의 폐해를 회복시켜 주시겠다고 약속하신다(19, 21-26절). 이러한 신적 개입의 행위들은 "기이한 일"로 언급되는데(26절), 이것은 이스라엘의 구원 역사에 나타난 하나님의 전능하신 행위로 분류된다(cf. 출 3:20; 15:11; 34:10; 수 3:5; 삿 6:13; 시 77:14). 그와 같이 이 새로운 신적 능력은 하나님께서 자기 백성들과 함께 계심과 그가 모든 신들 위에 뛰어나심을 보여줄 것이다(욜 2:27).

여호와의 날은 요엘서에서 두드러진 주제이다. 엄격히 말해 본서의 전반부에서는 이 날이 하나님의 백성들에 대한 심판의 하나이다(1:15; 2:1-11). 그러나 백성들의 회개(2:18에 함축[NIV 난외주 참조])에 이어지는 이 날은 하나님의 백성들에 대한 축복의 하나로 바뀌며 열국은 심판의 대상이 된다.

여호와의 날에 이스라엘은 전례 없는 하나님의 신의 부으심을 받을 것이다(욜 2:28-29). "만민"(2:28a)이라는 구절은 보편적 의미로 볼 수 있으나, 28b-29절은 성별, 나이 및 사회적 지위를 불문하고 모든 부류의 사람들을 유다로 한정한다("너희"에 대한 3중 반복은 하나님의 백성들에 대해 언급하고 있는 18-27절로 돌아가게 한다). 신을 받는 사람은 예언자적 은사를 보일 것이며, 이는 "모든 백성"이 여호와의 신으로 예언하기를 바랐던 모세의 소망(cf. 민 11:29)에 대한 성취이다.

여호와께서는 자기 백성들을 적대적 국가들로부터 보호하시기 위해 초자연적으로 간섭하실 것이다(욜 2:32; 3:16). 그때 여호와께서 예루살렘에 있는 거처를 더럽히려는 자들로부터 그것을 보호하시기 위해 나타나심으로 시편(특히 시 46 및 48편)과 이사야서에서 분명히 드러난 시온의 이상이 성취될 것이다(욜 3:15-17).

여호와께서 예루살렘에 나타나심으로 이스라엘은 농업의 축복을 받을 것이다(욜 3:18). 포도원과 양떼는 풍성한 열매를 맺고 산마다 포도주와 젖으로 넘쳐흐를 것이며, 계곡에는 사시사철 샘이 흐를 것이다. 풍성함의 상징이자 땅을 비옥하게 하는 임재하심을 상기시키기 위해 요엘은 여호와의 전에서 샘이 흘러나와 그 땅을 적실 것이라고 말한다(cf. 겔 47:1-12; 슥 14:8).

스가랴는 6-5세기의 다른 소선지자들보다 더욱 자세하고 체계적인 종말론을 제시한다. 스가랴서는 메시지의 연대가 기록된 1-8장과 연대가 나타나지 않는 두 개의 신탁(cf. 슥 9:1; 12:1)으로 이루어진 9-14장의 두 부분으로 나뉜다. 1-8장은 이 나라의 장래에 대해 대체적으로 긍정적 관점을 제공한다. 이 부분의 초점은 예루살렘의 회복과 다윗왕조 및 제사장직의 재정립에 맞추어진다. 이 부분은 그들의 영토가 보다 성결케 되리라는 간단한 암시만 제시한다(3:9; 5:1-4). 9-14장은 1-8장에 제시된 몇 가지 주제를 더욱 발전시킨다. 전반적인 어조는 긍정적이지만 선지자는 여호와의 주권이 거절당할 것이라고 예언한다. 이것은 성결케 하는 심판을 요구한다. 그러나 여호와께서는 결정적 전투에서 자기 백성들의 편에 서실 것이다. 이것은 그들의 회개로 이어져 신적 축복을 가져올 것이다.

예루살렘의 회복은 1-8장의 핵심 내용이다. 이 성읍에 대한 강한 감정적 애착을 선언하시면서 여호와께서는 그것의 번성을 약속하신다(슥 1:14-17; 8:1-5). 그는 다시 한번 시온을 거처로 삼으실 것이며(2:10-11; 8:3), 초자연적 방법으로 그것을 보호하실 것이다(2:5). 회복된 성읍의 중심은 하나님의 거처인 재건된 성전이다(1:17). 아직도 포로지에 있는 이 성읍의 거민들 가운데 많은 수가 돌아올 것이다(2:4, 6-7; 8:7-8). 신적 축복의 징표는 이 성읍의 거리에서 볼 수 있다. 즉, 예루살렘 길거리의 "늙은 지아비와 늙은 지어미"가 자식들이 노는 것을 볼 것이다(8:4-5). 많은 사람들은 이와 같이 역전된 시온의 상황에 놀라겠지만 이 모든 일을 이루신 전능하신 여호와에게는 전혀 기이한 일이 아니다(8:6).

예루살렘 거민이 늘어날 것이라는 종말론적 묘사는 암시라는 문학적 기법을 통하여 창세기 18:1-15 및 21:1-7에 기록된 이삭의 출생에 관한 기사와 연결된다. 창세기 18:12에 의하면 수태하지 못한 사라는 여호와께서 그가 아이를 낳을 것이라고 하자 의심하며 웃었다. 여호와께서는 그에게 능치 못할 일이 없다고 하시며 그녀를 꾸짖으셨다(18:14). 약속하신 아들이 나자(21:2) 아브라함은 그에게 "그가 웃었다"라는 의미의 이삭(yiṣḥāq, "웃다"라는 동사 ṣāḥaq에서 나옴)이라는 이름을 지어주었다. 의심의 웃음이 기쁨의 웃음으로 변한 사라는 이 이름의 의미에 대해 "하나님이 나로 웃게 하시니 듣는 자가 다 나와 함께 웃으리로다"(21:6)라고 설명하였다.

창세기 기사와 같이 스가랴 8:5-6도, 외견상 불가능하게 보임에도 불구하고 후손들로 넘치게 하신 하나님의 초자연적인 능력에 초점을 맞춘다(cf. 슥 7:14). 5절은 이삭의 기사에 사용된 핵심 용어를 사용하여 동남과 동녀가 거리에서 장난하는(문자적으로 ṣāḥaq의 변형된 형태인 śāḥaq) 모습을 묘사하며, 6절은 창세기 18:14과 마찬가지로 여호와께서 무엇이든 할 수 있음을 보여준다(스가랴 8:6의 "기이하려니와"는 창세기 18:14의 "능치 못할"과 동일한 히브리어 단어를 사용한다). 이러한 암시를 통하여 예루살렘이 장차 거민들로 넘쳐날 것이라는 언급은 하나님께서 아브라함에 주신 후손에 관한 약속(cf. 창 15장)과 연결되며, 이 약속은 이삭의 출생으로 시작된다. 사라의 기쁜 웃음이 그녀의 불임에도 불구하고 아브라함에게 주신 약속을 성취하신 하나님의 능력을 증거하듯이, 회복된 예루살렘의 아이들의 웃음은 모든 장애(포로기)에도 불구하고 아브라함에게 약속하신 후손의 축복을 성취하신 하나님의 능력을 증거한다.

스가랴 1-8장 역시 회복된 예루살렘의 지도자들에게 초점을 맞춘다. 제사장과 왕은 이들 장에서 두드러진 역할을 한다. 스가랴는 네 번째 밤 이상

(3:1-10)에서 포로기 이후 공동체의 당시 대제사장이었던 여호수아의 성결에 관해 목격한다. 죄를 상징하는 여호수아의 "더러운 옷"은 "아름다운 옷"으로 대체되었으며, 그의 머리에는 정한 관을 씌웠다(3:3-5). 이어서 여호와께서는 여호수아에게 그의 명령에 순종할 것을 명하고, 그가 순종하면 성전에서 사역하며 하나님의 뜰에 들어올 수 있는 특권을 주시겠다고 약속하신다(3:6-7). 물론 이 메시지는 나라 전체에 적용된다. 왜냐하면 대제사장으로서 여호수아는 전체 백성을 대표하기 때문이다. 그의 성결은 나라 전체의 회복, 특히 하나님과 백성 사이의 중보적 역할을 하는 제사장의 회복을 상징한다.

여호수아의 성결은 사단의 반대를 받는다(슥 3:1-2). "사단"으로 번역된 히브리어 단어는 "원수"라는 뜻을 가지며, 다른 본문에서는 인간의 대적을 지칭하는 뜻으로 종종 사용된다. 그러나 본문(그리고 욥기 1-2장)에서는 하나님의 종을 대적하는 특별한 천사적 존재로 제시된다. 사단에 관해서는 구약성경에 자세히 제시되지 않지만 구약성경의 호칭이 고유한 이름이 되어버린 신약성경에 보다 자세하게 제시된다.

여호와께서는 다윗왕조의 회복에 대해서도 말씀하신다. 스가랴 3:8에서 하나님께서는 여호수아와 그의 동료들에게 공동체를 위해 "순"(the Branch)이 나게 하겠다고 말씀하신다. 이 호칭은 이전에 예레미야가 다윗 계열의 이상적 통치자에 대한 언급에서 사용하였다(cf. 렘 23:5; 33:15). 이 "순"은 성전을 다시 짓고 그 나라를 다스릴 것이다(슥 6:12-13). 스가랴 4:9은 성전 재건의 공을 유다 총독 스룹바벨(여호수아의 동시대인)에게로 돌리고 있기 때문에 메시야적 소망은 그와 연결된다. 그러나 학개 2:23에서와 같이 본문의 스룹바벨은 대표자적 역할을 한다. 스가랴 6:12-13에 언급된 이상은 스룹바벨을 통해 부분적으로 성취되었으나 예수 그리스도 안에서 완전하고도 최종적으로 성취될 것이다.

왕과 제사장의 관계는 스가랴의 종말론에서 중요한 주제이다. 선지자는 다섯 번째 밤 이상(슥 4:1-14)에서 주발과 일곱 등잔(하나님의 보호하시는 임재를 나타냄[cf. 10절])을 가진 순금 등대(아마도 성전을 상징)를 본다. 등대 곁에는 감람나무가 있으며(3절), 이 나무의 실체는 구체적으로 밝혀지지 않는다(11절). 그러나 12절은 주발에 금 기름을 흘려내는 감람나무의 두 가지에 관한 언급이 추가된다. 이 두 가지는 14절에서 "기름 발리운 자 둘이니 온 세상의 주 앞에 모셔 섰는 자"로 밝혀진다. 본문에 언급된 두 사람은 대제사장 여호수아(cf. 3장)와 총독 스룹바벨(4:6-10)이 틀림없다. 이 이미지는 두 사람이 성전을 떠받치고 있음을 보여준다. 등잔에 기름이 필요한 것처럼 여호수아와 스룹바벨은 성전에서 중요한 역할을 한다. 스룹바벨은 성전을 건축하고(7-10절) 여호수아는 다스릴 것이다(3:7).

어떤 사람들은 하나님 자신(등잔으로 상징된)이 공동체의 지도자들에게 의지한다는 이유로 이러한 해석을 반대한다. 그러나 스가랴 4:6은 하나님의 힘주시는 능력이 성전의 회복에 필수적임을 분명히 한다. 12-14절은 단지 하나님이 지명하신 지도자들이 바른 예배를 유지하고 하나님께서 그의 백성들과 함께하심을 보여주는 중요한 역할을 한다는 사실을 강조하고 있을 뿐이다.

스가랴 6:9-15 역시 여호수아와 스룹바벨을 밀접하게 연결한다. 본문에는 여호수아의 머리에 면류관을 씌우고(9-11절) 예언이 주어지며(12-13절), 이 상징적 면류관을 재건된 성전에 보관하라는 지시가 주어진다(14절). 예언과 상징적 행동의 관계는 해석하기 어렵다. 일부 학자에 따르면 본문의 여호수아는 메시아적 "순"과 일치한다. 그는 성전을 건축하고 왕이자 제사장으로서 다스릴 것이다. 이러한 해석은 "두 사이에 평화의 의논이 있으리라"(6:13)는 구절을 메시아의 제사장적 직무와 왕적 직무를 암시하는 것으로 본다. 어떤 사람들은 두 명의 다른 인물에 대한 언급으로 본다. 즉 여호수아가 면류관을 쓴 것(9-11, 14절)은 공동체의 미래에 제사장의 역할의 중요성을 강조하며(cf. 3:7; 4:11-14), 예언은 성전 재건의 임무를 가진, 여호수아와 구별되는 왕적 인물에 대한 언급이라는 것이다. 성전 재건을 여호수아가 아닌 스룹바벨과 연결하고 있는 스가랴 4:9은 이 해석을 선호한다. 이 해석에 따르면 13절은 왕과 제사장 사이의 조화를 예언한다. 이러한 관점에서 볼 때, 다윗계열의 통치자는 그와 같은 제사장은 아니나 완전한 제사장의 직무를 누릴 것이다.

스룹바벨로 대표되는 왕과 여호수아로 대표되는 제사장을 지속적으로 구별하는 본문은 스가랴의 동시대인들이 이 상징적 행동과 예언을 후자의 관점에서 해석하였음을 강력히 시사한다. 아마도 그들은 스룹바벨이나 여호수아에게도 큰 소망을 두었을 것이다. 그럼에도 불구하고 계시의 과정에서 예수님은 이들 역사적 인물들에 의해 상징된 이상들을 성취하실 것이다. 그에게는 왕의 직무와 제사장의 직무가 공존한다. 스룹바벨이 상징했던 "순"으로서 예수님은 이스라엘을 다스리실 것이다. 동시에 예수님은 제사장의 직무를 취하신다. 그는 하나님과 백성들 사이의 진정한 중보자이시기 때문이다.

앞에서 언급한 대로 스가랴 9-14장은 1-8장의 종말론적 이상을 여러 가지 방식으로 확대한다. 특히 앞부분에 제시된 낙관적 관점은 3:9 및 5:1-4에 간략히 소개된 성결 모티프로 어느 정도 유화된 후 더욱 자세하게 제시된다.

선지자는 하나님의 주권에 대한 거절로 야기된 포로기 이후 공동체의 위기에 대해 예언한다. 스가랴는 긴 비유를 통해 이 거절과 그것으로 인한 부정적 결과들에 대해 묘사한다(11:4-17). 먼저 여호와께서는 선지자에게 자신의 양떼 이스라엘의 목자가 되라고 명하신다. 이 선지자는 이스라엘에 대한 하나님의 은혜를 상징하는 은총(주변 백성들과의 평화로운 관계로 제시된다; cf. 10절)과 북왕국과 남왕국을 하나로 묶는 연락(14절)의 두 막대기를 취한다. 최선의 노력에도 불구하고(7-8a절) 잘못된 백성들(cf. 10:2-3a)은 그를 거절하였다(11:8b). 목자가 된 선지자는 그의 명령을 거역하고 두 막대기를 잘라버렸다. 이것은 그 나라가 하나님께서 제시한 평화와 통일을 경험하지 못할 것임을 보여준다(9-14절). 그때 여호와께서는 스가랴에게 양떼로부터 자신의 유익만 구하려는 우매한 목자의 역할을 하라고 명하신다(15-17절).

이 비유는 여러 가지 문제를 제기한다. 그 중에서도 선한 목자의 정체는 가장 큰 관심의 대상이다. 앞에 제시된 본문(슥 9:16; 10:3)에 의하면 이 나라의 목자는 하나님이시다. 따라서 그를 본문에 제시된 목자의 배후 인물로 보는 것이 가장 자연스러울 것이다. 그러나 9:9-10에서 하나님의 통치는 사람을 수단으로 성취된다. 13:7-8에서 이 부통치자는 하나님의 "목자"로 불리며 그가 거절을 당할 것이라는 내용도 언급된다. 따라서 "선한 목자"는 인간 통치자의 모습으로 구현된 하나님의 권위를 가진 인물로 해석할 수 있다. 그렇다면 간접적 의미에서 "선한 목자"는 메시아적 인물로 볼 수 있다. 이런 견지에서 볼 때 예수님이 스가랴의 목자에 관한 이미지를 자신에게 적용하신 것은 결코 놀랍지 않다(cf. 마 26:31과 슥 13:7).

이스라엘은 하나님의 권위를 거절하였기 때문에 학대와 고통을 받게 될 것이다(슥 11:6, 9). 이 나라의 삼분지 이는 이방 나라가 그 땅을 침공할 때 멸절할 것이다(13:8). 이 적대적 군대는 예루살렘도 침략하여 수치를 당하게 할 것이다(12:2b-3a; 14:2). 마지막 순간에 여호와께서 자기 백성들을 위해 개입하실 것이다. 그는 유다의 군대에게 힘을 주시고 대적들과 싸우게 하실 것이다(9:13, 15; 10:3-5, 7; 12:6). 여호와 자신은 군사적 용맹을 상징하는 번개와 나팔과 남방(문자적으로는 데만) 회리바람을 동반하시고 나타나실 것이다(9:14; 14:3). 이러한 이미지는 하박국의 신현적 묘사(합 3:3, 11)와 시내산에서 보여주었던 하나님의 자기계시(cf. 출 19:16, 19)를 상기시킨다. 여호와께서는 감람산에 오르시어 산을 둘로 가르시고 포위된 예루살렘 백성들을 도망하게 하실 것이다(슥 14:4-5). 하나님께서 개입하시는 이 날에 대해 전형적인 묵시문학에서는 여호와께서 공포와 재앙을 통해 초자연적으로 대적을 진멸하시는 독특한 우주적 지각변동(6-7절)으로 제시한다(12:4; 14:12-13, 15).

이 전능하신 구원의 행위는 나라 전체를 회개케 할 것이다(슥 12:10-14). 왕과 제사장들의 인도함을 받아 백성들은 그 "찌른 바" 그를 위하여 통곡할 것이다(12:10). "찌른 바 그"라는 구절은 구체적으로 앞에 기록된 말의 화자를 지칭한다. 하나님은 본 장(2-4, 6, 9-10절)에서 계속 말씀하시기 때문에 "찌른 바 그"와 앞에 나오는 대명사 "나"는 모두 백성들이 과거에 거절하였던 하나님을 지칭한다(다음 대명사[그를 위하여 애통하기를] 역시 하나님을 가리키며 이 단어의 선행사는 앞에 나오는 관계대명사 "그"[the one]이다). "찌른 바"는 이러한 거절을 심각한 신체적 상처에 비유한 신인동형동성론적 표현이다. 이 거절은 하나님의 "목자"에 대한 대적을 통해 부분적으로 나타나기 때문에(11:8; 13:7) 본문은 메시아에 관한 간접적 예언으로 볼 수 있다. 이것은 어떻게 본문이 예수께서 십자가에서 창으로 찔린바 되심에 적용되었는지를 설명해 준다(요 19:37). 그들은 하나님의 택하신 "목자"인 예수님을 거절하고 그를 찔리게 함으로써 하나님 자신을 "찌른"(즉 그의 권위를 거절한) 것이다.

이러한 일련의 심판과 회개는 왕조와 예루살렘 거민을 정결케 할 것이다(슥 13:1). 우상과 거짓 선지자는 사라질 것이다(13:2-5). 땅을 정결케 하신 여호와께서는 백성들과의 언약적 관계를 새롭게 하실 것이다(13:9). 그들은 그에게 면류관의 보석같이 귀한 존재가 될 것이다(9:16b). 그들의 목자로서 여호와께서는 유다와 예루살렘을 다시 보호하실 것이다(9:8, 15-16; 14:11). 여호와의 임재는 말방울이나 요리하는 솥까지 거룩하게 할 것이다(14:20-21). 이와 같이 평범한 물건들에도 이전까지는 지극히 거룩한 물건에만 부여되었던(cf. 출 28:36; 39:30) "여호와께 성결"이라는 문구가 기록될 것이다. 거룩한 나라에 대한 고대의 이상은 결국 실현될 것이다(출 19:6).

이 구원의 날에도 많은 하나님의 백성들이 돌아오게 될 것이다. 많은 사람들이 열방 가운데 흩어졌으며(슥 10:9) 포로로 잡혀갔으나(9:11-12) 여호와께서는 그들을 구속하시고(10:8) 약속의 땅으로 회복하실 것이다(10:10). 전기 선지자와 같이 스가랴는 이 구원을 출애굽에 비유한다. 홍해에서 그렇게 하셨듯이 여호와께서는 모든 장애물을 제거하고 백성들을 구원하실 것이다. 보다 구체적으로 그는 애굽과 앗수르로 대표되는 나라들과 바다로 상징되는 그의 대적들을 멸하실 것이다(10:10-11).

의인화된 예루살렘에 대해 언급하고 있는 스가랴 9:11에 따르면 포로민들의 구속의 근거는 그와 성읍이 맺은 "언약의 피"이다. 본문에 언급된 언약에 대해서는 구체적으로 제시되지 않는다. "언약의 피"라는 구절은 출애굽기 24:8에서 모세 언약에 대해 사용되었다. 그것은 희생에 의해 비준되었다(출 24:5-6). 그러나 어떻게 이 언약이 예루살렘의 회복에 대한 약속의 근거가 될 수 있는가? 본문(슥 9:9-10)이나 다른 구약성경에서도 예루살렘의 번영과 미래적 영광은 다윗왕조와 연결된다. 다윗왕조는 하나님의 무조건적 언약을 받았다. 이 언약은 이전에 아브라함에게 하신 언약과 연결되기 때문에 다윗 언약은 이전의 아브라함 언약에 대한 확대 또는 그것을 성취하는 수단이라고 볼 수 있다. 하나님은 이상적 다윗 계열의 통치자를 통해 아브라함의 후손들을 선조들에게 약속하신 그 땅에 세우실 것이다. 이와 같이 두 언약이 연결된다면 아브라함에게 약속하신 땅은 다윗 계열의 통치자들 하에서 사실상 약속의 땅의 정치 문화적 중심지인 예루살렘에 직접적으로 적용될 수 있을 것이다. 그렇다면 아마도 스가랴 9:11의 언급은 하나님과 아브라함의 언약을 비준한 희생 제물에 대한 언급일 것이다(cf. 창 15:9-11).

스가랴의 종말론적 관점은 하나님께서 수도 예루살렘(슥 14:16)에서의 통치가 재확립됨으로서 절정에 이를 것이다(14:9). 이 통치는 그 땅에 농사의 축복을 가져올 것이다. 에스겔서(47:1-12)와 요엘서(3:18)에서 발견되는 이미지를 사용하여 선지자는 예루살렘으로부터 사시사철 흐르는 샘("생수")을 그 땅의 회복에 대한 상징으로 제시한다(슥 14:8). 곡식과 새 포도주의 풍성함과 젊은 남녀에 대한 언급은 하나님의 축복의 분명한 징표이다(9:17).

여호와의 왕권은 인간 통치자를 통해 시행될 것이다. 그의 통치에 관해서는 스가랴 9:9-10에 잘 묘사되어 있다. 그는 다윗의 후손으로 구체적으로 언급되지 않으나 본문의 흐름은 그렇게 암시한다. 이 통치자는 예루살렘의 왕으로 불린다(9절, "네[즉, 예루살렘 또는 시온] 왕"). 이것은 그가 다윗의 후손임을 보여준다. 왕의 우주적 통치(10절)는 다윗 언약의 이상과 일치한다(cf. 시 72:8; 89:25-27).

이 메시아적 왕은 "의로우시며"(더 나은 번역은 "공의로우시며") 구원을 가지고 계신 것으로(더 나은 번역은 "승리하신" 또는 "구원하신") 묘사된다. 이 왕은 공의로 다스릴 것이며 그의 통치는 처음부터 하나님의 간섭에 의해 세워질 것이다. 그는 또한 "자비로운"(더 나은 번역으로는 "겸손한") 성품을 가지고 계시다. 이 단어는 다른 본문에서 대적의 면전에서도 오직 그만 섬기는 여호와의 충성스러운 종들에게 사용된다.

이 왕에 대해서는 "나귀를 타나니 나귀의 작은 것 곧 나귀 새끼"라고 묘사된다. 이것은 아마도 그의 왕적 지위를 암시하는 듯 하다. 다른 성경이나 고대 근동 문헌에서 나귀는 종종 통치자가 타고 다니는 동물로 묘사된다(성경적 예로는 삿 5:10; 10:4; 12:14; 삼하 16:2 등이 있다). 그가 병마 대신 나귀를 타는 것은 역시 그의 통치의 평화로운 성격을 상징한다(슥 9:10). 왕이 온 땅을 평화로 다스릴 때에는 전쟁의 도구가 필요치 않다. 마태복음(21:1-7)이나 요한복음(12:14-15)에 따르면 이 예언의 전반부는 예수께서 십자가에 달리시기 전 예루살렘으로 "승리의 입성"을 하실 때 적어도 부분적으로는 성취되었다. 그러나 이 나라 전체는 당시 그를 거절하였으므로 이 예언의 완전한 최종적 성취는 그리스도의 재림을 통해 성취되기를 기다리고 있다.

스가랴와 마찬가지로 말라기의 종말론도 하나님의 백성들을 성결케 하기 위한 심판에 대한 관점을 가진다. 말라기 시대에는 심각한 제의적, 사회적 문제점들이 포로기 이후 공동체에 자리 잡고 있었다(말 1:6-14; 2:8-17;

3:6-15; 4:6). 그들이 회개치 않는다면 심판은 불가피하다. 전능하신 여호와께서는 그들의 언약의 사자로 오셔서 그의 언약을 시행하실 것이다(3:1b).

말라기 3:1b에 언급된 "언약의 사자"를 앞 구절의 사자("내 사자")와 동일한 것으로 보는 사람도 있다. 이 경우 1절의 사자는 여호와께서 오시기(3:5) 전에 2-4절에 언급된 정화 작업을 수행하셔야 한다. 그러나 "언약의 사자"는 "그 전에"(to His temple) 임하시는 "주"(Lord)로 묘사되기 때문에 이 해석은 설득력이 없다. "언약의 사자"로서 그는 순종하는 자에게 보상하시고 불순종하는 자들을 심판하심으로 언약을 수행하신다. 이것은 여호와께서 사실상 이스라엘의 언약의 주로서 자신의 역할과 동일시한 여호와의 "천사"(문자적으로는 "사자"[messenger]라는 뜻임)에 대한 또 하나의 언급이다(cf. 출 3:2-6; 23:20-23; 32:34; 사 63:9).

여호와의 심판은 제사장들을 성결케 할 것이다(말 3:2-3). 그들과 하나님의 관계는 말라기에서 특별한 주목을 받는다. 제사장들은 자신들의 제의적 범죄로 말미암아 하나님과의 특별한 언약적 관계가 위협을 받게 되었다(2:1-9). 이 "레위와 세운 언약"(2:4; cf. 느 13:29 및 렘 33:21)의 정확한 기원에 대해서는 확실하게 제시되지 않는다. 아론 시대에 레위 자손과 맺은 "소금 언약"(민 18:19)이나 비느하스에게 약속하신 언약(민 25:12-13)은 규모면에서 말라기에 의해 언급된 언약보다 훨씬 제한적이다. 말라기가 암시한 언약은 쌍무 계약으로, 하나님은 제사장들의 충성에 대해 "생명과 평강"을 약속하셨다(말 2:5). 다가오는 심판은 범죄하는 제사장들을 그 직무에서 떠나게 할 것이다(2:3). 여호와께서는 많은 제사장들이 과거에 그렇게 한 것처럼(2:6) 백성들로 하여금 깨끗한 예배를 드리게 하는 자들로 그들 대신 채울 것이다(3:3-4).

하나님의 심판은 사회 전체를 깨끗하게 하실 것이다(말 3:16-4:3). 그 결과 모든 사람에게 그의 공의가 드러날 것이다. 그들 가운데는 그가 무심하며 심지어 행악자들을 기뻐한다고 주장하는 사람도 있으나(2:17; 3:14-15) 여호와께서는 그가 의인과 악인을 정확히 구별하신다고 말씀하신다(3:16). 오직 의인만이 다가올 심판에서 구원을 받을 수 있을 것이다(3:18-4:3).

이 충성스러운 종들은 새로운 언약 공동체의 기초가 될 것이다. 여호와께서는 이들을 그의 "특별한 소유"(말 3:17)로 부르실 것이다. 이 호칭은 모세 시대에 그들을 부르는 용어로 사용되었다(출 19:5; 신 7:6; 14;2; 26:18). 이스라엘은 한 번도 하나님의 기준에 합당한 삶을 살아본 적이 없다(말 3:7). 그러나 여호와께서는 언약적 이상을 실현하시고, 그로 말미암아 자기 백성들에 대한 사랑과 헌신을 나타내 보여주실 것이다(1:2; 3:6).

그들을 위협하는 심판은 전혀 불가피한 것은 아니다. 말라기서 전체에서 발견되는 회개를 촉구하는 내용(말 2:1-2, 15-16; 3:7; 4:4)은 그들이 이 심판을 벗어날 수 있음을 보여준다. 심지어 여호와께서는 자기 백성들을 심판하시기 전에 선지자와 같은 사자 엘리야를 그의 백성들에게 보내시겠다고 선언하신다(3:1a; 4:5). 엘리야가 할 일은 여호와의 오심을 미리 준비하는 것(3:1)과 사회의 회복을 통해 심판으로부터 벗어나게 하는 것이다(4:6). 이 회복의 정확한 본질에 대해서는 논쟁이 되고 있다. 이에 대해 NIV는 공동체 내에서 가족간의 투쟁에 대한 치유로 해석한다. 또 하나의 해석은 "그가 아비의 마음을 자녀(의 마음)와 함께 돌이키게 하고 자녀들의 마음을 그들의 아비(의 마음)와 함께(나에게로) 돌이키게 하리라"는 것이다. 이 해석에 따르면 사회 전체(구세대와 신세대를 포함하여)가 여호와와 화목하게 된다. 이런 관점에서 볼 때 "돌이키다"로 번역된 동사는 말라기 3:7에 언급된 "돌아가다"와 같은 단어를 사용하고 있다는 사실에 주목해야 한다.

신약성경에 따르면 엘리야가 오리라는 말라기의 예언은 세례 요한에 의해 적어도 부분적으로는 성취되었다(마 11:10, 14; 17:12-13; 막 1:2, 4; 눅 1:17, 76; 7:27). 물론 세례 요한은 자신이 성육신한 엘리야는 아니라고 부인하였으며(요 1:21), 예수님은 말라기의 예언이 요한에게 전적으로 성취된 것은 아님을 암시하셨다(마 17:11). 그러나 예수님은 요한이 엘리야의 마음과 권능으로 왔기 때문에 사실상 말라기의 예언을 성취하였다고 분명히 말한다. 이스라엘은 이 요한을 거절하였기 때문에(마 17:12) 말라기가 경고했던 심판이 그들에게 임하였으며 선지자들이 약속하였던 회복은 후일로 미루어졌다.

3) 하나님과 열국

6-5세기의 소선지자들은 하나님의 심판이 열국에 임할 것이라고 선언하였다. 오바댜는 에돔의 멸망을 여호와의 날과 관련된 보다 큰 심판의 일부로 예언하였다. 나중에 말라기는 오바댜의 예언이 적어도 부분적으로 성취되었음을 암시한다. 요엘과 스가랴 역시 구체적 나라들에 대한 심판을 파괴적인 여호와의 날의 일부로 제시한다. 오바댜와 요엘과 스가랴는 하나님의 백성들에 대한 열국의 죄를 그들에 대한 진노의 원인으로 제시한다. 각 선지자는 다가올 심판의 당위성에 대해 강조한다. 그러나 이들 선지자의 메시지는 전적으로 부정적인 것만은 아니다. 학개, 스가랴 및 말라기에 따르면 열방은 결국 하나님의 우주적 왕국의 신하들이 될 것이다.

앞에서 언급한 대로 6-5세기 선지자들은 구체적 나라들에 대해 초점을 맞추었다. 오바댜는 전통적으로 유다의 특별한 대적인 에돔을 하나님의 심판 대상으로 보았다. 여호와께서는 에돔의 교만에 대해 책망하신다. 접근하기 어려운 바위틈에 거하는 에돔은 아무도 자기를 해할 수 없을 것이라고 생각하였다(옵 3-4절). 더구나 그들은 예루살렘에 대한 약탈에 동참하였으며 유다 난민들을 긍휼히 여기지 않았다(옵 10-14절). 요엘(3:2-6, 19)과 스가랴(9:1-8)는 하나님의 백성들을 괴롭힌 일부 국가들에 대해 고발한다. 이들 중에는 베니게(두로와 시돈), 블레셋, 아람, 애굽 및 에돔이 있다. 베니게와 블레셋은 해안에 살며 하나님의 백성들을 노예로 팔았다(욜 3:2-6). 애굽과 에돔은 유다 땅에서 무고한 피를 흘렸다(3:19).

이들 나라들에 임할 심판은 철저하게 시행될 것이다. 오바댜에 따르면 침략자들은 에돔의 모든 재물을 빼앗을 것이다. 강도나 포도 따는 자는 남기는 것이 있지만 에돔의 정복자들은 아무 것도 남기지 않을 것이다(옵 5-6절). 여호와께서는 결국 회복된 그의 백성들을 통해 에돔을 진멸하실 것이다(18절). 이보다 한 세기 후에 예언한 말라기를 통해 여호와는 "에서는 미워하였으며 그의 산들을 황무케 하였고 그의 산업을 광야의 시랑에게 붙였느니라"(말 1:3)고 선언하신다. 설사 에돔이 황폐된 곳을 다시 쌓을지라도 여호와께서는 그들이 쌓은 것을 "헐리라"고 말씀하신다. 에돔은 "여호와의 영영한 진노를 받은 백성"(1:4)이기 때문이다.

여호와께서 에돔을 미워하셨다는 본문(말 1:3)의 내용은 일부 해석가들에게 당황스러움을 안겨 준다. 어떤 사람들은 1-2절에 언급된 사랑/미움을 사랑의 정도에 관한 내용으로 설명한다. 이 해석에 의하면 "사랑"은 "보다 많이 사랑"하는 것이고 "미움"은 "보다 적게 사랑"하는 것이다. 이러한 사랑/미움의 용례는 구약성경(혼인에 관한 내용[cf. 창 29:31; 신 21:15-17])에서 찾아볼 수 있기는 하다. 그러나 이 해석은 말라기 1:2-5의 문맥과는 전혀 어울리지 않는다. 본문에는 하나님이 야곱과 에서를 둘 다 사랑하신다는 증거가 없다. 오히려 둘은 철저한 대조를 보인다. 하나님은 이 둘을 전혀 대조적인 방식으로 대하신다. 그는 야곱을 택하였으며(사랑하였으며) 에서를 능동적으로 반대하고 망하게 하셨다(미워하셨다).

요엘과 스가랴도 장차올 하나님의 심판이 철저하게 진행될 것이라는 특성에 대해 강조한다. 요엘은 열방의 군대에 대한 완전한 멸망을 예언한다(욜 3:1-16). 살육은 낫으로 포도를 추수하며 포도즙을 밟는 모습(피로 얼룩질 것이라는 암시)에 비유된다. 에돔과 애굽은 특별한 심판의 대상으로 제시된다. 요엘 3:19에 따르면 둘 다 황무한 땅이 될 것이다. 이 결정적인 전쟁에 대한 스가랴의 묘사는 특히 생생하다. 여호와께서는 예루살렘의 대적을 무서운 재앙으로 치시고 그들의 눈이 "구멍 속에서 썩으며 그 혀가 입 속에서 썩을 것"이라고 말씀하신다(슥 14:12-15; cf. 12:1-9).

언제나 그렇지만 여호와의 심판은 철저하게 상대적이 될 것이다. 그는 에돔의 악한 행위에 대해 그들이 행한 대로 갚아주실 것이다(옵 15절). 에돔 족속은 이스라엘의 "남은 자"를 돌보지 않았으므로 (14절) 자신들이 멸망할 때에도 남은 자가 없을 것이다(18절). 에돔 족속은 이스라엘의 도망하는 자들을 "막았기" 때문에(*kārat*[14절]) 그들 역시 영원히 "멸절될"(문자적으로는 "자르다"[*kārat*]) 것이다(10절). 에돔이 쓸어버리려 했던 바로 그 백성들이 그들의 산을 차지할 것이다(18-21절). 베니게와 블레셋 사람들은 하나님의 백성들을 먼 나라에 노예로 팔았기 때문에(욜 3:6) 그들 역시 그것에 상응하는 대가를 치룰 것이다(3:5, 7). 결국에는 포로로 잡혀가거나 노예로 팔려간 하나님의 백성들은 그들의 땅으로 돌아올 것이며, 옛 대적들을 정복하고 그들을 먼 나라에 노예로 팔 것이다(3:7-8). 사실상 예루살렘을 약탈한 모든 나라는 노략거리가 될 것이다(슥 2:9). 그들은 예루살렘의 "재앙/패망/고난/환난의 날"(옵 10-14절)에 동참하였기 때문에 여호와의 날이 그들에게 임하여 그들을 철저히 진멸할 것이다(15-16절).

요엘과 스가랴는 여호와의 날을 우주적 용어를 사용하여 묘사한다. 여호와께서는 흑암(욜 2:31; 3:15)과 지진(슥 14:3-5) 및 다른 여러 가지 특이한 자연 현상(14:6-7)과 함께 전능하신 용사로 나타나실 것이다(욜 3:16; 슥 9:14). 그는 예루살렘 성 밖에서 벌어질 한 결정적인 전쟁을 통해 만국을 빠르고 철저하게 진멸하실 것이다(12:1-5; 14:3-5). 요엘은 이 전쟁의 장소를 여호사밧 골짜기라 부른다(욜 3:2, 12). 그러나 이곳의 정확한 위치는 알 수 없다. 이 이름은 요엘이 말한 문자적 의미의 계곡과 일치하지 않을 수 있다. 이곳은 이름("여호와께서 심판하신다")이 가진 상징적 가치 때문에 선택되었을 가능성이 높기 때문이다

여호와께서는 열국을 멸하실 때에 세상의 정치적 구조를 엎으실 것이다. 하나님의 백성들을 오랫동안 대적해온 나라들(스가랴 10:11에서 "바다 물결"로 상징되며 앗수르와 애굽으로 대표되는 나라들)은 완전히 제거될 것이다. 여호와께서는 장차 하나의 큰 우주적 "진동"(earthquake)을 통해 열

국의 보좌를 엎으시고 그들의 군대를 진멸하심으로(학 2:6, 21-22) 하나님의 우주적 왕국을 건설하기 위한 무대를 제공하실 것이다.

여호와께서 모든 열국의 대적들에게 승리를 거두신 후에 그의 명성은 온 세계에 크게 높임을 받을 것이다(말 1:11). 열국은 여호와가 그들의 왕이심을 깨닫고(슥 2:11) 자발적으로 그를 예배하게 될 것이다(말 1:11). 이방인들은 위대하신 왕의 성읍인 예루살렘으로 모여들어 공물을 바치며(학 2:7-8) 여호와의 은총을 구하게 될 것이다(슥 8:20-23). 특별히 그들은 초막절을 지킬 것이다(슥 14:16). 이 절기는 풍성한 수확을 기념할 것이며 하나님께서 토지의 풍작을 주관하는 분이심을 증거할 것이다(cf. 신 16:13-15). 결론적으로 어떤 나라도 이러한 하나님의 주권을 인정하지 않는다면 가뭄과 재앙을 면치 못할 것이다(슥 14:17-19).

5. 요나서

1) 서론

요나서는 예언적 메시지의 모음이 아니라 선지자 자신의 경험을 다룬 전기적 자료라는 점에서 다른 소선지자들의 책과 구별된다. 본서의 주제는 죄인을 향하신 주권적 하나님의 은혜로, 이러한 주제는 범죄하였으나 회개한 니느웨로부터 심판을 거두신 그의 결정에 잘 나타난다. 그러나 우리는 하나님에 대한 요나의 반응으로부터 또 하나의 중요한 신학적 교훈을 얻을 수 있다. 저자는 요나에 대해 결코 긍정적 관점에서 묘사하지 않는다. 요나의 이중적 태도는 경건하게 보이는 그의 고백과 모순 된다. 독자들은 그의 부정적 사례를 통하여 하나님의 주권적 의지와 결정에 대적하지 않아야 한다는 교훈을 받게 된다.

2) 하나님의 주권적 은혜

요나서 전체를 통하여 하나님은 우주를 주관하시는 전능하신 통치자로 제시된다. 그는 대풍을 일으키시고(1:4) 그것을 그치게도 하신다(1:15). 그는 선장이 뽑는 제비의 결과를 결정하시며(1:7) 큰 물고기를 명하여 자신의 뜻을 이루신다(1:17; 2:10). 그는 식물을 자라게 하시고(4:6), 벌레를 통해 그것을 죽이시며(7절) 뜨거운 사막 바람을 불게 하신다(8절). 아무리 큰 지상의 성읍이라 할지라도 그의 명령에 순종해야 한다(1:2; 3:1-10; 4:11).

하나님은 특별한 목적, 즉 죄인에 대한 교화를 위해 자신의 주권적 능력을 행사하신다. 니느웨는 범죄로 마땅히 심판을 받아야 하나 은혜로우신 하나님은 그들에게 회개할 기회를 주신다. 그는 이것을 통해 요나의 고백(4:2)이 진리임을 보여주신다. "주께서는 은혜로우시며 자비로우시며 노하기를 더디하시며 인애가 크시사 뜻을 돌이켜 재앙을 내리지 아니하시는 하나님이신 줄 내가 알았나이다."

3) 하나님에 대한 요나의 반응

요나 4:2에 기록된 고백은 요나로부터 기원된 것은 아니다. 출애굽기 34:6-7에는 이와 거의 동일한 표현이 나와 있다. 본문은 금송아지 우상을 섬긴 이스라엘에 대한 하나님의 자비에 대해 언급한다. 보다 축약된 형태로는 민수기 14:18에 나타난다. 본문에서 모세는 가나안 족속에 대한 승리를 위해 여호와를 의지하지 아니한 백성들을 용서해 달라고 간구한다. 요나가 이와 같이 전통적인 고백을 사용한 것은 하나님께서 이스라엘의 역사 초기부터 그들에게 자비를 베푸셨다는 사실을 상기시킨다.

불순종과 속단에도 불구하고 요나 자신은 하나님의 자비로운 구원을 경험하고 두 번째 기회를 가지게 된다. 하나님으로부터 니느웨로 가라는 명령을 받은 요나는 반대 방향으로 달아난다. 폭풍이 대작하는 바다에서 물고기 밥이 되어버린 그는 대담하게 자신의 구원을 확신한다. 그는 겸손히 구원을 부르짖은 것이 아니라 하나님의 구원에 대해 감사하였던 것이다(요 2:1-9). 그러나 하나님은 그를 보호하시고 그에게 다시 선지자의 직무를 주신다 (2:10-3:2). 본서는 은혜로우신 하나님께서 여전히 요나가 하나님의 긍휼에 대해 바로 깨닫도록 설득하시는 장면으로 끝난다(4:9-11).

비록 요나는 이스라엘과 같이 하나님의 긍휼을 받은 자였으나 동일한 긍휼이 이방 세계에 전해지는 것을 거절하였다. 아이러니하게도 요나가 우상을 숭상하는 자들이라고 싫어한(요 2:8) 이 이방인들은 선지자보다 더 큰 영적 민감성을 보여주었다. 요나는 자신이 "바다와 육지를 지으신 하늘의 하나님 여호와를 경외하는 자"(1:9)라고 주장하였다. 그러나 그의 행위는 이러한 그의 고백과 모순 된다. 요나는 바다를 통해 바다의 창조주로부터 도망치려 하였으나 이방인들은 제물과 서원을 통해 여호와에 대한 참된 두려움과 경외심을 표현하였다(16절). 하나님의 계시된 말씀을 불순종하고 그의 긍휼을 임의대로 확신하였던 요나와 대조적으로 니느웨 사람들은 하나님의 말씀에 즉각적이고 긍정적으로 반응하였으며, 자신을 하나님의 주권 앞에 겸손히 맡겼던 것이다(3:4-9). 하나님은 요나를 니느웨로 보내어 그들의 "악독"(rā'āh)을 선언하게 하셨으나(1:2), 불순종한 선지자는 사공들에게 재앙(rā'āh)을 가져다주었으며(7절) 니느웨 사람들에 대한 하나님의 은혜로우신 조치에 대해 "심히 싫어"(rā'āh) 하였다(4:1). 동일한 히브리어 단어에 대한 반복은(비록 다른 의미로 사용되었지만) 어떤 의미에서는 요나가 자신이 알고 있는 것보다 훨씬 이방인과 닮아 있었음을 보여준다. 이와 대조적으로 니느웨 사람들은 그들의 "악한(rā'āh) 길"에서 돌이켜 떠나 있었다(3:10).

요나서는 하나님께서 자기가 원하시는 자에게 은혜를 주시려는 주권적 결정을 하나님의 백성들이 거절하거나 싫어해서는 안 된다는 사실을 생생하게 보여준다. 하나님께서 이러한 자신의 뜻을 수행하고 죄인들을 향한 은혜의 도구로 삼으시려고 자기의 종들을 부르실 때 그들은 순종해야 하며, 그들 역시 단체적으로나 개인적으로 하나님의 자비를 경험할 수 있다는 사실을 깨달아야 한다.